KB190302

※이 경전은 406년에 구마라집鳩摩羅什이 한역漢譯한『유마힐소설경維摩詰所說經』을 저본으로 삼아, 불교신행연구원 김현준 원장이 한글로 번역하였습니다.

※표지 디자인 : 편집부

유 마 경

김현준 역

효림

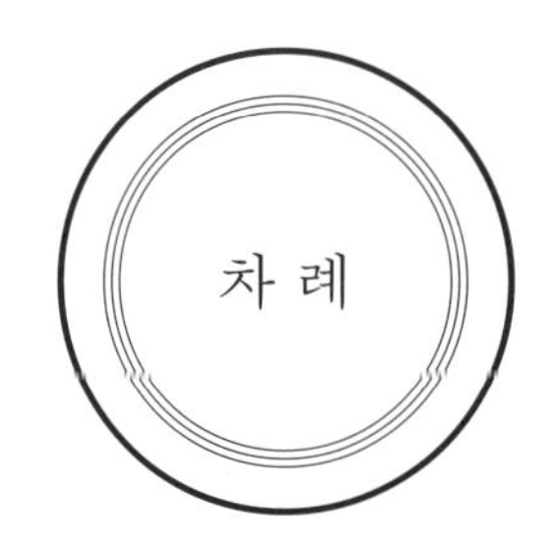
차 례

유마경 독송 발원문

개경게

開經偈

가장높고 심히깊은 부처님법문 / 무상심심미묘법 無上甚深微妙法

백천만겁 지나간들 어찌만나리 / 백천만겁난조우 百千萬劫難遭遇

저희이제 보고듣고 받아지녀서 / 아금문견득수지 我今聞見得受持

부처님의 진실한뜻 깨치오리다 / 원해여래진실의 願解如來眞實意

開法藏眞言
개법장진언 옴 아라남 아라다(3번)

南無 不可思議解脫法門 維摩詰所說經
나무 불가사의해탈법문 유마힐소설경(3번)

제1 불국품 佛國品

부처님의 정토

1) 법회에 모인 대중

이와 같이 나는 들었다. 如是我聞(여시아문)
어느 때 부처님께서는 비야리성의 암라팔리 동산에서 8천명의 대비구와 3만 2천명의 보살과 함께 계셨다.
一時佛(일시불) 在毘耶離(재비야리) 菴羅樹園(암라수원) 與大比丘衆八千人(여대비구중팔천인) 俱菩薩三萬二千(구보살삼만이천)

그들은 널리 알려진 이들로 큰 지혜와 근본수행〔本行(본행)〕을 다 성취하였나니 衆所知識(중소지식) 大智本行(대지본행) 皆悉成就(개실성취)
이는 부처님들의 위신력에 의해 이룩된 것들이다.
諸佛威神之所建立(제불위신지소건립)

① 그들은 법을 지키는 성(城)이 되어 정법(正法)을 수지하며
爲護法城(위호법성) 受持正法(수지정법)

② 능한 사자후(師子吼)로써 시방세계에 이름을 떨치며
能師子吼(능사자후) 名聞十方(명문시방)

③ 누가 청하지 않아도 친구가 되어 마음을 편안하게 해주며

중인불청 우이안지
衆人不請 友而安之

④ 불법승 삼보를 길이 보존하여 끊어지지 않게 하며

소륭삼보 능사부절
紹隆三寶 能使不絶

⑤ 마구니와 원수를 항복 받고 외도들을 제압하며

항복마원 제제외도
降伏魔怨 制諸外道

⑥ 업이 이미 청정하여져서 번뇌를 길이 떠났으며

실이청정 영리개전
悉已清淨 永離蓋纏

⑦ 마음이 항상 무애와 해탈에 머물러 있으며

심상안주 무애해탈
心常安住 無碍解脫

正念 禪定 總持 辯才
⑧ 정념과 선정과 총지와 변재가 끊어지지 아니하며

염정총지 변재부단
念定總持 辯才不斷

⑨ 보시·지계·인욕·정진·선정·지혜와 방편력을 부족함 없이 모두 갖추었으며

보시지계 인욕정진 선정지혜 급방편력 무불구족
布施持戒 忍辱精進 禪定智慧 及方便力 無不具足

無所得 無生法忍
⑩ 무소득의 경지에 이르러 무생법인을 이루었으며

체무소득 불기법인
逮無所得 不起法忍

隨順
⑪ 능히 중생을 수순하여 불퇴전의 법륜을 굴리며

이능수순 전불퇴전
已能隨順 轉不退輪

法相
⑫ 법상들을 잘 알고 중생의 근기를 잘 알며

선해법상 지중생근
善解法相 知衆生根

⑬ 대중들을 감싸주는 무소외(無所畏)를 갖추었으며

개제대중 득무소외
蓋諸大衆 得無所畏

⑭ 공덕과 지혜로써 그 마음을 널리 닦았으며

공덕지혜 이수기심
功德智慧 以修其心

⑮ 훌륭한 상호로 몸을 장엄하여 그 모습이 으뜸이며

상호엄신 색상제일
相好嚴身 色像第一

⑯ 세간의 어떤 장식물로도 꾸미지 아니 하며

사제세간 소유식호
捨諸世間 所有飾好

⑰ 명성의 높고 멀리 퍼짐은 수미산보다 더 높으며

명칭고원 유어수미
名稱高遠 踰於須彌

⑱ 깊은 믿음의 견고함은 금강석과도 같으며

심신견고 유약금강
深信堅固 猶若金剛

⑲ 법보(法寶)로 두루 비추고 감로의 비를 내려주니

법보보조 이우감로
法寶普照 而雨甘露

⑳ 세상의 말과 소리들 가운데 미묘하기 제일이었다.

어중언음 미묘제일
於衆言音 微妙第一

㉑ 연기(緣起)의 도리에 깊이 들어가 사견들을 다 끊고

심입연기 단제사견
深入緣起 斷諸邪見

㉒ 유(有)와 무(無)의 두 극단에 집착함이 전혀 없으며

유무이변 무복여습
有無二邊 無復餘習

㉓ 법을 설할 때는 사자가 포효하듯 두려움이 없고

연법무외 유사자후
演法無畏 猶師子吼

㉔ 강설(講說)을 하면 천둥이 울려퍼지는 듯하여 헤아리거나 평가할 수 없으며

기소강설 내여뇌진 무유량 이과량
其所講說 乃如雷震 無有量 已過量

㉕ 법보를 모음은 바다를 향해하며 보배를 모으는 선장과 같았다.

집중법보 여해도사
集衆法寶 如海導師

㉖ 모든 법의 깊고 묘한 뜻을 두루 요달하였으며

요달제법 심묘지의
了達諸法 深妙之義

㉗ 중생들이 오고가는 곳과 마음의 움직임을 잘 알며

선지중생 왕래소취 급심소행
善知衆生 往來所趣 及心所行

㉘ 가장 높은 부처님의 자재로운 지혜와 십력(十力)·사무외(四無畏)·십팔불공법(十八不共法)에 가까이 가 있으며

근무등등 불자재혜 십력 무외 십팔불공
近無等等 佛自在慧 十力 無畏 十八不共

㉙ 중생들이 오고가는 악취문(惡趣門)을 닫기 위해 지옥·아귀·축생·인간·천상계(五道, 오도)에 태어나고

관폐일체제악취문 이생오도 이현기신
關閉一切諸惡趣門 而生五道 以現其身

㉚ 대의왕이 되어 병들을 치료해주고 병에 따라 약을 주어 잘 먹게끔 배려하며

위대의왕 선료중병 응병여약 영득복행
爲大醫王 善療衆病 應病與藥 令得服行

㉛ 한량없는 공덕들을 남김없이 성취하고

무량공덕개성취
無量功德皆成就

㉜ 한량없는 불국토를 깨끗하게 장엄하여

무 량 불 토 개 엄 정
無量佛土皆嚴淨

㉝ 보고 듣는 사람 모두 이익을 얻지 않음이 없고

기 견 문 자 무 불 몽 익
其見聞者 無不蒙益

㉞ 해야 할 일을 조금도 소홀히 하지 않은

제 유 소 작 역 불 당 연
諸有所作 亦不唐捐

이와 같이 공덕들을 다 갖추고 있었다.

여 시 일 체 공 덕 개 실 구 족
如是一切功德 皆悉具足

기 명 왈
其名曰

그들의 이름은

等觀菩薩 不等觀菩薩 等不等觀菩薩 定自在王菩
등관보살 · 부등관보살 · 등부등관보살 · 정자재왕보
薩 法自在王菩薩 法相菩薩 光相菩薩 光嚴菩薩 大
살 · 법자재왕보살 · 법상보살 · 광상보살 · 광엄보살 · 대
嚴菩薩 寶積菩薩 辨積菩薩 寶手菩薩 寶印手菩薩
엄보살 · 보적보살 · 변적보살 · 보수보살 · 보인수보살 ·
常擧手菩薩 常下手菩薩 常慘菩薩 喜根菩薩 喜王
상거수보살 · 상하수보살 · 상참보살 · 희근보살 · 희왕
菩薩 辯音菩薩 虛空藏菩薩 執寶炬菩薩 寶勇菩薩
보살 · 변음보살 · 허공장보살 · 집보거보살 · 보용보살 ·
寶見菩薩 帝網菩薩 明網菩薩 無緣觀菩薩 慧積菩
보견보살 · 제망보살 · 명망보살 · 무연관보살 · 혜적보
薩 寶勝菩薩 天王菩薩 壞魔菩薩 電德菩薩 自在王
살 · 보승보살 · 천왕보살 · 괴마보살 · 전덕보살 · 자재왕
菩薩 功德相嚴菩薩 獅子吼菩薩 雷音菩薩 山相擊
보살 · 공덕상엄보살 · 사자후보살 · 뇌음보살 · 산상격
音菩薩 香象菩薩 常精進菩薩 不休息菩薩 妙生菩
음보살 · 향상보살 · 상정진보살 · 불휴식보살 · 묘생보
薩 華嚴菩薩 觀世音菩薩 得大勢菩薩 梵網菩薩 寶
살 · 화엄보살 · 관세음보살 · 득대세보살 · 범망보살 · 보
杖菩薩 無勝菩薩 嚴土菩薩 金髻菩薩 珠髻菩薩 彌
장보살 · 무승보살 · 엄토보살 · 금계보살 · 주계보살 · 미
勒菩薩 文殊師利法王子菩薩
륵보살 · 문수사리법왕자보살

여 시 등 삼 만 이 천 인
如是等 三萬二千人

등 3만 2천인이었다.

또 시기(尸棄) 등 1만 범천(梵天)의 왕들이 다른 사천하(四天下)로부터 부처님 계신 곳으로 와서 법을 들었고

부유만범천왕시기등 종여사천하 내예불소이청법
復有萬梵天王尸棄等 從餘四天下 來詣佛所而聽法

1만 2천의 천제(天帝)들 역시 다른 사천하로부터 와서 자리를 잡고 앉았으며

부유만이천천제 역종여사천하 내재회좌
復有萬二千天帝 亦從餘四天下 來在會坐

큰 위력을 갖춘 천신(天神)들과 용신·야차·건달바·아수라·가루라·긴나라·마후라가 등이 전부 다 모임에 와서 앉았고

병여대위력 제천 용신 야차 건달바 아수라 가루라 긴나라 마후라가등 실래회좌
並餘大威力 諸天 龍神 夜叉 乾闥婆 阿脩羅 迦樓羅 緊那羅 摩睺羅伽等 悉來會坐

비구·비구니·우바새·우바이들도 모두 모임에 와서 앉았다.

제비구 비구니 우바새 우바이 구래회좌
諸比丘 比丘尼 優婆塞 優婆夷 俱來會坐

그때 부처님께서는 이들 한량없는 대중들에게 둘러싸여 공경을 받으며 설법을 하고 계셨으니

피시 불여무량백천지중 공경위요 이위설법
彼時 佛與無量百千之衆 恭敬圍繞 而爲說法

마치 수미산(須彌山)이 큰 바다 가운데에 우뚝 솟아 있는 것과 같이

비여수미산왕 현우대해
譬如須彌山王 顯于大海

갖가지 보배로 꾸민 사자좌(獅子座)에 앉아 각처에서 온 대중들을 큰 광명으로 뒤덮고 계셨다.

안처중보사자지좌 폐어일체제래대중
安處衆寶獅子之座 蔽於一切諸來大衆

2) 보적과 5백 장자의 아들

그때 비야리성에는 장자(長者)의 아들 보적(寶積)이 있었다.

이시 비야리성 유장자자 명왈보적
爾時 毘耶離城 有長者子 名曰寶積

그는 5백 장자의 아들들과 함께 각각 칠보(七寶)로 꾸민 보개(寶蓋)를 가지고 부처님 계신 곳으로 와서 부처님 발밑에 예배를 드린 다음 보개를 부처님께 공양하였다.

여오백장자자 구지칠보개 내예불소 두면예족 각이기개 공공양불
與五百長者子 俱持七寶蓋 來詣佛所 頭面禮足 各以其蓋 共供養佛

부처님께서는 위신력(威神力)으로 5백 명의 청년들이 가져온 5백 개의 보개를 하나로 합친 다음 그 보개로 삼천대천세계(三千大千世界)를 다 덮으시니, 삼천대천세계의 넓고 큰 모습이 그 가운데 모두 나타났다.

불지위신
佛之威神

영제보개 합성일개 변부삼천대천세계 이차세계광장지상 실어중현
令諸寶蓋 合成一蓋 遍覆三千大千世界 而此世界廣長之相 悉於中現

또 삼천대천세계에 있는 수미산들과 설산·목진린타산·마하목진린타산·향산·보산·금산·흑산·철위산·대철위산과

우차삼천대천세계 제수미산 설산
又此三千大千世界 諸須彌山 雪山

목진린타산 마하목진린타산 향산 보산 금산 흑산 철위산 대철위산
目眞隣陀山 摩訶目眞隣陀山 香山 寶山 金山 黑山 鐵圍山 大鐵圍山

대해·강하·천류·천원과

대해 강하 천류 천원
大海 江河 川流 泉源

일월성신·천궁·용궁과 온갖 신들의 궁전이

급일월성신 천궁 용궁 제존신궁
及日月星辰 天宮 龍宮 諸尊神宮

다 이 보개 속에 나타났으며

실현어보개중
悉現於寶蓋中

시방의 부처님들과 그 부처님들의 설법 또한 이 보개 속에 모두 나타났다.

우시방제불 제불설법 역현어보개중
又十方諸佛 諸佛說法 亦現於寶蓋中

그때 모든 대중은 부처님의 위신력을 보고 일찍이 없었던 일이라고 찬탄하면서

이시 일체대중 도불신력 탄미증유
爾時 一切大衆 覩佛神力 歎未曾有

합장하여 예배하고 부처님을 우러러보며 잠시도 눈을 떼지 않았다.

합장예불 첨앙존안 목불잠사
合掌禮佛 瞻仰尊顔 目不暫捨

3) 보적의 찬탄 게송

이때 장자의 아들 보적이 부처님 앞으로 나아가 노래하였다.

어시 장자자보적 즉어불전 이게송왈
於是 長者子寶積 卽於佛前 以偈頌曰

맑고 큰 눈 길고 넓어 청련화와 다름없고 — 목정수광여청련 目淨脩廣如靑蓮

그 마음은 청정하여 선정 속에 계시오며 — 심정이도제선정 心淨已度諸禪定

긴 세월에 쌓아 올린 무량청정 업으로써 — 구적정업칭무량 久積淨業稱無量

중생 편히 이끄시니 머리 숙여 절합니다 — 도중이적고계수 導衆以寂故稽首

저는 이미 보았나니 대성인은 신력으로 — 기견대성이신변 旣見大聖以神變

시방 무량 국토에다 그 모습을 나타내고 — 보현시방무량토 普現十方無量土

그안에서 설하시는 부처님들 온갖 법문 — 기중제불연설법 其中諸佛演說法
온누리의 중생들이 보고 듣게 하나이다 — 어시일체실견문 於是一切悉見聞

법왕께서 지닌 법력 그지없이 뛰어나서 — 법왕법력초군생 法王法力超群生
법과 재물 어느 때나 중생에게 베푸시고 — 상이법재시일체 常以法財施一切
능히 모든 법의 실상 분별하게 하옵시며 — 능선분별제법상 能善分別諸法相
깨달으신 제일의(第一義)는 확고하고 부동하여 — 어제일의이부동 於第一義而不動
이미 모든 법에 대해 자재함을 얻었으니 — 이어제법득자재 已於諸法得自在
법왕이신 부처님께 머리 숙여 절합니다 — 시고계수차법왕 是故稽首此法王

모든 법은 있는 것도 없는 것도 아니지만 — 설법불유역불무 說法不有亦不無
인연으로 말미암아 모든 법이 생겨나니 — 이인연고제법생 以因緣故諸法生
나도 없고 짓는 자도 받는 자도 없다지만 — 무아무조무수자 無我無造無受者
선업들과 악업들은 남는다고 설하셨네 — 선악지업역불망 善惡之業亦不亡

보리수의 아래 앉아 마의 무리 물리치고 — 시재불수력항마 始在佛樹力降魔
번뇌 멸한 감로 얻어 깨달음을 이루시니 — 득감로멸각도성 得甘露滅覺道成
심(心)도 없고 의(意)도 없고 수상행식(受想行識) 또한 없어 — 이무심의무수행 已無心意無受行
소견 나쁜 외도들을 모두 굴복 시켰도다 — 이실최복제외도 而悉摧伏諸外道

바른 법륜(法輪) 세상에서 세 차례를 굴리시니 — 삼전법륜어대천 三轉法輪於大千

본래항상 맑디맑은 그 진리를 듣고나서 — 기륜본래상청정 其輪本來常淸淨
천인들과 인간들이 도를 얻고 증득하니 — 천인득도차위증 天人得道此爲證
그때서야 삼보모두 이 세간에 드러났네 — 삼보어시현세간 三寶於是現世間

이 고귀한 법에 의해 제도받은 뭇 중생들 — 이사묘법제군생 以斯妙法濟群生
법을 받은 다음에는 후퇴 없이 고요하니 — 일수불퇴상적연 一受不退常寂然
생로병사 다스리는 위대하신 의왕이요 — 도노병사대의왕 度老病死大醫王
가이없는 법해(法海)이신 님께 경배 하옵니다 — 당예법해덕무변 當禮法海德無邊

칭찬 모욕 동함 없음 수미산과 다름없고 — 훼예부동여수미 毁譽不動如須彌
선인악인 가림 없는 자비로운 마음으로 — 어선불선등이자 於善不善等以慈
허공처럼 모두에게 평등하게 대하시니 — 심행평등여허공 心行平等如虛空
듣는 이들 이 귀한 분 어찌 아니 경배하리 — 숙문인보불경승 孰聞人寶不敬承

저희 지금 부처님께 작은 보개 바쳤더니 — 금봉세존차미개 今奉世尊此微蓋
그 가운데 삼천대천 세계들이 나타났고 — 어중현아삼천계 於中現我三千界
천신들과 용신들의 온갖 궁전 뿐 아니라 — 제천용신소거궁 諸天龍神所居宮
건달바와 야차 등도 그 가운데 있나이다 — 건달바등급야차 乾闥婆等及夜叉

세간 속에 있는 것들 모두 보게 하시고자 — 실견세간제소유 悉見世間諸所有
대자비와 십력(十力)으로 신통변화 나타내니 — 십력애현시화변 十力哀現是化變

보는이들 하나같이 부처님을 찬탄하고　중도희유개찬불 衆觀希有皆歎佛
저도 지금 삼계존(三界尊)께 머리 숙여 절합니다　금아개수삼계존 今我稽首三界尊

대성이신 법의 왕은 중생들의 귀의처라　대성법왕중소귀 大聖法王衆所歸
정심(淨心)으로 뵙고 나면 모두 기뻐 하옵니다　정심관불미불흔 淨心觀佛靡不欣
이제 각자 그 눈앞에 세존 계심 보게 되니　각견세존재기전 各見世尊在其前
이게 바로 부처님의 대위신력 이옵니다　사즉신력불공법 斯則神力不共法

부처님은 일음(一音)으로 설법하고 계시건만　불이일음연설법 佛以一音演說法
중생들은 분수 따라 각기 달리 이해하고　중생수류각득해 衆生隨類各得解
그가 들은 한 말씀만 설했다고 주장하니　개위세존동기어 皆謂世尊同其語
이게 바로 부처님의 대위신력 이옵니다　사즉신력불공법 斯則神力不共法

부처님은 일음으로 설법하고 계시지만　불이일음연설법 佛以一音演說法
중생들은 각각 자기 근기대로 알아들어　중생각각수소해 衆生各各隨所解
이해하고 받아 행해 이익들을 얻게 되니　보득수행획기리 普得受行獲其利
이게 바로 부처님의 대위신력 이옵니다　사즉신력불공법 斯則神力不共法

부처님은 일음으로 설법하고 계시지만　불이일음연설법 佛以一音演說法
어떤 이는 겁을 내고 어떤 이는 기뻐하고　혹유공외혹환희 或有恐畏或歡喜
어떤 이는 의심 끊고 어떤 이는 싫어하니　혹생염리혹단의 或生厭離或斷疑

이게 바로 부처님의 대위신력 이옵니다	斯則神力不共法 (사즉신력불공법)
십력(十力) 갖춰 나아가는 님께 경배 하옵니다	稽首十力大精進 (계수십력대정진)
두려움을 극복하신 님께 경배 하옵니다	稽首已得無所畏 (계수이득무소외)
불공법(不共法)을 모두 갖춘 님께 경배 하옵니다	稽首住於不共法 (계수주어불공법)
일체 대중 인도하는 님께 경배 하옵니다	稽首一切大導師 (계수일체대도사)
번뇌 속박 모두 끊은 님께 경배 하옵니다	稽首能斷衆結縛 (계수능단제결박)
이미 피안 도착하신 님께 경배 하옵니다	稽首已到於彼岸 (계수이도어피안)
세간 중생 제도하는 님께 경배 하옵니다	稽首能度諸世間 (계수능도제세간)
생사의 길 영영 벗은 님께 경배 하옵니다	稽首永離生死道 (계수영리생사도)
중생들의 오고가는 모습들을 다 아시고	悉知衆生來去相 (실지중생래거상)
모든 것을 호젓하게 뛰어넘고 해탈하여	善於諸法得解脫 (선어제법득해탈)
세간 집착 떠나심이 연꽃과도 같으신 님	不着世間如蓮華 (불착세간여연화)
어느 때나 공적행(空寂行)을 능히 실천 하옵시고	常善入於空寂行 (상선입어공적행)
법의 실상 잘 깨달아 걸림 전혀 없으시며	達諸法相無罣礙 (달제법상무가애)
허공처럼 평등하신 님께 경배 하옵니다	稽首如空無所依 (계수여공무소의)

4) 불국토 청정

그때 장자의 아들 보적이 게송을 설한 다음 부처님께 아뢰었다.

이시 장자자보적 설차게이 백불언
爾時 長者子寶積 說此偈已 白佛言

阿耨多羅三藐三菩提心
"세존이시여, 모두가 이미 아뇩다라삼먁삼보리심을

佛國土 清淨
발한 이 5백 장자의 아들들은 불국토의 청정에 대해 듣기를 원하옵니다.

세존
世尊

시오백장자자 개이발아뇩다라삼먁삼보리심 원문득불국토청정
是五百長者子 皆已發阿耨多羅三藐三菩提心 願聞得佛國土清淨

淨土之行
오직 바라옵건대 세존이시여, 보살들의 정토지행(정토로 나아가기 위해 닦는 행)에 대해 설하여 주옵소서."

유원세존 설제보살정토지행
唯願世尊 說諸菩薩淨土之行

부처님께서 이르셨다.

불언
佛言

如來
"착하도다, 보적아. 네가 여러 보살들을 위해 여래에게

淨土之行
정토지행에 대해 묻는구나.

선재 보적 내능위제보살 문어여래정토지행
善哉 寶積 乃能爲諸菩薩 問於如來淨土之行

잘 듣고 잘 생각하고 기억하여라. 내 이제 너희를 위해 설하리라."

제청제청 선사념지 당위여설
諦聽諦聽 善思念之 當爲汝說

이에 보적과 5백 장자의 아들들은 그 가르침을 받고자 귀를 기울였다.

어시 보적급오백장자자 수교이청
於是 寶積及五百長者子 受教而聽

부처님께서 이르셨다.

불언
佛言

"보적아, 중생의 모든 것(衆生之類)이 바로 보살의 불국토이니라.

衆生之類 是菩薩佛土

그 까닭이 무엇인가? 보살은

所以者何 菩薩

① 교화해야 할 중생을 따라 불국토를 취하며

隨所化衆生 而取佛土

② 조복(調伏)(악행을 다스림)해야 할 중생을 따라 불국토를 취하며

隨所調伏衆生 而取佛土

③ 중생들이 어떤 나라에서 부처님의 지혜로 들어가려 하는지에 따라 불국토를 취하며

隨諸衆生 應以何國 入佛智慧 而取佛土

④ 중생들이 어떤 나라에서 보살이 되고자 하는지에 따라 불국토를 취하기 때문이니라.

隨諸衆生 應以何國 起菩薩根 而取佛土

그 까닭이 무엇인가?

所以者何

보살이 깨끗한 불국토를 취하는 것은 모두 중생들을 이롭게 하고자 함 때문이니

菩薩 取於淨國 皆爲饒益諸衆生故

비유하면 어떤 사람이 빈 땅에 궁전을 지으려 하면 뜻대로 아무런 장애 없이 지을 수 있지만, 허공에 지으려고 하면 끝내 성공하지 못하는 것과 같으니라.

譬如 有人欲於空地 造立宮室 隨意無碍 若於虛空 終不能成

보살은 이와 같이 중생을 성취시키기 위해 불국토를

취하려는 것일 뿐, 저 허공에다 불국토를 만들고자 하는 것이 아니니라.

보살 여시 위성취중생고 원취불국 원취불국자 비어공야

菩薩 如是 爲成就衆生故 願取佛國 願取佛國者 非於空也

보적아, 마땅히 알아라. 寶積 當知

① 직심(直心)(곧은 마음)이 보살정토이니, 보살이 성불할 때 아첨하지 않는 정직한 중생이 그 나라에 와서 태어나느니라. 直心是菩薩淨土 菩薩成佛時 不諂衆生 來生其國

직심시보살정토 보살성불시 불첨중생 내생기국

② 심심(深心)(사려 깊은 마음)이 보살정토이니, 보살이 성불할 때 공덕을 두루 갖춘 중생이 그 나라에 와서 태어나느니라. 深心是菩薩淨土 菩薩成佛時 具足功德衆生 來生其國

③ 보리심(菩提心)(깨달음을 이루겠다는 마음)이 보살정토이니, 보살이 성불할 때 대승의 중생이 그 나라에 와서 태어나느니라.

보리심시보살정토 보살성불시 대승중생 내생기국

菩提心是菩薩淨土 菩薩成佛時 大乘衆生 來生其國

④ 보시(布施)가 보살정토이니, 보살이 성불할 때 모든 것을 능히 버릴 줄 아는 중생이 그 나라에 와서 태어나느니라. 布施是菩薩淨土 菩薩成佛時 一切能捨衆生 來生其國

보시시보살정토 보살성불시 일체능사중생 내생기국

⑤ 지계(持戒)가 보살정토이니, 보살이 성불할 때 십선도(十善道)를 닦겠다는 서원을 만족시킨 중생이 그 나라에 와서 태어나느니라.

지계시보살정토 보살성불시 행십선도만원중생 내생기국

持戒是菩薩淨土 菩薩成佛時 行十善道滿願衆生 來生其國

⑥ 인욕(忍辱)이 보살정토이니, 보살이 성불할 때 삼십이상

으로 장엄한 중생이 그 나라에 와서 태어나느니라.

인욕시보살정토 보살성불시 삼십이상장엄중생 내생기국

忍辱是菩薩淨土 菩薩成佛時 三十二相莊嚴衆生 來生其國

⑦ 정진(精進)이 보살정토이니, 보살이 성불할 때 부지런히 일체 공덕을 닦는 중생이 그 나라에 와서 태어나느니라.

정진시보살정토 보살성불시 근수일체공덕중생 내생기국

精進是菩薩淨土 菩薩成佛時 勤修一切功德衆生 來生其國

⑧ 선정(禪定)이 보살정토이니, 보살이 성불할 때 마음을 잘 거두어 산란하지 않은 중생이 그 나라에 태어나느니라.

선정시보살정토 보살성불시 섭심불란중생 내생기국

禪定是菩薩淨土 菩薩成佛時 攝心不亂衆生 來生其國

⑨ 지혜(智慧)가 보살정토이니, 보살이 성불할 때 바르게 선정을 닦은 중생이 그 나라에 와서 태어나느니라.

지혜시보살정토 보살성불시 정정중생 내생기국

智慧是菩薩淨土 菩薩成佛時 正定衆生 來生其國

⑩ 사무량심(四無量心)이 보살정토이니, 보살이 성불할 때 자(慈)·비(悲)·희(喜)·사(捨)의 마음을 성취한 중생이 그 나라에 와서 태어나느니라.

사무량심시보살정토 보살성불시 성취자비희사중생 내생기국

四無量心是菩薩淨土 菩薩成佛時 成就慈悲喜捨衆生 來生其國

⑪ 사섭법(四攝法)이 보살정토이니, 보살이 성불할 때 사섭법으로 해탈을 얻게 해준 중생이 그 나라에 태어나느니라.

사섭법시보살정토 보살성불시 해탈소섭중생 내생기국

四攝法是菩薩淨土 菩薩成佛時 解脫所攝衆生 來生其國

⑫ 방편(方便)이 보살정토이니, 보살이 성불할 때 일체법에 대한 방편이 무애하게 된 중생이 그 나라에 와서 태어나느니라.

방편시보살정토 보살성불시 어일체법 방편무애중생 내생기국
方便是菩薩淨土 菩薩成佛時 於一切法 方便無碍衆生 來生其國

⑬ 삼십칠도품(三十七道品)이 보살정토이니, 보살이 성불할 때 사념처(四念處)·사정근(四正勤)·사신족(四神足)·오근(五根)·오력(五力)·칠각지(七覺支)·팔정도(八正道)를 닦은 중생이 그 나라에 태어나느니라.

삼십칠도품 시보살정토 보살성불시 염처 정근 신족 근 력 각 도중생 내생기국
三十七道品 是菩薩淨土 菩薩成佛時 念處 正勤 神足 根 力 覺 道衆生 來生其國

⑭ 회향심(廻向心)이 보살정토이니, 보살이 성불할 때 온갖 공덕이 갖추어진 나라를 갖게 되느니라.

회향심시보살정토 보살성불시 득일체구족공덕국토
廻向心是菩薩淨土 菩薩成佛時 得一切具足功德國土

⑮ 팔난(八難)을 없애도록 가르치는 것이 보살정토이니, 보살이 성불할 때 그 나라에는 삼악도(三惡道)와 팔난이 없어지게 되느니라.

설제팔난시보살정토 보살성불시 국토무유삼악팔난
說除八難是菩薩淨土 菩薩成佛時 國土無有三惡八難

⑯ 스스로 계행을 지킬 뿐 다른 사람의 잘못을 비방하지 않는 것이 보살정토이니, 보살이 성불할 때 그 나라에는 범죄를 저지르는 사람이 없느니라.

자수계행 불기피궐 시보살정토 보살성불시 국토무유범금지명
自守戒行 不譏彼闕 是菩薩淨土 菩薩成佛時 國土無有犯禁之名

⑰ 십선(十善)을 닦는 것이 보살정토이니, 보살이 성불할 때

십선시보살정토 보살성불시
十善是菩薩淨土 菩薩成佛時

단명하거나 횡사하지 않으며 — 명불중요 命不中夭

큰 부자가 되고 행실이 청정하며 — 대부범행 大富梵行

말이 언제나 정성스럽고 — 소언성제 所言誠諦

항상 부드러운 말을 하고 — 상이연어 常以軟語
권속이 헤어지지 않고 — 권속불이 眷屬不離
다툼을 화해시키고 — 선화쟁송 善和諍訟
반드시 유익한 말만 하고 — 언필요익 言必饒益
질투나 화를 내지 않으며 — 부질불에 不嫉不恚
정견(正見)을 갖춘 중생들이 그 나라에 와서 태어나느니라. — 정견중생 내생기국 正見衆生 來生其國

이와 같이 보적아, 보살은 — 여시 보적 보살 如是 寶積 菩薩
① 직심(直心)에 따라 능히 행을 일으키고 — 수기직심 즉능발행 隨其直心 則能發行
② 좋은 행을 일으킴에 따라 심심(深心)(깊은 마음)을 얻고 — 수기발행 즉득심심 隨其發行 則得深心
③ 심심의 정도에 따라 마음을 조복하고 — 수기심심 즉의조복 隨其深心 則意調伏
④ 마음을 조복함에 따라 말과 같이 행하고 — 수의조복 즉여설행 隨意調伏 則如說行
⑤ 말과 같이 행함에 따라 능히 회향을 하고 — 수여설행 즉능회향 隨如說行 則能廻向
⑥ 회향을 함에 따라 방편이 생겨나고 — 수기회향 즉유방편 隨其廻向 則有方便
⑦ 방편이 생겨남에 따라 중생을 성취시키고 — 수기방편 즉성취중생 隨其方便 則成就衆生

⑧ 중생을 성취시킴에 따라 불국토가 청정해지고

수성취중생 즉불토정
隨成就衆生 則佛土淨

⑨ 불국토가 청정해짐에 따라 설법이 청정해지고

수불토정 즉설법정
隨佛土淨 則說法淨

⑩ 설법이 청정해짐에 따라 지혜가 청정해지고

수설법정 즉지혜정
隨說法淨 則智慧淨

⑪ 지혜가 청정해짐에 따라 마음이 청정해지며

수지혜정 즉기심정
隨智慧淨 則其心淨

⑫ 마음이 청정해짐에 따라 일체공덕이 청정해지느니라.

수기심정 즉일체공덕정
隨其心淨 則一切功德淨

그러므로 보적아, 만약 보살이

시고 보적 약보살
是故 寶積 若菩薩

청정한 불국토를 얻기를 바라거든
마땅히 그 마음을 청정하게 하라
그 마음이 맑고 청정해짐에 따라
불국토가 맑고 청정해지느니라

욕득정토
欲得淨土
당정기심
當淨其心
수기심정
隨其心淨
즉불토정
則佛土淨

그때 사리불(舍利弗)은 부처님의 위신력을 받아 이와 같이 생각하였다.

이시 사리불 승불위신 작시념
爾時 舍利弗 承佛威神 作是念

'보살의 마음이 맑으면 불국토도 맑아진다고 하였다.
석가 세존께서 본래 보살이었을 때 마음이 어찌 부정

하였겠는가? 그런데 지금 이 불국토는 부정(不淨)하다. 어찌된 일인가?'

심정즉불토정자 아세존본위보살시 의기부정 이시불토부정약차

若菩薩
心淨則佛土淨者 我世尊本爲菩薩時 意豈不淨 而是佛土不淨若此

부처님께서 그 생각을 알아차리시고 이르셨다.

佛知其念 卽告之言

"네 생각은 어떠하냐? 맹인이 해와 달을 보지 못하는 것이 해와 달이 깨끗하지 못해서이더냐?"

於意云何 日月 豈不淨耶 而盲者不見

"아닙니다, 세존이시여. 그것은 맹인의 허물일뿐, 해와 달의 잘못이 아니옵니다." 不也 世尊 是盲者過 非日月咎

"사리불아, 중생의 죄 때문에 여래의 장엄하고 청정한 불국토를 보지 못하는 것일뿐 여래의 허물이 아니니라. 舍利弗 衆生罪故 不見如來佛土嚴淨 非如來咎

사리불 중생죄고 불견여래불토엄정 비여래구

사리불아, 나의 정토는 청정하기 이를 데 없는데, 네가 이를 보지 못하는 것이니라." 舍利弗 我此土淨 而汝不見

그때 나계범왕(螺髻梵王)이 사리불에게 말하였다.

이시 나계범왕 어사리불

爾時 螺髻梵王 語舍利弗

"그런 생각도 하지 말고 이 불국토가 부정하다는 말도 하지 마십시오. 勿作是意 謂此佛土 以爲不淨

물작시의 위차불토 이위부정

왜냐하면 내가 석가모니불의 불국토를 보건대, 그 청정하기가 자재천(自在天)의 천궁과 같기 때문입니다."

소이자하 아견석가모니불토청정 비여자재천궁
所以者何 我見釋迦牟尼佛土清淨 譬如自在天宮

사리불이 말하였다.

사리불언
舍利弗言

“내가 이 나라를 보니 험하고 높은 언덕에 깊은 구덩이, 가시덤불·모래밭·자갈밭, 흙과 돌로 된 산 등 더러운 것들로 가득차 있습니다.”

아견차토 구릉갱감 형극사력 토석제산 예악충만
我見此土 丘陵坑坎 荊棘沙礫 土石諸山 穢惡充滿

나계범왕이 말하였다.

나계범왕언
螺髻梵王言

“어진이시여, 마음에 높고 낮음이 있어 부처님의 지혜를 의지하지 못하기 때문에 이 국토가 부정하게 보이는 것입니다.

인자 심유고하 불의불혜고 견차토 위부정이
仁者 心有高下 不依佛慧故 見此土 爲不淨耳

사리불이여, 보살은 일체 중생을 모두 평등하게 대하므로

사리불 보살 어일체중생 실개평등
舍利弗 菩薩 於一切衆生 悉皆平等

深心
심심이 청정하여 부처님의 지혜를 의지할 수 있고 능히 이 불국토의 청정함을 볼 수 있습니다.”

심심청정 의불지혜 즉능견차불토청정
深心清淨 依佛智慧 則能見此佛土清淨

그때 부처님께서 발가락으로 땅을 누르자, 삼천대천세계가 수없이 많은 진귀한 보배로 장식되어

어시 불이족지안지 즉시삼천대천세계 약간백천진보엄식
於是 佛以足指按地 卽時三千大千世界 若干百千珍寶嚴飾

寶莊嚴佛 無量功德寶莊嚴土
마치 보장엄불의 무량공덕보장엄토처럼 되었다.

비여보장엄불 무량공덕보장엄토
譬如寶莊嚴佛 無量功德寶莊嚴土

모든 대중은 일찍이 없던 일이라 찬탄하였으며, 자신들이 보배 연꽃〔寶蓮華〕 위에 앉아 있음을 발견하였다.

일체대중 탄미증유 이개자견좌보련화
一切大衆 歎未曾有 而皆自見坐寶蓮華

부처님께서 사리불에게 이르셨다.

불고 사리불
佛告 舍利弗

"너는 이 불국토의 장엄함과 청정함을 보고 있느냐?"

여차관시불토엄정
汝且觀是佛土嚴淨

"그러하옵니다. 세존이시여. 일찍이 보지 못하고 일찍이 듣지 못한 것을 지금 보고 듣나이다. 지금 이 불국토의 장엄하고 청정한 모습이 다 나타났나이다."

유연세존 본소불견 본소불문 금불국토 엄정실현
唯然世尊 本所不見 本所不聞 今佛國土 嚴淨悉現

부처님께서 사리불에게 이르셨다.

불어사리불
佛語舍利弗

"내 불국토의 청정하기가 항상 이와 같으나, 이 나라의 못난 사람들을 제도하기 위해 나쁘고 부정한 모습들을 보여줄 따름이니라.

아불국토 상정약차 위욕도사하열인고 시시중악부정토이
我佛國土 常淨若此 爲欲度斯下劣人故 示是衆惡不淨土耳

비유컨대 저 하늘나라의 모든 신들은 똑같이 보배로운 그릇으로 음식을 취하지만, 그들의 복덕이 어떠한가에 따라 음식의 빛깔이 다른 것과 같으니라.

비여제천공보기식 수기복덕 반색유이
譬如諸天共寶器食 隨其福德 飯色有異

이와 같이 사리불아, 마음이 맑은 사람이라면 이 국토

가 공덕으로 장엄되어 있음을 곧 볼 수 있느니라."

여시 사리불 약인심정 변견차토 공덕장엄
如是 舍利弗 若人心淨 便見此土 功德莊嚴

부처님께서 이 국토의 장엄함과 청정함을 나타내었을 때, 보적이 이끌고 온 5백 장자의 아들들은 모두 무생(無生)법인(法忍)을 얻었고, 8만 4천인이 아뇩다라삼먁삼보리심을 발하였다.

당불현차국토엄정지시 보적
當佛現此國土嚴淨之時 寶積

소장오백장자자 개득생무법인 팔만사천인 개발아뇩다라삼먁삼보리심
所將五百長者子 皆得無生法忍 八萬四千人 皆發阿耨多羅三藐三菩提心

부처님께서 신통력을 거두어들이자 이 세계는 원래의 상태로 돌아갔고

불섭신족 어시세계 환복여고
佛攝神足 於是世界 還復如故

성문승(聲聞乘)을 구하는 3만 2천의 천인과 인간들은 유위법(有爲法)의 무상(無常)함을 알고 번뇌망상을 멀리 떠나 청정한 법안을 얻었으며

구성문승 삼만이천천급인 지유위법 개실무상 원진이구 득법안정
求聲聞乘 三萬二千天及人 知有爲法 皆悉無常 遠塵離垢 得法眼淨

법을 다 받아들이지 못한 8천 비구는 번뇌가 다하는 것이 무엇인지를 이해하게 되었다.

팔천비구 불수제법 누진의해
八千比丘 不受諸法 漏盡意解

제2 방편품 方便品

유마힐의 방편

1) 유마힐은 어떤 분인가

그때 비야리성에 한 장자가 있었으니 이름이 유마힐(維摩詰)이었다.

爾時(이시) 毘耶離大城中(비야리대성중) 有長者(유장자) 名維摩詰(명유마힐)

일찍이 헤아릴 수 없이 많은 부처님께 공양을 올렸고 선근을 깊이 심어 무생법인(無生法忍)을 얻었다.

已曾供養無量諸佛(이증공양무량제불) 深植善本(심식선본) 得無生忍(득무생인)

① 그의 뛰어난 말솜씨는 거침이 없었고 辨才無碍(변재무애)

② 마음대로 신통을 즐겼으며 遊戱神通(유희신통)

③ 여러 가지 다라니를 지니고 逮諸摠持(체제총지)

④ 두려움 없는 무소외를 얻어 獲無所畏(획무소외)

⑤ 마구니와 원수들을 항복시켰고 降魔勞怨(항마노원)

⑥ 깊은 법문에 들어가 入深法門(입심법문)

⑦ 반야바라밀을 터득하고 善於智度(선어지도)

⑧ 방편에 통달하였다. 　　통달방편 通達方便

⑨ 대원을 성취하였고 　　대원성취 大願成就

⑩ 중생의 마음이 어디로 향하는지를 분명히 알고
명료중생심지소취 明了衆生心之所趣

⑪ 중생의 예리하고 둔한 근기를 잘 분별하면서
우능분별 又能分別　제근이둔 諸根利鈍

⑫ 오랫동안 불도를 닦아 마음이 이미 순수하고 맑아
졌으며 　구어불도 久於佛道　심이순숙 心已純淑

⑬ 대승 그 자체가 되었고 　결정대승 決定大乘

⑭ 해야 할 일들을 잘 생각하고 헤아리며
제유소작 諸有所作　능선사량 能善思量

⑮ 부처님과 다름없는 위의를 갖추었고 　주불위의 住佛威儀

⑯ 마음이 바다와 같이 넓었기에 　심여대해 心如大海
부처님들이 찬탄하셨고 불제자와 제석천·범천·사천
왕들이 존경하였다.
제불자차 諸佛咨嗟　제자석범세주소경 弟子釋梵世主所敬

그는 사람들을 제도하고자 선교방편으로 비야리성에
살고 있으면서 　욕도인고 欲度人故　이선방편 以善方便　거비야리 居毗耶離

① 한량없는 재물로 가난한 사람들을 감싸 안았고
자재무량 資財無量　섭제빈민 攝諸貧民

② 계를 깨끗하게 잘 받들어 파계하는 사람들을 감싸

안았고 　　　　　　　　　봉계청정 섭제훼금
奉戒清淨 攝諸毀禁

③ 욕됨을 참는 덕행으로 화 잘 내는 사람들을 감싸 안았고 　　　이인조행 섭제에노
以忍調行 攝諸恚怒

④ 대정진으로 게으른 사람들을 감싸 안았고
이대정진 섭제해태
以大精進 攝諸懈怠

⑤ 한마음으로 선정을 닦아 마음이 흐트러진 사람들을 감싸 안았고 　　　일심선적 섭제난의
一心禪寂 攝諸亂意

⑥ 결정적인 지혜로 무지한 사람들을 감싸 안았다.
이결정혜 섭제무지
以決定慧 攝諸無智

① 비록 속인의 옷을 입고 있었으나 승려의 청정한 율행을 받들어 지켰고 　　　수위백의 봉지사문청정율행
雖爲白衣 奉持沙門清淨律行

② 속세에서 가정을 갖고 살았으나 삼계에 집착하지 않았고 　　　수처거가 불착삼계
雖處居家 不着三界

③ 처자 있음을 보여주었으나 항상 청정행을 닦았고
시유처자 상수범행
示有妻子 常修梵行

④ 권속이 있음을 보여주었으나 항상 멀리 떠나기를 좋아하였고 　　　현유권속 상락원리
現有眷屬 常樂遠離

⑤ 귀한 장신구를 걸치고 있었으나 삼십이상 팔십종호로 장엄하고자 하였고 　　　수복보식 이이상호엄신
雖服寶飾 而以相好嚴身

⑥ 음식을 먹기는 하였으나 선열(禪悅)(선의 기쁨)을 맛보기를 더 좋

아하였다. 수복음식 이이선열위미 雖復飮食 而以禪悅爲味

⑦ 도박하는 곳에 가면 그 사람들을 올바른 길로 인도하였고 약지박혁희처 첩이도인 若至博奕戱處 輒以度人

⑧ 다른 종교들을 용납하면서도 올바른 믿음을 깨뜨리지 않았으며 수제이도 불훼정신 受諸異道 不毁正信

⑨ 세속 책의 내용을 잘 알았지만 항상 불법을 좋아하였다. 수명세전 상요불법 雖明世典 常樂佛法

그러므로 모든 사람들의 존경을 받았고 가장 으뜸가는 공양을 받았다. 일체견경 위공양중최 一切見敬 爲供養中最

그는 정법을 잘 지니면서 어른과 어린 사람들을 감싸안고 화목한 생활을 하였나니

집지정법 섭제장유 일체치생 해우 執持正法 攝諸長幼 一切治生 諧偶

① 세속적인 이익을 얻을지라도 기뻐하지 않았고

수획속리 불이희열 雖獲俗利 不以喜悅

② 네 거리(세간)에서 노닐며 중생들을 이롭게 하였고

유제사구 요익중생 遊諸四衢 饒益衆生

③ 정치와 법에 통달하여 모두를 구호하였고

입치정법 구호일체 入治政法 救護一切

④ 강론하는 곳에 가서는 대승법으로 인도하였고

입강론처 도이대승 入講論處 導以大乘

⑤ 학교에서는 아이들을 이끌어 지혜를 열어 주었고

입제학당 유개동몽
入諸學堂 誘開童蒙

⑥ 몸 파는 집에 가서는 음욕의 잘못됨을 가르쳐 주었고

입제음사 시욕지과
入諸婬舍 示欲之過

⑦ 술집에 가서는 정신을 차려 뜻을 세우도록 하였다.

입제주사 능립기지
入諸酒肆 能立其志

① 장자(상인)들 속에 있으면 장자 중의 으뜸이 되어 훌륭한 법을 설하고

약재장자 장자중존 위설승법
若在長者 長者中尊 爲說勝法

② 거사들 속에 있으면 거사 중의 으뜸이 되어 탐착(貪着)을 끊어주고

약재거사 거사중존 단기탐착
若在居士 居士中尊 斷其貪着

③ 왕족들 속에 있으면 왕족 중에 으뜸이 되어 인욕(忍辱)을 가르치고

약재찰리 찰리중존 교이인욕
若在刹利 刹利中尊 教以忍辱

④ 바라문들 속에 있으면 바라문 중에 으뜸이 되어 아만(我慢)을 없애주고

약재바라문 바라문중존 제기아만
若在婆羅門 婆羅門中尊 除其我慢

⑤ 대신들 속에 있으면 대신 중에 으뜸이 되어 정법(正法)을 가르치고

약재대신 대신중존 교이정법
若在大臣 大臣中尊 教以正法

⑥ 왕자들 속에 있으면 왕자 중에 으뜸이 되어 충효(忠孝)를 보여주고

약재왕자 왕자중존 시이충효
若在王子 王子中尊 示以忠孝

⑦ 내관들 속에 있으면 내관 중에 으뜸이 되어 궁녀들을 다스리고

약재내관 내관중존 화정궁녀
若在內官 內官中尊 化政宮女

⑧ 서민들 속에 있으면 서민 중에 으뜸이 되어 복력(福力)을 기르게 하고

약재서민 서민중존 영흥복력
若在庶民 庶民中尊 令興福力

⑨ 범천들 속에 있으면 범천 중에 으뜸이 되어 뛰어난 지혜를 일러주고

약재범천 범천중존 회이승혜
若在梵天 梵天中尊 誨以勝慧

⑩ 제석천들 속에 있으면 제석천 중에 으뜸이 되어 무상(無常)함을 보여주고

약재제석 제석중존 시현무상
若在帝釋 帝釋中尊 示現無常

⑪ 사천왕들 속에 있으면 사천왕 중에 으뜸이 되어 중생들을 보호하였나니

약재호세 호세중존 호제중생
若在護世 護世中尊 護諸衆生

장자 유마힐은 이와 같은 무량한 방편으로 중생을 이익되게 하였다.

장자 유마힐 이여시등무량방편 요익중생
長者 維摩詰 以如是等無量方便 饒益衆生

2) 몸과 병

유마힐이 방편으로 질병 있음을 나타내 보이자

기이방편 현신유질
其以方便 現身有疾

그의 질병 소식에 국왕·대신·장자·거사·바라문·왕자들과 관리 등 수많은 사람들이 문병을 갔으며

이기 질고 국왕대신장자거사바라문등급제왕자 병여관속 무수천인 개왕문질
以其疾故 國王大臣長者居士婆羅門等及諸王子 並餘官屬 無數千人 皆往問疾

찾아 온 이들에게 유마힐은 몸과 병에 관하여 널리 설법하였다.

기왕자 유마힐 인이신질 광위설법
其往者 維摩詰 因以身疾 廣爲說法

"어진 이들이여

제 인 자
諸仁者

이 몸은 영원함이 없고 강함이 없고 힘이 없고 견고함이 없어서

시 신 무 상 무 강 무 력 무 견
是身 無常無强 無力無堅

빨리 썩게 되어 있고 믿을 것이 못 됩니다.

속 후 지 법 불 가 신 야
速朽之法 不可信也

괴로움이요 근심이며 온갖 병이 모이는 곳입니다.

위 고 위 뇌 중 병 소 집
爲苦爲惱 衆病所集

어진 이들이여, 이와 같은 몸을 지혜 밝은 이는 믿고 의지하지 않습니다.

제 인 자 여 차 신 명 지 자 소 불 호
諸仁者 如此身 明智者 所不怙

① 이 몸은 물방울과 같아 취할 수가 없고

시 신 여 취 말 불 가 촬 마
是身如聚沫 不可撮摩

② 이 몸은 물거품과 같아 오래 머무르지 않습니다.

시 신 여 포 부 득 구 립
是身如泡 不得久立

③ 이 몸은 불길과 같아 갈애(渴愛)를 좇아 생겨난 것이요

시 신 여 염 종 갈 애 생
是身如焰 從渴愛生

④ 이 몸은 파초와 같아 속에 견고한 것이 없고

시 신 여 파 초 중 무 유 견
是身如芭蕉 中無有堅

⑤ 이 몸은 허깨비와 같아 뒤바뀐 생각을 좇아 생겨났고

시 신 여 환 종 전 도 기
是身如幻 從顚倒起

⑥ 이 몸은 꿈과 같아 허망하기 그지없고

시신여몽 위허망견
是身如夢 爲虛妄見

⑦ 이 몸은 그림자와 같아 업연을 따라 나타나고

시신여영 종업연현
是身如影 從業緣現

⑧ 이 몸은 메아리와 같아 여러 인연을 따라 생겨나고

시신여향 촉제인연
是身如響 屬諸因緣

⑨ 이 몸은 뜬구름과 같아 순식간에 변하여 없어지고

시신여부운 수유변멸
是身如浮雲 須臾變滅

⑩ 이 몸은 번개와 같아 잠깐도 머물지 않습니다.

시신여전 염념부주
是身如電 念念不住

⑪ 이 몸의 주인 없음은 저 땅〔地〕과 같고 是身無主 爲如地 (시신무주 위여지)

⑫ 이 몸의 아(我)가 없음은 불〔火〕과 같고 是身無我 爲如火 (시신무아 위여화)

⑬ 이 몸의 오래 살지 못함은 바람〔風〕과 같고

시신무수 위여풍
是身無壽 爲如風

⑭ 이 몸의 개체〔人相〕가 없음은 물〔水〕과 같습니다.

시신무인 위여수
是身無人 爲如水

⑮ 지·수·화·풍을 집으로 삼은 이 몸은 튼튼하지 못하고〔不實〕

시신부실 사대위가
是身不實 四大爲家

⑯ 나와 내 것이 없는 이 몸은 텅 비었고〔空〕

시신위공 이아아소
是身爲空 離我我所

⑰ 초목·기와·돌멩이 같은 이 몸은 앎이 없고〔無知〕

시신무지 여초목와력
是身無知 如草木瓦礫

⑱ 바람의 힘으로 움직이는 이 몸은 지음이 없고〔無作〕

시신무작 풍력소전
是身無作 風力所轉

⑲ 더러움이 가득한 이 몸은 깨끗하지 못합니다〔不淨〕.

시신부정 예악충만
是身不淨 穢惡充滿

⑳ 비록 목욕하고 옷 입히고 음식을 먹인다 할지라도 반드시 마멸되고 마는 이 몸은 허위(虛僞)요

시신위허위 수가이조욕의식 필귀마멸
是身爲虛僞 雖假以澡浴衣食 必歸磨滅

㉑ 백 한 가지 병에 시달리고 있는 이 몸은 재난 덩어리이며

시신위재 백일병뇌
是身爲災 百一病惱

㉒ 늙어 죽을 날이 가까이 오고 있는 이 몸은 저 언덕 위의 마른 우물과 같고

시신여구정 위로소핍
是身如丘井 爲老所逼

㉓ 죽음을 기다릴 수밖에 없는 이 몸은 안정됨이 없으며〔無定〕

시신무정 위요당사
是身無定 爲要當死

㉔ 오음(五陰)과 십팔계(十八界)와 십이입(十二入)이 합하여져서 만들어진 이 몸은 독사 같고 원수 같고 도둑 같고 텅 빈 마을과 같습니다.

시신여독사 여원적 여공취 음계제입 소공합성
是身如毒蛇 如怨賊 如空聚 陰界諸入 所共合成

3) 불신은 보리심에서

어진 이들이여, 근심 덩어리인 이 몸은 싫어해야 할 것이

며 좋아해야할 것은 불신(佛身)입니다. 諸仁者(제인자) 此可患厭(차가환염) 當樂佛身(당요불신)

왜냐하면 불신이 곧 법신(法身)이기 때문이니

所以者何(소이자하) 佛身者(불신자) 卽法身也(즉법신야)

① 불신은 무량한 공덕과 지혜로부터 생기며

從無量功德智慧生(종무량공덕지혜생)

② 계·정·혜·해탈·해탈지견으로부터 생기며

從戒定慧解脫解脫知見生(종계정혜해탈해탈지견생)

③ 자·비·희·사로부터 생기며 從慈悲喜捨生(종자비희사생)

④ 보시·지계·인욕유화·근행정진·선정해탈삼매·다문지혜 등의 6바라밀로부터 생기며 從(종) 布施(보시)

持戒(지계) 忍辱柔和(인욕유화) 勤行精進(근행정진) 禪定解脫三昧(선정해탈삼매) 多聞智慧(다문지혜) 諸波羅蜜生(제바라밀생)

⑤ 방편으로부터 생기며 從方便生(종방편생)

⑥ 육신통으로부터 생기며 從六通生(종육통생)

⑦ 삼명으로부터 생기며 從三明生(종삼명생)

⑧ 삼십칠도품으로부터 생기며 從三十七道品生(종삼십칠도품생)

⑨ 지관으로부터 생기며 從止觀生(종지관생)

⑩ 십력·사무소외·십팔불공법으로부터 생기며

從十力(종십력) 四無所畏(사무소외) 十八不共法生(십팔불공법생)

⑪ 일체의 불선법(不善法)을 끊고 모든 선법을 모음으로써 생기며 從斷一切不善法(종단일체불선법) 集一切善法生(집일체선법생)

⑫ 진실로부터 생기며 從眞實生(종진실생)

⑬ 방일하지 않음에서 생기나니 종불방일생 從不放逸生

이와 같은 무량한 청정법으로부터 여래의 몸〔如來身〕이 생기는 것입니다. 종여시무량청정법 생여래신 從如是無量淸淨法 生如來身

어진 이들이여, 여래의 몸을 얻고 일체 중생의 병을 끊고자 한다면, 마땅히 아뇩다라삼먁삼보리심을 발하여야 합니다."

제인자 욕득불신 단일체중생병자 당발아뇩다라삼먁삼보리심
諸仁者 欲得佛身 斷一切衆生病者 當發阿耨多羅三藐三菩提心

이와 같이 장자 유마힐은 문병 온 이들에게 적절한 설법을 하여, 수많은 사람들로 하여금 아뇩다라삼먁삼보리심을 발하게 하였다. 여시 장자 如是 長者

유마힐 위제문질자 여응설법 영무수천인 개발아뇩다라삼먁삼보리심
維摩詰 爲諸問疾者 如應說法 令無數千人 皆發阿耨多羅三藐三菩提心

제3 제자품 弟子品

십대제자와 유마힐

1) 지혜제일 사리불과 좌선

그때 장자 유마힐은 혼자 생각하였다.

이시 장자유마힐자념
爾時 長者維摩詰自念

'내가 이렇게 앓고 누워 있는데 세존께서는 어찌 대자비를 베풀지 않으시는가?'

침질우상 세존대자 영불수민
寢疾于床 世尊大慈 寧不垂愍

부처님께서는 유마힐의 마음을 아시고 곧 사리불에게 이르셨다.

불지기의 즉고사리불
佛知其意 卽告舍利弗

"그대가 유마힐을 찾아가 문병하여라."

여행예유마힐문질
汝行詣維摩詰問疾

사리불이 부처님께 아뢰었다.

사리불백불언
舍利弗白佛言

"세존이시여, 저는 감히 문병을 갈 수 없나이다.

세존 아불감임 예피문질
世尊 我不堪任 詣彼問疾

그 까닭은 이런 일이 있었기 때문입니다.

예피문질 억념
所以者何 憶念

옛날에 제가 숲속의 나무 밑에서 연좌(宴坐)(좌신)하고 있을 때, 유마힐이 제게 와서 말했습니다.

我昔曾於林中 宴坐樹下 時維摩詰 來謂我言
(아석증어림중 연좌수하 시유마힐 내위아언)

'사리불이여, 반드시 이렇게 앉는 것만을 연좌라고 생각하지 마시오.

唯 舍利弗 不必是坐 爲宴坐也

무릇 연좌란

夫宴坐者

① 이 삼계에 몸과 마음이 나타나지 않도록 하는 것이 연좌입니다.

不於三界現身意 是爲宴坐

② 멸정(滅定)(모든 생각을 끊음)을 일으키지 않고 위의(威儀)(바른 행위)들을 나타내는 것이 연좌입니다.

不起滅定 而現諸威儀 是爲宴坐

③ 도법(道法)을 버리지 않고 범부의 일을 나타내는 것이 연좌입니다.

不捨道法 而現凡夫事 是爲宴坐

④ 마음이 안에 머무르지도 않고 밖에 있지도 않은 것이 연좌입니다.

心不住內 亦不在外 是爲宴坐

⑤ 여러 견해에 흔들리지 않고 삼십칠도품을 수행하는 것이 연좌입니다.

於諸見不動 而修行三十七道品 是爲宴坐
(어제견부동 이수행삼십칠도품 시위연좌)

⑥ 번뇌를 끊지 않고 열반에 드는 것이 연좌입니다.

不斷煩惱 而入涅槃 是爲宴坐

만약 이와 같이 앉을 수 있다면 부처님께서 인가를 하실 것입니다.'

若能如是坐者 佛所印可

세존이시여, 저는 그때 이 말을 듣고 할 말을 잃어 감히 대답을 하지 못했습니다.

시아세존 문설시어 묵연이지 불능가보
時我世尊 聞說是語 黙然而止 不能加報

그러므로 저는 유마힐을 문병할 수 없나이다."

고아불임 예피문질
故我不任 詣彼問疾

2) 신통제일 목건련과 설법

부처님께서 대목건련에게 이르셨다. 불고대목건련 佛告大目健連
"그대가 가서 유마힐을 문병하여라." 여행예유마힐문질 汝行詣維摩詰問疾
목건련이 부처님께 아뢰었다. 목건련백불언 目健連白佛言
"세존이시여, 저는 감히 문병을 갈 수 없습니다.

세존 아불감임 예피문질
世尊 我不堪任 詣彼問疾

그 까닭은 이런 일이 있었기 때문입니다. 소이자하 억념 所以者何 憶念

옛날에 제가 비야리성으로 들어가 거리에서 여러 거사들을 위해 설법을 하고 있었을 때, 유마힐이 제게 와서 이렇게 말했습니다.

아석입비야리대성 어리항중 위제거사설법 시유마힐 내위아언
我昔入毘耶離大城 於里巷中 爲諸居士說法 時維摩詰 來謂我言

'대목련이여, 백의거사를 위해 설법할 때는 그대처럼 설하여서는 안 됩니다.

유 대목련 위백의거사설법 부당여인자소설
唯 大目連 爲白衣居士說法 不當如仁者所說

무릇 법을 설하는 자는 마땅히 법에 맞게〔如法〕 설하여야 합니다.

부설법자 당여법설
夫說法者 當如法說

① 법에는 중생상(衆生相)이 없나니 중생의 때를 떠났기 때문입니다.

법무중생 이중생구고
法無衆生 離衆生垢故

② 법에는 아상(我相)이 없나니 아상의 때를 떠났기 때문입니다.

법무유아 이아구고
法無有我 離我垢故

③ 법에는 수명상(壽命相)이 없나니 생과 사를 떠났기 때문입니다.

법무수명 이생사고
法無壽命 離生死故

④ 법에는 인상(人相)이 없나니 앞과 뒤가 모두 끊어졌기 때문입니다.

법무유인 전후제단고
法無有人 前後除斷故

⑤ 법은 항상 고요하니 상(相)들이 없어졌기 때문입니다.

법상적연 멸제상고
法常寂然 滅諸相故

⑥ 법은 상(相)을 떠나 있나니 속된 인연이 없기 때문입니다.

법리어상 무소연고
法離於相 無所緣故

⑦ 법은 이름이 없나니 언어의 길이 끊어졌기 때문입니다.

법무명자 언어단고
法無名字 言語斷故

⑧ 법은 설함이 없나니 생각을 떠나 있기 때문입니다.

법무유설 이각관고
法無有說 離覺觀故

⑨ 법은 형상이 없나니 허공과 같기 때문입니다.

법무형상 여허공고
法無形相 如虛空故

⑩ 법에는 쓸데없는 말장난이 없나니 끝내 공하기 때문입니다.

법무희론 필경공고
法無戲論 畢竟空故

⑪ 법에는 내 것이 없나니 내 것을 떠나 있기 때문입니다.

법무아소 이아소고
法無我所 離我所故

⑫ 법에는 분별함이 없나니 분별하는 식(識)들을 떠나 있기 때문입니다.

법무분별 이제식고
法無分別 離諸識故

⑬ 법은 어떤 것과도 비교할 수 없나니 상대가 없기 때문입니다.

법무유비 무상대고
法無有比 無相待故

⑭ 법은 어떤 인(因)에도 속해 있지 않나니 어떤 것과도 연(緣)을 맺지 않기 때문입니다.

법불속인 부재연고
法不屬因 不在緣故

⑮ 법은 법성(法性)과 같은 것이니 모든 것이 여기로 들어가기 때문입니다.

법동법성 입제법고
法同法性 入諸法故

⑯ 법은 언제나 한결같나니 따를 것이 없기 때문입니다.

법수어여 무소수고
法隨於如 無所隨故

⑰ 법은 실제(實際)에 머무나니 어떤 것에도 흔들리지 않기 때문입니다.

법주실제 제변부동고
法住實際 諸邊不動故

⑱ 법은 동요함이 없나니 육진(六塵)에 의지하지 않기 때문입니다.

법무동요 불의육진고
法無動搖 不依六塵故

⑲ 법은 오고감이 없나니 과거나 미래에 머무르지 않기 때문입니다.

법무거래 상부주고
法無去來 常不住故

⑳ 법은 공(空)을 따르고 무상(無相)을 따르고 무작(無作)에 응하며

법순공 수무상 응무작
法順空 隨無相 應無作

㉑ 법은 아름다움과 추함을 떠났으며
법리호추
法離好醜

㉒ 법은 더함도 덜함도 없으며
법무증손
法無增損

㉓ 법은 생과 멸이 없으며
법무생멸
法無生滅

㉔ 법은 돌아가는 곳이 없으며
법무소귀
法無所歸

㉕ 법은 안(眼)·이(耳)·비(鼻)·설(舌)·신(身)·심(心)을 넘어섰으며
법과안이비설신심
法過眼耳鼻舌身心

㉖ 법은 높고 낮음이 없으며
법무고하
法無高下

㉗ 법은 항상 머물러 있고 동하지 않으며
법상주부동
法常住不動

㉘ 법은 일체의 관행(觀行)을 떠나 있습니다.
법리일체관행
法離一切觀行

대목련이여, 법의 모양이 이와 같으니 어찌 가히 설할 수 있겠습니까?
유대목련 법상여시 기가설호
唯大目連 法相如是 豈可說乎

무릇 법을 설한다 함은 설함도 없고 보여줌도 없으며
부설법자 무설무시
夫說法者 無說無示

법을 듣는다 함은 듣는 것도 없고 얻는 것도 없음입니다.
기청법자 무문무득
其聽法者 無聞無得

마치 환사(요술쟁이)가 환인(요술로 만든 인형)에게 설법하는 것과 같나니
비여환사 위환인설법
譬如幻士 爲幻人說法

마땅히 이와 같은 생각을 갖고 설법해야 합니다.
당건시의 이위설법
當建是意 而爲說法

① 중생들의 근기에 예리하고 둔함이 있음을 잘 알아야 하고
당료중생 근유이둔
當了衆生 根有利鈍

② 좋은 생각을 일으켜 걸림이 없어야 하고
선어지견 무소가애
善於知見 無所罣碍

③ 대비심으로 대승법을 찬양하고
이대비심 찬우대승
以大悲心 讚于大乘

④ 부처님의 은혜에 보답하고 삼보가 끊어지는 일이 없기를 염원한 다음에 설법해야 합니다.'
염보불은 부단삼보 연후설법
念報佛恩 不斷三寶 然後說法

유마힐이 이 법을 설했을 때 팔백 명의 거사가 아뇩다라삼먁삼보리심을 발하였습니다.
유마힐 설시법시 백팔거사 발아뇩다라삼먁삼보리심
維摩詰 說是法時 八百居士 發阿耨多羅三藐三菩提心

저는 이러한 변재가 없기 때문에 감히 그를 찾아가 문병을 할 수 없습니다."
아무차변 시고 불임예피문질
我無此辯 是故 不任詣彼問疾

3) 두타제일 대가섭과 걸식

부처님께서 대가섭에게 이르셨다.
불고대가섭
佛告大迦葉

"그대가 가서 유마힐을 문병하여라."
여행예유마힐문질
汝行詣維摩詰問疾

대가섭이 부처님께 아뢰었다.
가섭백불언
迦葉白佛言

"세존이시여, 저는 감히 문병을 갈 수 없습니다.

세존 아불감임 예피문질
世尊 我不堪任 詣彼問疾

왜냐하면 이런 일이 있었기 때문입니다.
소이자하 억념
所以者何 憶念

옛날에 제가 가난한 마을에 가서 탁발을 하고 있을 때, 유마힐이 제게 와서 말했습니다.

아석어빈리이행걸 시유마힐 내위아언
我昔於貧里而行乞 時維摩詰 來謂我言

'대가섭이여, 그대는 자비심이 있는데도 두루하지 못하여 부잣집은 피하고 가난한 집들만 찾아 걸식을 하고 있습니다.
유 대가섭 유자비심 이불능보 사호부 종빈걸
唯 大迦葉 有慈悲心 而不能普 捨豪富 從貧乞

① 가섭이여, 평등한 법에 입각하여 차례대로 걸식을 해야 합니다.
가섭 주평등법 응차행걸식
迦葉 住平等法 應次行乞食

② 먹어야 한다는 생각 없이 걸식을 해야 합니다.

위불식고 응행걸식
爲不食故 應行乞食

③ 사대(四大)가 화합하여 생긴 상(相)을 무너뜨린다는 생각으로 음식을 받아야 합니다.
위괴화합상고 응취단식
爲壞和合相故 應取摶食

④ 받지 않아야 한다는 생각을 품고 음식을 받아야 합니다.
위불수고 응수피식
爲不受故 應受彼食

⑤ 이곳이 텅 빈 마을이라고 생각하며 마을로 들어가야 합니다.
이공취상 입어취락
以空聚想 入於聚落

① 색을 볼 때는 장님 같이 보고
소견색 여맹등
所見色 與盲等

② 소리를 들을 때는 산울림 같이 듣고 所聞聲 與響等

③ 향기를 맡을 때는 스쳐가는 바람처럼 맡고

所齅香 與風等

④ 맛을 볼 때는 그 맛을 분별하지 않고 所食味 不分別

⑤ 촉각을 느낄 때는 지혜를 닦는 방편으로 느끼고

受諸觸 如智證

⑥ 법(法)들이 환상(幻相)과 같아서 자성(自性)도 없고 타성(他性)도 없나니, 본래 스스로 그러한 것도 아니요 지금 멸하는 것도 없음을 알아야 합니다.

知諸法 如幻相 無自性 無他性 本自不然 今則無滅

가섭이여 迦葉

① 능히 여덟 가지 삿된 길(八邪道)을 버리지 않고 팔해탈에 들어가고 若能不捨八邪 入八解脫

② 삿된 모습을 지닌 채 정법에 들어가고 以邪相 入正法

③ 일식(一食)으로 일체 중생에게 베풀고 以一食 施一切

④ 제불과 현성들께 공양하고 난 다음에 먹어야 합니다. 供養諸佛 及衆賢聖 然後可食

이와 같이 먹을 수 있는 이는 如是食者

번뇌가 있는 것도 아니요 번뇌를 떠난 것도 아니며

非有煩惱 非離煩惱

선정에 든 것도 아니요 선정에서 나온 것도 아니며

비입정의 비기정의
非入定意 非起定意

세간에 머무는 것도 아니요 열반에 머무는 것도 아닙니다.

비주세간 비주열반
非住世間 非住涅槃

보시를 한 사람 또한 큰 복과 작은 복을 생각함이 없고

기유시자 무대복 무소복
其有施者 無大福 無小福

이익과 손해에 대해 생각하지 않아야

불위익 불위손
不爲益 不爲損

부처의 도에 바르게 들어가는 것이요

시위정입불도
是爲正入佛道

성문의 길을 의지하지 않음입니다.

불의성문
不依聲聞

가섭이여

가섭
迦葉

이와 같이 먹어야 사람들이 보시한 것을 헛되이 먹지 않은 것이 됩니다.'

약여시식 위불공식 인지시야
若如是食 不爲空食 人之施也

세존이시여, 그때 저는 일찍이 들어 보지 못한 이 말을 듣고, 모든 보살에 대해 깊은 존경심을 일으켰으며

시아세존 문설시어 득미증유 즉어일체보살 심기경심
時我世尊 聞說是語 得未曾有 卽於一切菩薩 深起敬心

또 다시 생각하였습니다.

부작시념
復作是念

'재가에 있으면서도 변재와 지혜가 이와 같이 능하니, 누가 이런 말을 듣고 아뇩다라삼먁삼보리심을 발하지 않겠는가!'

사유가명 변재지혜 내능여시 기수문자 불발아뇩다라삼먁삼보리심
斯有家名 辯才智慧 乃能如是 其誰聞此 不發阿耨多羅三藐三菩提心

저는 그 다음부터 성문과 벽지불이 되는 수행을 다른 사람에게 권하지 않았습니다.

아 종 시 래　불 부 권 인　이 성 문 벽 지 불 행
我從是來 不復勸人 以聲聞辟支佛行

그러므로 유마힐을 찾아가 문병을 할 수가 없습니다." 是故 不任詣彼問疾

시 고　불 임 예 피 문 질

4) 해공제일 수보리와 음식

부처님께서 수보리에게 이르셨다. 佛告須菩提

"그대가 가서 유마힐을 문병을 하거라." 汝行詣維摩詰問疾

여 행 예 유 마 힐 문 질

수보리가 부처님께 아뢰었다. 須菩提白佛言

수 보 리 백 불 언

"세존이시여, 저는 감히 문병을 갈 수 없나이다.

세 존　아 불 감 임　예 피 문 질

世尊 我不堪任 詣彼問疾

왜냐하면 이런 일이 있었기 때문입니다. 所以者何 憶念

옛날에 제가 걸식을 하기 위해 그의 집에 들렀을 때 유마힐은 제 바루를 쥐고 음식을 가득 채워 주며 이렇게 말했습니다.

아 석 입 기 사　종 걸 식　시 유 마 힐　취 아 발　성 만 반　위 아 언

我昔入其舍 從乞食 時維摩詰 取我鉢 盛滿飯 謂我言

'수보리여. 음식에 대해 평등할 수 있으면 모든 것에 대해 평등할 수 있으며 唯 須菩提 若能於食等者 諸法亦等

유　수 보 리　약 능 어 식 등 자　제 법 역 등

모든 것에 대해 평등할 수 있으면 음식에 대해서도 평

등하게 됩니다.

제법등자 어식역등
諸法等者 於食亦等

이와 같이 걸식을 할 수 있다면 가히 이 음식을 먹어도 좋습니다.

여시행걸 내가취식
如是行乞 乃可取食

수보리여 만약

약수보리
若須菩提

淫 怒 癡
① 음(음욕)과 노(분노)와 치(어리석음)를 끊지 않고도 음·노·치와 함께하지 않는다면 이 음식을 먹어도 좋습니다.

부단음노치 역불여구
不斷淫怒癡 亦不與俱

一相
② 몸을 무너뜨리지 않고도 일상(일승 一乘)을 따른다면

불괴어신 이수일상
不壞於身 而隨一相

③ 어리석음과 사랑을 없애지 않고도 밝게 해탈할 수 있다면

불멸치애 기어명탈
不滅癡愛 起於明脫

五逆相
④ 오역상(오역죄)을 나타내고도 해탈을 얻고, 벗어나거나 속박되지 아니한다면

이오역상 이득해탈 역불해불박
以五逆相 而得解脫 亦不解不縛

四諦
⑤ 사제의 진리를 보는 것도 아니요 보지 못하는 것도 아니라면

불견사제 비불견제
不見四諦 非不見諦

⑥ 수행의 과보를 얻은 것도 아니요 과보를 얻지 못한 것도 아니라면

비득과 비부득과
非得果 非不得果

凡夫
⑦ 범부도 아니요 범부의 법을 떠나지도 않았다면

비범부 비리범부법
非凡夫 非離凡夫法

聖人
⑧ 성인도 아니요 성인이 아니지도 않다면

비성인 비불성인
非聖人 非不聖人

⑨ 비록 일체법을 성취하였더라도 법에 대한 상들을 떠났다면

수 성 취 일 체 법 이 리 제 법 상
雖成就一切法 而離諸法相

이 음식을 먹어도 좋습니다.

내 가 취 식
乃可取食

수보리여 만약

약 수 보 리
若須菩提

부처도 못 보고 법도 못 듣고

불 견 불 불 문 법
不見佛 不聞法

저 육사외도(六師外道)인 부란나가섭·말가리구사이자·산사야비라지자·아기다시사흠바라·가라구타가전연·니건타야제자 등을 스승으로 삼고 출가하여

피 외 도 육 사 부 란 나 가 섭 말 가 리 구 사 이 자 산 사 야 비 라 지 자 아
彼外道六師 富蘭那迦葉 末伽梨拘賒梨子 删闍夜毘羅胝子 阿

기 다 시 사 흠 바 라 가 라 구 타 가 전 연 니 건 타 야 제 자 등 시 여 지 사 인 기 출 가
耆多翅舍欽婆羅 迦羅鳩馱迦旃延 尼犍陀若提子等 是汝之師 因其出家

그 스승이 떨어지는 곳에 따라서 떨어질 수 있다면 이 음식을 먹어도 좋습니다.

피 사 소 타 여 역 수 타 내 가 취 식
彼師所墮 汝亦隨墮 乃可取食

수보리여 만약

약 수 보 리
若須菩提

① 사견(邪見) 속에 들어가 피안에 도달하지 않는다면 음식을 먹어도 좋습니다.

입 제 사 견 부 도 피 안
入諸邪見 不到彼岸

② 팔난(八難)에 머물면서 팔난 없음을 얻으려 하지 않는다면

주 어 팔 난 부 득 무 난
住於八難 不得無難

③ 번뇌와 함께 하며 청정법을 떠난다면

동 어 번 뇌 이 청 정 법
同於煩惱 離清淨法

④ 그대가 얻은 무쟁삼매(無諍三昧)를 일체 중생도 얻는다면

여 득 무 쟁 삼 매 일 체 중 생 역 득 시 정
汝得無諍三昧 一切衆生 亦得是定

⑤ 그대에게 보시한 이를 복전(福田)이라고 하지 않는다면

기시여자 불명복전
其施汝者 不名福田

⑥ 그대에게 공양을 베푼 이가 삼악도에 떨어진다면

공양여자 타삼악도
供養汝者 墮三惡道

⑦ 마(魔)의 무리와 손잡고 함께 일을 한다면

위여중마 공일수 작제노려
爲與衆魔 共一手 作諸勞侶

⑧ 그대가 마의 무리와 더불어 번뇌를 함께 하면서 그들과 다름없이 지낸다면

여여중마 급제진로 등무유이
汝與衆魔 及諸塵勞 等無有異

⑨ 일체 중생에 대해 원심(怨心)을 갖는다면

어일체중생 이유원심
於一切衆生 而有怨心

⑩ 부처님을 비방하고 법을 비난하고 승가에 참여하지 않는다면

방제불 훼어법 불입중수
謗諸佛 毁於法 不入衆數

⑪ 끝내 멸도(滅度)(열반)를 얻지 않는다면

종부득멸도
終不得滅度

만약 그대가 이와 같다면 이 음식을 먹어도 좋습니다.'

여약여시 내가취식
汝若如是 乃可取食

세존이시여, 그때 저는 이 말을 듣고 이것이 무슨 말인지, 어떻게 대답해야 할지를 모른 채 망연자실하여 바루를 놓고 그 집을 뛰쳐나오려 했습니다.

시아세존 문차어망연 불식시하언 부지이하답 변치발 욕출기사
時我世尊 聞此語茫然 不識是何言 不知以何答 便置鉢 欲出其舍

그러자 유마힐이 말했습니다.

유마힐언
維摩詰言

'수보리여, 두려워하지 말고 바루를 드십시오.

유 수보리 취발물구
唯 須菩提 取鉢勿懼

그대의 생각은 어떠합니까?

어의운하
於意云何

여래께서 만든 허깨비가 이런 말을 하며 나무랐다면 두려워하겠습니까?'

여래소작화인 약이시사힐 영유구부
如來所作化人 若以是事詰 寧有懼不

'아닙니다.'

아언 불야
我言 不也

그러자 유마힐이 말했습니다.

유마힐언
維摩詰言

'일체 제법은 허깨비의 모습과 같기에 지금 그대가 두려워해야 할 것은 아무 것도 없습니다.

일체제법 여환화상 여금불응유소구야
一切諸法 如幻化相 汝今不應有所懼也

왜냐하면 모든 말은 이 허깨비의 모습과 다를 바가 없기 때문입니다.

소이자하 일체언설 불리시상
所以者何 一切言說 不離是相

지혜가 있는 이는 문자에 집착하지 않기 때문에 두려워하는 바가 없습니다.

지어지자 불착문자 고무소구
至於智者 不着文字 故無所懼

무슨 까닭인가?

하이고
何以故

문자에는 자성이 없기 때문에 문자가 없는 것이 곧 해탈이요

문자성리 무유문자 시즉해탈
文字性離 無有文字 是則解脫

해탈의 모습을 갖추고 있는 것이 곧 제법(諸法)이기 때문입니다.'

해탈상자 즉제법야
解脫相者 卽諸法也

유마힐이 이 법을 설했을 때 2백 명의 천자가 법안이 맑아짐을 얻었습니다.

유마힐 설시법시 이백천자 득법안정
維摩詰 說是法時 二百天子 得法眼淨

그러므로 저는 유마힐을 문병할 수 없나이다.”

고 아 불 임　예 피 문 질
故我不任 詣彼問疾

5) 설법제일 부루나와 설법

부처님께서 부루나 미다라니자에게 이르셨다.

불 고 부 루 나 미 다 라 니 자
佛告富樓那彌多羅尼子

"그대가 가서 유마힐을 문병하여라."
여 행 예 유 마 힐 문 질
汝行詣維摩詰問疾

부루나가 부처님께 아뢰었다.
부 루 나 백 불 언
富樓那白佛言

"세존이시여, 저는 감히 문병을 갈 수 없나이다.

세 존　아 불 감 임　예 피 문 질
世尊 我不堪任 詣彼問疾

왜냐하면 이런 일이 있었기 때문입니다.
소 이 자 하　억 념
所以者何 憶念

옛날에 제가 큰 숲의 나무 아래에서 새로 출가한 비구들에게 설법을 하고 있을 때 유마힐이 와서 말했습니다.
아 석 어 대 림 중　재 일 수 하　위 제 신 학 비 구 설 법　시 유 마 힐　내 위 아 언
我昔於大林中 在一樹下 爲諸新學比丘說法 時維摩詰 來謂我言

부루나여
유　부 루 나
唯 富樓那

먼저 입정(入定)하여 비구들의 마음을 잘 관찰한 다음에 설법해야 하나니, 더러운 음식을 보배 그릇에 담아서는 안 됩니다.
선 당 입 정　관 차 인 심　연 후 설 법　무 이 예 식　치 어 보 기
先當入定 觀此人心 然後說法 無以穢食 置於寶器

이 비구들이 생각하는 바가 무엇인지를 알아야 하나

니, 유리를 수정과 혼동하는 일은 없어야 합니다.

당지 시비구심지소념 무이유리 동피수정
當知 是比丘心之所念 無以琉璃 同於水精

중생의 근기를 잘 알지 못하면서 소승의 가르침을 설하여

여불능지 중생근원 무득발기 이소승법
汝不能知 衆生根源 無得發起 以小乘法

① 본래 상처가 없는 사람에게 상처를 내지 마십시오.

피자무창 물상지야
彼自無瘡 勿傷之也

② 큰길로 가려고 하는 사람에게 오솔길을 가리켜 주지 마십시오.

욕행대도 막시소경
欲行大道 莫示小徑

③ 큰 바닷물을 소의 발자국에 넣으려 하지 마십시오.

무이대해 내어우적
無以大海 內於牛跡

④ 태양 빛과 반딧불을 같은 것이라 하지 마십시오.

무이일광 등피형화
無以日光 等彼螢火

부루나여, 이 비구들은 오래 전에 대승의 마음을 발하였다가 도중에 그 뜻을 잊은 사람들입니다.

부루나 차비구 구발대승심 중망차의
富樓那 此比丘 久發大乘心 中忘此意

어떻게 이런 이들을 소승의 가르침으로 인도하려 하십니까?

여하이소승법 이교도지
如何以小乘法 而教導之

제가 보기에 소승의 지혜는 미천합니다.

아관소승지혜미천
我觀小乘智慧微賤

마치 장님과 같아서 일체 중생의 예리함과 둔한 근기를 분별하지 못합니다.'

유여맹인 불능분별일체중생 근지이둔
猶如盲人 不能分別一切衆生 根之利鈍

그때 유마힐은 삼매에 들어 時維摩詰 卽入三昧

이 비구들로 하여금 전생에 5백 분의 부처님 처소에서 수많은 덕을 쌓았고, 그 덕을 아뇩다라삼먁삼보리를 얻는 데로 회향한 것을 기억해 내게 하였습니다.

令此比丘 自識宿命 曾於五百佛所 植衆德本 廻向阿耨多羅三藐三菩提

그러자 홀연히 본래의 마음을 회복한 비구들이 유마힐의 발에 이마를 대고 절하였으며

卽時 豁然 還得本心 於是 諸比丘 稽首禮維摩詰足

유마힐은 설법을 하여 그들로 하여금 불퇴전의 아뇩다라삼먁삼보리심을 갖도록 하였습니다.

時維摩詰 因爲說法 於阿耨多羅三藐三菩提 不復退轉

저는 생각했습니다. 我念

'사람들의 마음가짐과 근기를 모르는 성문들은 법을 설하지 않아야 한다'고. 聲聞不觀人根 不應說法

그러므로 저는 유마힐을 문병할 수 없나이다."

是故 不任詣彼問疾

6) 논의제일 가전연과 오법인五法印

부처님께서 마하가전연에게 이르셨다. 佛告摩訶迦旃延

“그대가 가서 유마힐을 문병하여라.” 汝行詣維摩詰問疾(여행예유마힐문질)

가전연이 부처님께 아뢰었다. 迦旃延白佛言(가전연백불언)

“세존이시여, 저는 감히 문병을 갈 수 없나이다.

世尊(세존) 我不堪任(아불감임) 詣彼問疾(예피문질)

왜냐하면 이런 일이 있었기 때문입니다. 所以者何(소이자하) 憶念(억념)

예전에 부처님께서는 비구들에게 간략하게 법의 요점을 설명하셨고 昔者佛爲諸比丘(석자불위제비구) 略說法要(약설법요)

그 다음에 제가 부연하여 무상(無常)의 뜻과 고(苦)의 뜻과 공(空)의 뜻과 무아(無我)의 뜻과 적멸(寂滅)의 뜻을 설명하고 있었습니다. 我卽於後(아즉어후) 敷演其義(부연기의) 謂無常義(위무상의) 苦義(고의) 空義(공의) 無我義(무아의) 寂滅義(적멸의)

그때 유마힐이 제게 와서 말했습니다. 時維摩詰(시유마힐) 來謂我言(내위아언)

‘가전연이여, 생멸하는 마음으로 실상법(實相法)을 설하지 마십시오. 唯(유) 迦旃延(가전연) 無以生滅心行(무이생멸심행) 說實相法(설실상법)

가전연이여 迦旃延(가전연)

① 제법(諸法)이 필경 불생불멸(不生不滅)이라는 것이 무상(無常)의 참뜻이요

諸法(제법) 畢竟不生不滅(필경불생불멸) 是無常義(시무상의)

② 오음(五陰)이 다 공(空)하여 일어남이 없음을 통달하는 것이 고(苦)의 참뜻이요 五受陰(오수음) 洞達空(통달공) 無所起(무소기) 是苦義(시고의)

③ 제법이 마침내 무소유(無所有)라는 것이 공(空)의 참뜻이요

諸法(제법) 究竟無所有(구경무소유) 是空義(시공의)

④ 아와 무아가 불이라는 것이 무아의 참뜻이요

於我無我 而不二 是無我義

⑤ 법은 본래 타오르지도 않고 지금 꺼지는 일도 없다는 것이 적멸의 참뜻입니다.' 法本不然 今則無滅 是寂滅義

그가 이렇게 설법을 하였을 때 그 비구들은 마음의 해탈을 얻었습니다. 說是法時 彼諸比丘 心得解脫

그러므로 저는 유마힐을 문병할 수 없나이다."

故我不任 詣彼問疾

7) 천안제일 아나율과 천안

부처님께서 아나율에게 이르셨다. 佛告阿那律

"그대가 가서 유마힐의 문병 하여라." 汝行詣維摩詰問疾

아나율이 부처님께 아뢰었다. 阿那律白佛言

"세존이시여, 저는 감히 문병을 갈 수 없나이다.

世尊 我不堪任 詣彼問疾

왜냐하면 이런 일이 있었기 때문입니다. 所以者何 憶念

예전에 제가 어느 곳을 거닐고 있을 때, 엄정이라는 범왕이 1만 명의 범천과 함께 청정한 광명을 발하며 제가 있는 곳으로 와서 이마를 땅에 대고 절을 한 다음에 물었습니다.

아석어일처 경행시
我昔於一處 經行時

유범왕 명왈엄정 여만범구 방정광명 내예아소 계수작례 문아언
有梵王 名曰嚴淨 與萬梵俱 放淨光明 來詣我所 稽首作禮 問我言

'아나율이여, 그대의 천안(天眼)으로 어느 정도까지 볼 수 있습니까?'

기하 아나율 천안소견
幾何 阿那律 天眼所見

저는 바로 답했습니다.

아즉답언
我卽答言

어진 이시여, 저는 이 석가모니 불국토의 삼천대천세계를 손바닥 안의 망고 열매를 보듯이 합니다.'

인자 오견 차석가모니불토 삼천대천세계 여관장중 암마륵과
仁者 吾見 此釋迦牟尼佛土 三千大千世界 如觀掌中 菴摩勒果

그때 유마힐이 제게 말했습니다.

시유마힐 내위아언
時維摩詰 來謂我言

'아나율이여, 당신의 천안으로 보는 상(相)이 작상(作相)(생겨난 상)입니까, 무작상(無作相)(생겨남이 없는 상)입니까?

유 아나율 천안소견 위작상야 무작상야
唯 阿那律 天眼所見 爲作相耶 無作相耶

만약 작상이라면 외도의 오신통(五神通)과 다를 바가 없고

가사작상 즉여외도오통등
假使作相 則與外道五通等

만약 무작상이라면 그것은 무위(無爲)(함이 없음)이니 마땅히 보지 못할 것입니다.'

약무작상 즉시무위 불응유견
若無作相 卽時無爲 不應有見

세존이시여, 그때 저는 아무 말도 하지 못하였고

세존 아시묵연
世尊 我時默然

범천들은 유마힐의 말을 듣고 일찍이 들어보지 못한 말이라 하면서 예배를 드리고 물었습니다.

피 제 범 문 기 언 득 미 증 유 즉 위 작 례 이 문 왈
彼諸梵聞其言 得未曾有 卽爲作禮 而問曰

'세상에서 참된 천안을 얻은 이는 누구입니까?'

세 숙 유 진 천 안 자
世孰有眞天眼者

유마힐이 답했습니다.

유 마 힐 언
維摩詰言

'불세존만이 참된 천안을 얻어

유 불 세 존 득 진 천 안
有佛世尊 得眞天眼

언제나 삼매 속에 계시면서 모든 부처님의 나라를 다 보시되 작상으로도 무작상으로도 보지 않으십니다.'

상 재 삼 매 실 견 제 불 국 토 불 이 이 상
常在三昧 悉見諸佛國土 不以二相

이 말을 듣고 엄정범왕과 그 권속 5백 범천들 모두가 아뇩다라삼먁삼보리심을 발하였고

어 시 엄 정 범 왕 급 기 권 속 오 백 범 천 개 발 아 뇩 다 라 삼 먁 삼 보 리 심
於是 嚴淨梵王 及其眷屬 五百梵天 皆發阿耨多羅三藐三菩提心

유마힐의 발에 이마를 대고 절을 한 뒤 홀연히 사라졌습니다.

예 유 마 힐 족 이 홀 연 불 현
禮維摩詰足已 忽然不現

그러므로 저는 유마힐을 문병할 수 없나이다."

고 아 불 임 예 피 문 질
故我不任 詣彼問疾

8) 지계제일 우바리와 계율

부처님께서 우바리에게 이르셨다.

불 고 우 바 리
佛告優波離

"그대가 가서 유마힐을 문병하여라."

여 행 예 유 마 힐 문 질
汝行詣維摩詰問疾

우바리가 부처님께 아뢰었다.

우바리백불언
優波離白佛言

"세존이시여, 저는 감히 문병을 갈 수 없나이다."

세존 아불감임 예피문질
世尊 我不堪任 詣彼問疾

왜냐하면 이런 일이 있었기 때문입니다.

소이자하 억념
所以者何 憶念

예전에 계율을 범한 두 비구가 부끄러움 때문에 부처님께는 여쭙지 못하고 제게 와서 말했습니다.

석자 유이비구범율행 이위치 불감문불 내문아언
昔者 有二比丘犯律行 以爲恥 不敢問佛 來問我言

'우바리 존자시여, 저희가 계율을 범하였는데

유 우마리 아등범율
唯 優波離 我等犯律

부끄럽기 짝이 없어 감히 부처님께는 여쭙지 못하겠습니다.

성이위치 불감문불
誠以爲恥 不敢問佛

바라옵건대 저희의 의심과 후회를 풀어 주시고, 그 잘못으로 인한 화를 면하게 해주소서.'

원해의회 득면사구
願解疑悔 得免斯咎

저는 즉시 그들에게 법대로 해설을 해주었습니다.

아즉위기 여법해설
我卽爲其 如法解說

그때 유마힐이 와서 말했습니다.

시유마힐 내위아언
時維摩詰 來謂我言

'우바리여, 두 비구의 죄를 더 무겁게 만들지 마십시오.

유 우바리 무중증차이비구죄
唯 優波離 無重增此二比丘罪

즉시 그 죄를 제거하여 주지는 못할지언정 마음을 더 혼란하게 만들지는 마십시오.

당직제멸 물요기심
當直除滅 勿擾其心

왜냐하면 죄의 본바탕은 안에도 있지 않고 밖에도 있지 않고 중간에도 있지 않기 때문입니다.

소이자하 피죄성 부재내 부재외 부재중간
所以者何 彼罪性 不在內 不在外 不在中間

부처님께서 설하셨듯이, 마음이 더러우므로 중생이 더럽고 마음이 깨끗하므로 중생이 깨끗해지지만

여불소설 심구고 중생구 심정고 중생정
如佛所說 心垢故 衆生垢 心淨故 衆生淨

마음 또한 안에도 있지 않고 밖에도 있지 않고 중간에도 있지 않습니다.

심역부재내 부재외 부재중간
心亦不在內 不在外 不在中間

마음이 그러하고 죄와 더러움도 그러하고 모든 법도 그러하여

여기심연 죄구역연 제법역연
如其心然 罪垢亦然 諸法亦然

한결같음(如如)을 벗어나지 않습니다.

불출어여여
不出於如如

우바리여, 마음의 실상이 이와 같음을 알아서 해탈을 얻게 되면 그때는 더러움이 있겠습니까? 없겠습니까?'

우바리 이심상 득해탈시 영유구부
優波離 以心相 得解脫時 寧有垢不

제가 '없다'고 대답하자 유마힐이 말했습니다.

아언 불야 유마힐언
我言 不也 維摩詰言

'일체 중생의 심상(心相)이 더럽지 않은 것 또한 이와 같습니다.

일체중생 심상무구 역부여시
一切衆生 心相無垢 亦復如是

우바리여

유 우바리
唯 優波離

망상이 더러움이요 망상이 없으면 깨끗합니다.

망상시구 무망상시정
妄想是垢 無妄想是淨

전도(^{顚倒}잘못된이해)가 더러움이요 전도가 없으면 깨끗합니다.

전도시구 이전도시정
顚倒是垢 無顚倒是淨

나에 집착함이 더러움이요 나에 집착 아니하면 깨끗합니다.

취아시구 불취아시정
取我是垢 不取我是淨

우바리여,

우바리
優波離

일체법이 생멸하고 머무르지 않음은 허깨비나 번갯불 같습니다.

일체법 생멸부주 여환여전
一切法 生滅不住 如幻如電

모든 법은 서로 기대지 않으면 한 순간도 머무르지 못합니다.

제법불상대 내지일념부주
諸法不相待 乃至一念不住

모든 법은 다 망견으로

제법개망견
諸法皆妄見

꿈과 같고 아지랑이 같고

여몽여염
如夢如炎

물 위에 뜬 달과 같고

여수중월
如水中月

거울 속의 형상과 같이

여경중상
如鏡中像

망상으로부터 생긴 것입니다.

이망상생
以妄想生

이 도리를 아는 사람을 계율을 잘 받드는 이라 하고

기지차자 시명봉율
其知此者 是名奉律

이 도리를 아는 사람을 잘 깨달은 이라고 합니다.'

기지차자 시명선해
其知此者 是名善解

유마힐의 이 말을 듣고 두 비구가 말했습니다.

어시 이비구언
於是 二比丘言

'아, 이 높은 지혜를 우바리존자가 어찌 능히 미칠 수

있을까? 上智哉 是優波離 所不能及

아무리 계율을 잘 지키는 사람도 이렇게 설하지는 못할 것이다.' 持律之上 而不能說

저는 바로 대답했습니다. 我卽答言

'여래를 제쳐놓고는 어떤 성문이나 보살도 유마힐의 걸림없는 말솜씨(樂說之辯)를 따를 자가 없다.

自捨如來 未有聲聞及菩薩 能制其樂說之辯

그 지혜의 밝고 깊음도 그와 같도다.' 其智慧明達 爲若此也

그때 두 비구는 의심과 후회에서 벗어나 아뇩다라삼먁삼보리를 얻겠다는 마음을 발하였으며

時二比丘 疑悔卽除 發阿耨多羅三藐三菩提心

'일체 중생으로 하여금 걸림없는 말솜씨를 얻게 하겠다'는 원을 세웠습니다. 作是願言 令一切衆生 皆得是辯

그러므로 저는 유마힐을 문병할 수 없나이다."

故我不任 詣彼問疾

9) 밀행제일 라후라와 출가공덕

부처님께서 라후라에게 이르셨다. 佛告羅睺羅

"그대가 가서 유마힐을 문병하여라." 汝行詣維摩詰問疾

라후라가 부처님께 아뢰었다.

라 후 라 백 불 언
羅睺羅白佛言

"세존이시여, 저는 감히 문병을 갈 수 없습니다.

세 존 아 불 감 임 예 피 문 질
世尊 我不堪任 詣彼問疾

왜냐하면 이런 일이 있었기 때문입니다.

소 이 자 하 억 념
所以者何 憶念

예전에 비야리성의 여러 장자의 아들들이 제게 와서 머리 숙여 절을 하고 물었습니다.

석 시 비 야 리 제 장 자 자 내 예 아 소 계 수 작 례 문 아 언
昔時 毘耶離 諸長者子 來詣我所 稽首作禮 問我言

'라후라 존자여, 당신은 부처님의 아들로서 전륜왕의 왕위를 버리고 도를 위해 출가하였습니다.

유 라 후 라 여 불 지 자 사 전 륜 왕 위 출 가 위 도
唯 羅睺羅 汝佛之子 捨轉輪王位 出家爲道

출가를 하면 어떤 이익이 있습니까?'

기 출 가 자 유 하 등 이
其出家者 有何等利

저는 법에서 가르치는 대로 출가의 공덕과 이익에 대해 말을 해주었는데, 그때 유마힐이 와서 말했습니다.

아 즉 여 법 위 설 출 가 공 덕 지 리 시 유 마 힐 내 위 아 언
我卽如法 爲說出家功德之利 時維摩詰 來謂我言

'라후라여, 출가공덕의 이익을 설하여서는 안 됩니다.

유 라 후 라 불 응 설 출 가 공 덕 지 리
唯 羅睺羅 不應說出家功德之利

왜냐하면 이익도 없고 공덕도 없는 것이 출가이기 때문입니다.

소 이 자 하 무 리 무 공 덕 시 위 출 가
所以者何 無利無功德 是爲出家

유위법(행함이 있고 과보가 있는 법)이라면 이익이 있고 공덕이 있다고 설할 수 있습니다.

유 위 법 자 가 설 유 리 유 공 덕
有爲法者 可說有利有功德

하지만 출가는 무위법(행함도 없고 과보가 없는 법)이니

부 출 가 자 위 무 위 법
夫出家者 爲無爲法

무위법 속에는 이익도 없고 공덕도 없습니다.

무 위 법 중 무 리 무 공 덕
無爲法中 無利無功德

라후라여, 출가는 저기에도 없고 여기에도 없고 그 중간에도 없습니다.

라 후 라 출 가 자 무 피 무 차 역 무 중 간
羅睺羅 出家者 無彼無此 亦無中間

六 十 二 見
육십이견(62가지 외도의 사견)을 떠나 열반에 머무르는 것이기에

이 육 십 이 견 처 어 열 반
離六十二見 處於涅槃

지혜로운 자가 누리는 바요 성인이 행하는 바이니

지 자 소 수 성 소 행 처
智者所受 聖所行處

五 道
마구니들을 항복받아 윤회하는 오도의 세계를 넘어서고

항 복 중 마 도 오 도
降伏衆魔 度五道

五 眼 五 力 五 根
오안을 맑게 하고 오력을 얻고 오근을 확고히 세웁니다.

정 오 안 득 오 력 입 오 근
淨五眼 得五力 立五根

어떠한 괴로움도 당하지 않고

불 뇌 어 피
不惱於彼

갖가지 잡되거나 나쁜 것을 떠나고

이 중 잡 악
離衆雜惡

모든 외도들을 물리치고

최 제 외 도
摧諸外道

세상의 헛된 명성 뛰어넘고

초 월 가 명
超越假名

진흙탕을 뛰쳐 나와

출 어 니
出淤泥

온갖 속박도 없고 내 것도 없으며

무 계 착 무 아 소
無繫着 無我所

받아들임도 없고 동요도 없으며

무 소 수 무 요 란
無所受 無擾亂

안으로 기쁨을 품고 남의 뜻을 지켜주며

내 회 희 호 피 의
內懷喜 護彼意

선정을 따르고 온갖 잘못을 떠나나니 수선정 이중과
隨禪定 離衆過

만약 능히 이렇게 한다면 참된 출가라 할 것입니다.'

약능여시 시진출가
若能如是 是眞出家

이어 유마힐은 장자의 아들들에게 말했습니다.

어시 유마힐 어제장자자
於是 維摩詰 語諸長者子

'그대들은 마땅히 정법 속으로 함께 출가를 하십시오.

여등 어정법중 의공출가
汝等 於正法中 宜共出家

왜냐하면 세존을 만나기가 매우 어렵기 때문입니다.'

소이자하 불세난치
所以者何 佛世難値

그러자 장자의 아들들이 물었습니다. 제장자자언
諸長者子言

'거사님, 부처님께서는 부모가 허락하지 않으면 출가를 할 수 없다고 하셨지 않습니까?'

거사 아문불언 부모불청 부득출가
居士 我聞佛言 父母不聽 不得出家

유마힐이 답했습니다. 유마힐언
維摩詰言

'그렇습니다. 그대들은 지금 아뇩다라삼먁삼보리심을 발하십시오. 이것이 진정한 출가요 구족계를 받는 것입니다.'

연 여등 변발아뇩다라삼먁삼보리심 시즉출가 시즉구족
然 汝等 便發阿耨多羅三藐三菩提心 是卽出家 是卽具足

그때 장자의 아들 32명은 모두 아뇩다라삼먁삼보리심을 발하였습니다.

이시 삼십이장자자 개발아뇩다라삼먁삼보리심
爾時 三十二長者子 皆發阿耨多羅三藐三菩提心

그러므로 저는 유마힐을 문병할 수 없나이다."

고 아 불 임　예 피 문 질
故我不任 詣彼問疾

10) 다문제일 아난과 부처님 시봉

부처님께서 아난에게 이르셨다.　불고아난 佛告阿難

"그대가 가서 유마힐을 문병하여라."　여행예유마힐문질 汝行詣維摩詰問疾

아난이 부처님께 아뢰었다.　아난백불언 阿難白佛言

"세존이시여, 저는 감히 문병을 갈 수 없습니다.

세존 아불감임 예피문질
世尊 我不堪任 詣彼問疾

왜냐하면 이런 일이 있었기 때문입니다.　소이자하 억념 所以者何 憶念

예전에 세존의 몸에 가벼운 병이 생겨 우유가 필요하게 되었으므로, 바루를 들고 큰 바라문의 집을 찾아가 문 앞에 서 있었습니다.

석시 세존신소유질 당용우유 아즉지발 예대바라문가 문하립
昔時 世尊身小有疾 當用牛乳 我卽持鉢 詣大婆羅門家 門下立

그때 유마힐이 와서 말했습니다.　시유마힐 내위아언 時維摩詰 來謂我言

'아난이여, 어째서 이렇게 이른 아침에 바루를 들고 여기에 서 있습니까?'　유 아난 하위신조 지발주차 唯 阿難 何爲晨朝 持鉢住此

'거사여, 세존께 가벼운 병이 생겨 우유가 필요하게 되었으므로 이곳으로 왔습니다.'

아언 거사 세존신소유질 당용우유 고래지차
我言 居士 世尊身小有疾 當用牛乳 故來至此

그러자 유마힐이 말했습니다.

유마힐언
維摩詰言

‘아서시오, 아난이여. 그런 말 하지 마시오.

지지 아난 막작시어
止止 阿難 莫作是語

여래의 몸은 금강의 몸입니다.

여래신자 금강지체
如來身者 金剛之體

모든 악은 다 끊어 버렸고

제악이단
諸惡已斷

모든 선이 다 모여 있습니다.

중선보회
衆善普會

그러니 무슨 병환이 있겠으며

당유하질
當有何疾

무슨 고뇌가 있겠습니까?

당유하뇌
當有何惱

잠자코 가시오, 아난이여.

묵왕아난
黙往阿難

여래를 욕되게 하지 마십시오.

물방여래
勿謗如來

다른 사람들이 이런 추한 말을 들을까 걱정입니다.

막사이인 문차추언
莫使異人 聞此麤言

큰 위덕이 있는 천인들이나 다른 정토에서 온 보살들이 이런 말을 듣게 해서는 안 됩니다.

무령대위덕제천 급타방정토제래보살 득문사어
無令大威德諸天 及他方淨土諸來菩薩 得聞斯語

아난이여, 전륜성왕의 작은 복으로도 병을 앓지 않는데

아난 전륜성왕 이소복고 상득무병
阿難 轉輪聖王 以少福故 尚得無病

어찌 무량한 복을 모아 지니신 부처님께서 병을 앓는단 말입니까?

기황여래 무량복회 보승자재
豈況如來 無量福會 普勝者哉

가시오, 아난이여.

행의 아난
行矣 阿難

우리로 하여금 수치를 당하지 않게 하십시오.

물사아등 수사치야
勿使我等 受斯恥也

외도나 바라문이 이런 말을 듣는다면 생각할 것입니다.

외도범지 약문차어 당작시념
外道梵志 若聞此語 當作是念

'자기 병도 고치지 못하는 이가 어떻게 남의 병들을 고칠 수 있겠나?'

하명위사 자질불능구 이능구제질
何名爲師 自疾不能救 而能救諸疾

빨리 조용히 가서 사람들이 이 소문을 듣지 않게 하십시오.

인가밀속거 물사인문
仁可密速去 勿使人聞

마땅히 아십시오, 아난이여.

당지 아난
當知 阿難

모든 여래의 몸은 법신(法身)일 뿐, 욕(欲)의 몸〔欲身(욕신)〕이 아닙니다.

제여래신 즉시법신 비사욕신
諸如來身 卽是法身 非思欲身

세존이신 부처님은 삼계를 벗어났고

불위세존 과어삼계
佛爲世尊 過於三界

부처님의 몸은 무루(無漏)이므로 번뇌들이 다 없어졌으며

불신무루 제루이진
佛身無漏 諸漏已盡

부처님의 몸은 무위(無爲)이므로 생사 속에 떨어지는 일이 없습니다.

불신무위 불타제수
佛身無爲 不墮諸數

이와 같은 몸에 어찌 질병이나 고뇌가 있겠습니까?'

여차지신 당유하질 당유하뇌
如此之身 當有何疾 當有何惱

세존이시여, 그때 저는 부끄러움을 금할 수 없었습니다.

시아세존 실회참괴
時我世尊 實懷慚愧

부처님을 가까이에서 모시면서도 부처님 말씀을 잘못

알아듣고 있었던 것입니다.

득무근불이류청야
得無近佛而謬聽耶

그때 공중에서 이런 소리가 들려왔습니다.

즉문공중성왈
卽聞空中聲曰

'아난이여, 거사의 말과 같습니다.

아난 여거사언
阿難 如居士言

그러나 부처님께서 오탁악세에 나오셔서 여러 가지 모습을 보이는 것은 중생들을 제도하기 위함이니

단위불출오탁악세 현행사법 도탈중생
但爲佛出五濁惡世 現行斯法 度脫衆生

아난이여, 부끄러워하지 말고 우유를 얻어 돌아가십시오.'

행의 아난 취유물참
行矣 阿難 取乳勿慚

세존이시여, 유마힐의 지혜와 변재가 이와 같습니다.

세존 유마힐 지혜변재 위약차야
世尊 維摩詰 智慧辯才 爲若此也

그러므로 저는 유마힐을 문병할 수 없나이다."

시고불임 예피문질
是故不任 詣彼問疾

이와 같이 오백 명의 대제자들 각각은 지난날에 있었던 일과 유마힐이 한 말을 부처님께 아뢰면서

여시 오백대제자 각각향불 설기본연 칭술 유마힐소언
如是 五百大弟子 各各向佛 說其本緣 稱述 維摩詰所言

모두가 문병을 가지 못하겠다고 하였다.

개왈 불임예피문질
皆曰 不任詣彼問疾

제4 보살품 菩薩品

보살들과 유마힐

1) 미륵보살과 보리

부처님께서 미륵보살에게 이르셨다. <ruby>於是<rt>어시</rt></ruby> <ruby>佛告彌勒菩薩<rt>불고미륵보살</rt></ruby>

"그대가 가서 유마힐 문병하여라." <ruby>汝行詣維摩詰問疾<rt>여행예유마힐문질</rt></ruby>

미륵이 부처님께 아뢰었다. <ruby>彌勒白佛言<rt>미륵백불언</rt></ruby>

"세존이시여, 저는 감히 문병을 갈 수 없습니다.

<ruby>世尊 我不堪任 詣彼問疾<rt>세존 아불감임 예피문질</rt></ruby>

왜냐하면 이런 일이 있었기 때문입니다. <ruby>所以者何 憶念<rt>소이자하 억념</rt></ruby>

예전에 제가 도솔천왕과 그 권속들에게 불퇴전지의 행에 대해 말하고 있을 때, 유마힐이 와서 말했습니다. <ruby>我昔爲兜率天王及其眷屬 說不退轉地之行 時維摩詰 來謂我言<rt>아석위도솔천왕급기권속 설불퇴전지지행 시유마힐 내위아언</rt></ruby>

'미륵이여, 세존께서 당신에게 수기를 주시면서, '이제 한 생 뒤면 아뇩다라삼먁삼보리를 얻게 된다'고 하셨

는데 彌勒 世尊授仁者記 一生當得阿耨多羅三藐三菩提

어느 생의 수기를 받았습니까? 爲用何生 得受記乎

과거생입니까? 미래생입니까? 현재생입니까?

過去耶 未來耶 現在耶

과거생이라면 그 과거생은 이미 멸하였고

若過去生 過去生已滅

미래생이라면 그 미래생은 아직 오지 않았으며

若未來生 未來生未至

현재생이라면 그 현재생은 머무름이 없습니다.

若現在生 現在生無住

이는 부처님께서 '비구들이여, 너희들은 지금 이 순간에 태어나고 있고 늙어가고 있고 죽어가고 있다'고 설하신 것과 같습니다. 如佛所說 比丘 汝今卽時 亦生亦老亦滅

만약 무생(無生)(생이 없음)의 경지에서 수기를 받는다면 그 무생이야말로 정위(正位)(바른 자리)입니다. 若以無生 得受記者 無生卽是正位

하지만 정위 중에는 수기를 받는다는 것이 있을 수 없으며, 아뇩다라삼먁삼보리를 얻는다는 것도 있을 수 없습니다. 於正位中 亦無受記 亦無得阿耨多羅三藐三菩提

미륵이여, 한 생 뒤의 수기를 어떻게 얻었습니까?

云何 彌勒 受一生記乎

여여(如如)(한결같은 본체. 여래의 다른 이름)가 생하는 것을 좇아 수기를 얻었습니까?

위 종 여 생 득 수 기 야
爲從如生 得受記耶

여여가 멸하는 것을 좇아 수기를 얻었습니까?

위 종 여 멸 득 수 기 야
爲從如滅 得受記耶

여여의 생함을 좇아 수기를 얻었다고 한다면 여여에는 생함이 없고

약 이 여 생 득 수 기 자 여 무 유 생
若以如生 得受記者 如無有生

여여의 멸함을 좇아 수기를 얻었다고 한다면 여여에는 멸함이 없습니다.

약 이 여 멸 득 수 기 자 여 무 유 멸
若以如滅 得受記者 如無有滅

일체중생이 다 여여요

일 체 중 생 개 여 야
一切衆生 皆如也

일체법 또한 여여요

일 체 법 역 여 야
一切法 亦如也

성현들 또한 여여요

중 성 현 역 여 야
衆聖賢 亦如也

미륵보살님 또한 여여입니다.

지 어 미 륵 역 여 야
至於彌勒 亦如也

만약 미륵이 성불 수기를 받게 되면 일체 중생도 마땅히 수기를 받습니다.

약 미 륵 득 수 기 자 일 체 중 생 역 응 수 기
若彌勒 得受記者 一切衆生 亦應受記

그 까닭이 무엇인가?

소 이 자 하
所以者何

무릇 여여는 둘이 아니요 다른 것이 아니기 때문입니다.

부 여 자 불 이 불 이
夫如者 不二不異

만약 미륵이 아뇩다라삼먁삼보리를 얻으면 일체 중생 역시 마땅히 아뇩다라삼먁삼보리를 얻습니다.

약 미 륵 득 아 뇩 다 라 삼 먁 삼 보 리 자 일 체 중 생 개 역 응 득
若彌勒 得阿耨多羅三藐三菩提者 一切衆生 皆亦應得

그 까닭이 무엇인가?

소 이 자 하
所以者何

일체 중생이 아뇩다라삼먁삼보리의 모습(相, 상)이기 때문

입니다.

일체중생 즉보리상
一切衆生 卽菩提相

만약 미륵이 멸도를 얻는다면 일체 중생 또한 마땅히 멸도를 얻습니다.

약미륵 득멸도자 일체중생 역당멸도
若彌勒 得滅度者 一切衆生 亦當滅度

그 까닭이 무엇인가?

소이자하
所以者何

제불께서는 일체 중생이 필경 적멸이요 열반상이요 또다시 멸하는 것이 아님을 알고 계시기 때문입니다.

제불지일체중생 필경적멸 즉열반상 불부갱멸
諸佛知一切衆生 畢竟寂滅 卽涅槃相 不復更滅

그러므로 미륵이여, 그러한 법문으로 천신들을 유혹하지 마십시오.

시고 미륵 무이차법 유제천자
是故 彌勒 無以此法 誘諸天子

실제로는 아뇩다라삼먁삼보리심을 발한다는 것도 없고 또 그 발심이 후퇴한다는 것도 없습니다.

실무발아뇩다라삼먁삼보리심자 역무퇴자
實無發阿耨多羅三藐三菩提心者 亦無退者

미륵이여, 이 천인들로 하여금 보리를 분별하는 견해를 버리게끔 하십시오.

미륵 당영차제천자 사어분별보리지견
彌勒 當令此諸天子 捨於分別菩提之見

그 까닭이 무엇인가?

소이자하
所以者何

보리는 몸으로 얻을 수 있는 것도 아니요 마음으로 얻을 수 있는 것도 아니기 때문입니다.

보리자 불가이신득 불가이심득
菩提者 不可以身得 不可以心得

① 적멸(寂滅)이 보리이니 상(相)들을 멸했기 때문이요

적멸시보리 멸제상고
寂滅是菩提 滅諸相故

② 보지 않는 것〔不觀(불관)〕이 보리이니 연(緣)들을 떠났기 때문

이요

불관시보리 이제연고
不觀是菩提 離諸緣故

③ 행하지 않음(不行)이 보리이니 의식적인 생각이 없기 때문이요

불행시보리 무억념고
不行是菩提 無憶念故

④ 끊는 것(斷)이 보리이니 모든 사견을 버렸기 때문이요

단시보리 사제견고
斷是菩提 捨諸見故

⑤ 떠난 것(離)이 보리이니 망상들을 떠났기 때문이요

이시보리 이제망상고
離是菩提 離諸妄想故

⑥ 막는 것(障)이 보리이니 잘못된 원(願)들을 차단하기 때문이요

장시보리 장제원고
障是菩提 障諸願故

⑦ 들어가지 않음(不入)이 보리이니 탐착이 없기 때문이요

불입시보리 무탐착고
不入是菩提 無貪着故

⑧ 순응함(順)이 보리이니 여여에 순응하기 때문이요

순시보리 순어여고
順是菩提 順於如故

⑨ 머무름(住)이 보리이니 법성에 머무르기 때문입니다.

주시보리 주법성고
住是菩提 住法性故

⑩ 도달함(至)이 보리이니 실제(實際)(진리)에 도달하기 때문이요

지시보리 지실제고
至是菩提 至實際故

⑪ 둘 아님(不二)이 보리이니 생각과 생각의 대상이 둘 아니기 때문이요

불이시보리 이의법고
不二是菩提 離意法故

⑫ 평등(等)이 보리이니 허공과 같은 까닭이요

등시보리 등허공고
等是菩提 等虛空故

⑬ 함이 없음〔無爲〕이 보리이니 생(生)·주(住)·이(異)·멸(滅)이 없기 때문이요
無爲是菩提 無生住滅故

⑭ 아는 것〔知〕이 보리이니 중생의 심행(心行)(마음 움직임)을 알기 때문이요
知是菩提 了衆生心行故

⑮ 만나지 않음〔不會〕이 보리이니 육근이 육진을 만나지 않기 때문이요
不會是菩提 諸入不會故

⑯ 섞이지 않음〔不合〕이 보리이니 번뇌하는 습관을 떠나 있기 때문이요
不合是菩提 離煩惱習故

⑰ 처하는 곳 없음〔無處〕이 보리이니 모양과 형색이 없기 때문이요
無處是菩提 無形色故

⑱ 거짓 이름〔假名〕이 보리이니 이름이 공하기 때문이요
假名是菩提 名字空故

⑲ 같이 됨〔如化〕이 보리이니 취하고 버림이 없기 때문이요
如化是菩提 無取捨故

⑳ 산란 없음〔無亂〕이 보리이니 항상 스스로 고요하기 때문이요
無亂是菩提 常自靜故

㉑ 참된 고요함〔善寂〕이 보리이니 마음바탕이 청정하기 때문이요
善寂是菩提 性清淨故

㉒ 취함 없음〔無取〕이 보리이니 반연(攀緣)을 떠났기 때문이요
無取是菩提 離攀緣故

㉓ 다름 없음〔無異〕이 보리이니 법들이 평등하기 때문이

요 　無異是菩提 諸法等故

㉔ 견줄 수 없음(無比)이 보리이니 가히 비유할 것이 없기 때문이요 　無比是菩提 無可喩故

㉕ 미묘(微妙)함이 보리이니 법들을 다 알기가 어렵기 때문입니다.' 　微妙是菩提 諸法難知故

세존이시여, 유마힐이 이와 같이 법을 설했을 때 2백명의 천자들이 다 무생법인을 얻었습니다.

세 존 유 마 힐 설 시 법 시 이 백 천 자 득 무 생 법 인

世尊 維摩詰說是法時 二百天子 得無生法忍

그러므로 저는 유마힐을 문병할 수 없나이다."

故我不任 詣彼問疾

2) 광엄동자와 도량

부처님께서 광엄동자에게 이르셨다. 　佛告光嚴童子

"그대가 가서 유마힐을 문병하여라." 　汝行詣維摩詰問疾

여 행 예 유 마 힐 문 질

광엄이 부처님께 아뢰었다. 　光嚴白佛言

광 엄 백 불 언

"세존이시여, 저는 감히 문병을 갈 수 없나이다.

세 존 아 불 감 임 예 피 문 질

世尊 我不堪任 詣彼問疾

왜냐하면 이런 일이 있었기 때문입니다. 　所以者何 憶念

예전에 제가 비야리성을 나서려 할 때 유마힐이 성으로 들어오고 있었기에 제가 인사를 하고 물었습니다.

아석출비야리대성 시유마힐방입성 아즉위작례 이문언
我昔出毘耶離大城 時維摩詰方入城 我卽爲作禮 而問言

'거사님, 어디서 오십니까?'

거사 종하소래
居士 從何所來

'도량(道場)에서 옵니다.'

답아언 오종도량래
答我言 吾從道場來

'도량(道場)은 어떠한 곳입니까?'

아문 도량자 하소시
我問 道場者 何所是

유마거사가 답했습니다.

답왈
答曰

① 곧은 마음〔直心〕이 도량이니 거짓이 없기 때문이요

직심시도량 무허가고
直心是道場 無虛假故

② 행을 발함〔發行〕이 도량이니 능히 일을 처리하기 때문이요

발행시도량 능판사고
發行是道場 能辦事故

③ 깊은 마음〔深心〕이 도량이니 공덕을 증가시키기 때문이요

심심시도량 증익공덕고
深心是道場 增益功德故

④ 보리심(菩提心)이 도량이니 착각과 그릇됨이 없기 때문입니다.

보리심시도량 무착류고
菩提心是道場 無錯謬故

⑤ 보시(布施)가 도량이니 보답을 바라지 않기 때문이요

보시시도량 불망보고
布施是道場 不望報故

⑥ 지계(持戒)가 도량이니 소원이 다 갖추어지기 때문이요

지계시도량 득원구고
持戒是道場 得願具故

⑦ 인욕(忍辱)이 도량이니 어떤 중생을 대하더라도 마음에 걸림이 없기 때문이요

인욕시도량 어제중생심무애고
忍辱是道場 於諸衆生心無礙故

精進
⑧ 정진이 도량이니 게으르거나 물러남이 없기 때문이요
정진시도량 불해퇴고
精進是道場 不懈退故

禪定
⑨ 선정이 도량이니 마음이 고르고 부드러워지기 때문이요
선정시도량 심조유고
禪定是道場 心調柔故

智慧
⑩ 지혜가 도량이니 법들을 분명하게 보기 때문입니다.
지혜시도량 현견제법고
智慧是道場 現見諸法故

慈心
⑪ 자심이 도량이니 중생들을 평등하게 여기기 때문이요
자시도량 등중생고
慈是道場 等衆生故

悲心
⑫ 비심이 도량이니 피로와 괴로움을 참아내기 때문이요
비시도량 인피고고
悲是道場 忍疲苦故

喜心
⑬ 희심이 도량이니 법문을 즐거워하기 때문이요
희시도량 열락법고
喜是道場 悅樂法故

捨心
⑭ 사심이 도량이니 사랑하고 미워함이 끊어진 때문입니다.
사시도량 증애단고
捨是道場 憎愛斷故

神通
⑮ 신통이 도량이니 육신통을 다 성취하기 때문이요
신통시도량 성취육통고
神通是道場 成就六通故

解脫
⑯ 해탈이 도량이니 나쁜 것을 능히 버리기 때문이요
해탈시도량 능배사고
解脫是道場 能背捨故

方便
⑰ 방편이 도량이니 중생을 교화하기 때문이요
방편시도량 교화중생고
方便是道場 教化衆生故

四攝法
⑱ 사섭법이 도량이니 중생들을 포섭하기 때문이요

사 섭 시 도 량　섭 중 생 고
四攝是道場 攝衆生故

多 聞
⑲ 다문이 도량이니 들은 대로 행하기 때문이요

다 문 시 도 량　여 문 행 고
多聞是道場 如聞行故

복 심
⑳ 마음을 조복함(伏心)이 도량이니 법들을 바로 보기 때문이요

복 심 시 도 량　정 관 제 법 고
伏心是道場 正觀諸法故

三 十 七 道 品
㉑ 삼십칠도품이 도량이니 유위법을 다 버리기 때문이요

삼 십 칠 품 시 도 량　사 유 위 법 고
三十七品是道場 捨有爲法故

四 諦 法
㉒ 사제법이 도량이니 세상을 속이지 않기 때문이요

제 시 도 량　불 광 세 간 고
諦是道場 不誑世間故

無 明　老 死
㉓ 연기법이 도량이니 무명에서 노사까지가 끝이 없기 때문이요

연 기 시 도 량　무 명 내 지 노 사　개 무 진 고
緣起是道場 無明乃至老死 皆無盡故

㉔ 번뇌들이 도량이니 여실함을 알게 하기 때문입니다.

제 번 뇌 시 도 량　지 여 실 고
諸煩惱是道場 知如實故

衆 生　無 我
㉕ 중생이 도량이니 무아임을 알게 하기 때문이요

중 생 시 도 량　지 무 아 고
衆生是道場 知無我故

一 切 法　諸 法　空
㉖ 일체법이 도량이니 제법이 공함을 알게 하기 때문이요

일 체 법 시 도 량　지 제 법 공 고
一切法是道場 知諸法空故

降 魔
㉗ 항마가 도량이니 동요하지 않기 때문이요

항 마 시 도 량　불 경 동 고
降魔是道場 不傾動故

三 界
㉘ 삼계가 도량이니 더 나아갈 곳이 없기 때문이요

삼 계 시 도 량　무 소 취 고
三界是道場 無所趣故

獅子吼
㉙ 사자후가 도량이니 두려울 것이 없기 때문이요

사자후시도량 무소외고
獅子吼是道場 無所畏故

十力 四無所畏 十八不共法
㉚ 십력·사무소외·십팔불공법이 도량이니 조금도 허물이 없기 때문이요

역무외불공법시도량 무제과고
力無畏不共法是道場 無諸過故

三明
㉛ 삼명이 도량이니 조그마한 걸림도 없기 때문이요

삼명시도량 무여애고
三明是道場 無餘碍故

一念 一切智
㉜ 일념으로 일체법을 아는 것이 도량이니 일체지를 성취하기 때문입니다.

일념지일체법시도량 성취일체지고
一念知一切法是道場 成就一切智故

이와 같이 선남자여

여시 선남자
如是 善男子

보살이 갖가지 바라밀로 중생을 교화하면

보살약응제바라밀 교화중생
菩薩若應諸波羅蜜 教化衆生

발을 들고 내리는 등의 모든 행동들이

제유소작 거족하족
諸有所作 擧足下足

다 도량으로부터 나와서 부처님 법에 머물게 된다는 것을 잘 알아야 합니다.'

당지 개종도량래 주어불법의
當知 皆從道場來 住於佛法矣

이 법을 설할 때 5백 명의 천인이 모두 아뇩다라삼먁삼보리심을 발하였습니다.

설시법시 오백천인 개발아뇩다라삼먁삼보리심
說是法時 五百天人 皆發阿耨多羅三藐三菩提心

그러므로 저는 유마힐을 문병할 수 없습니다."

고아불임 예피문질
故我不任 詣彼問疾

3) 지세보살과 법락

부처님께서 지세보살에게 이르셨다.
불고지세보살
佛告持世菩薩

"그대가 가서 유마힐을 문병하여라."
여행예유마힐문질
汝行詣維摩詰問疾

지세보살이 부처님께 아뢰었다.
지세백불언
持世白佛言

"세존이시여, 저는 감히 문병을 갈 수 없나이다.
세존 아불감임 예피문질
世尊 我不堪任 詣彼問疾

왜냐하면 이런 일이 있었기 때문입니다.
소이자하 억념
所以者何 憶念

예전에 제가 고요한 방에 머물러 있었을 때
아석 주어정실
我昔 住於靜室

1만 2천 명의 천녀를 거느린 마왕 파순(波旬)이 제석천(帝釋天)의 모습으로 가장하여 풍악을 울리고 노래를 부르면서 제가 있는 곳으로 왔습니다.
시마파순 종만이천천녀 상여제석 고악현가 내예아소
時魔波旬 從萬二千天女 狀如帝釋 鼓樂絃歌 來詣我所

마왕 파순은 그 권속들과 함께 제 발에 이마를 대어 절을 하고 합장 공경하며 한쪽에 서 있었습니다.
여기권속 계수아족 합장공경 어일면립
與其眷屬 稽首我足 合掌恭敬 於一面立

저는 그가 진짜 제석천인 줄 알고 이렇게 말했습니다.
아의 위시제석 이어지언
我意 謂是帝釋 而語之言

'잘 오셨소, 교시가(제석천의 다른 이름)여. 비록 복이 많기는 하겠지만 마음대로 누려서는 안 됩니다.

선래 교시가 수복응유 부당자자
善來 憍尸迦 雖福應有 不當自恣

마땅히 오욕의 무상함을 관하면서 선근을 구하고

당관오욕무상 이구선본
當觀五欲無常 以求善本

몸〔身〕과 목숨〔命〕과 재물〔財〕을 견고히 간직할 수 있는 법을 닦으십시오.'

어신명재 이수견법
於身命財 而修堅法

제 말을 들은 파순이 바로 말했습니다.

즉어아언
卽語我言

'보살이여, 1만 2천 명의 천녀를 바치오니 거두어 심부름을 시키십시오.'

정사 수시만이천천녀 가비소쇄
正士 受是萬二千天女 可備掃灑

저는 말했습니다.

아언
我言

'교시가여, 그것은 법에 맞지도 않고 나 같은 석자(釋子) 사문에게는 필요하지도 않습니다.'

교시가 무이차비법지물 요아사문석자 차비아의
憍尸迦 無以此非法之物 要我沙門釋子 此非我宜

제 말이 끝나기도 전에 유마힐이 와서 저에게 말했습니다.

소언미흘 시유마힐내위아언
所言未訖 時維摩詰來謂我言

'이 사람은 제석천이 아니라 마구니로, 당신을 희롱하고 있는 것입니다.'

비제석야 시위미래 요고여이
非帝釋也 是爲魔來 嬈固汝耳

그리고는 마왕에게 말해습니다.

즉어마언
卽語魔言

'그 여인들을 나에게 주시오. 나 같은 사람은 받아도 괜찮소.'

시제여등 가이여아 여아응수
是諸女等 可以與我 如我應受

이에 겁이 난 마왕은 생각했습니다.

마즉경구념
魔卽驚懼念

'유마힐이 나를 괴롭히지 못하도록 해야겠다.'

유 마 힐 장 무 뇌 아
維摩詰將無惱我

그리고는 자취를 감추려 하였지만 도무지 숨을 수가 없었고

욕 은 형 거 이 불 능 은
欲隱形去 而不能隱

온갖 신통력을 다 부려 보았지만 도망갈 수 없었습니다.

진 기 신 력 역 부 득 거
盡其神力 亦不得去

그때 공중에서 소리가 들려왔습니다.

즉 문 공 중 성 왈
卽聞空中聲曰

'파순아, 여인들을 그에게 주어라. 그러면 떠날 수 있다.'

파 순 이 녀 여 지 내 가 득 거
波旬 以女與之 乃可得去

두려움을 느낀 마왕은 할 수 없이 여인들을 유마힐에게 주었습니다.

마 이 외 고 면 앙 이 여
魔以畏故 俛仰而與

그때 유마힐이 천녀들에게 말했습니다.

이 시 유 마 힐 어 제 녀 언
爾時 維摩詰語諸女言

'마왕이 그대들을 내게 주었으니, 이제 그대들 모두는 아뇩다라삼먁삼보리심을 발하여야 합니다.'

마 이 여 등 여 아 금 여 개 당 발 아 뇩 다 라 삼 먁 삼 보 리 심
魔以汝等與我 今汝皆當發阿耨多羅三藐三菩提心

그리고는 그들에게 알맞은 법을 들려주어 아뇩다라삼먁삼보리심을 발하게 하고는 다시 말했습니다.

즉 수 소 응 이 위 설 법 영 발 도 의 부 언
卽隨所應 而爲說法 令發道意 復言

'그대들이 이미 보리심을 발하였으니 이제부터는 법락(法樂)을 즐길 뿐, 다시는 오욕락(五欲樂)에 빠지지 마시오.'

汝等已發道意 有法樂 可以自娛 不應復樂五欲樂也(여등이발도의 유법락 가이자오 불응부락오욕락야)

이에 천녀가 물었습니다. 天女卽問(천녀즉문)

'법락이 무엇입니까?' 何謂法樂(하위법락)

유마힐이 답했습니다. 答言(답언)

① 항상 부처님을 믿는 즐거움 樂常信佛(낙상신불)

② 법문 듣기를 바라는 즐거움 樂欲聽法(낙욕청법)

③ 대중에게 공양하는 즐거움 樂供養衆(낙공양중)

④ 오욕을 떠나는 즐거움 樂離五欲(낙이오욕)

⑤ 오음(五陰)을 원수나 도둑같이 보는 즐거움 樂觀五陰如怨賊(낙관오음여원적)

⑥ 사대(四大)를 독사와 같이 보는 즐거움 樂觀四大如毒蛇(낙관사대여독사)

⑦ 십이처(十二處)를 텅 빈 마을같이 보는 즐거움 樂觀內入如空聚(낙관내입여공취)

⑧ 항상 보리심을 잘 지켜가는 즐거움 樂隨護道意(낙수호도의)

⑨ 중생을 이익되게 하는〔饒益衆生(요익중생)〕 즐거움 樂饒益衆生(낙요익중생)

⑩ 스승에게 공양하는 즐거움 樂敬養師(낙경양사)

⑪ 널리 보시를 행하는 즐거움 樂廣行施(낙광행시)

⑫ 굳게 계를 지키는 즐거움 樂堅持戒(낙견지계)

⑬ 인욕하며 유화(柔和)롭게 하는 즐거움 樂忍辱柔和(낙인욕유화)

⑭ 부지런히 선근을 쌓는 즐거움 樂勤集善根(낙근집선근)

⑮ 산란함이 없는 선정의 즐거움 樂禪定不亂(낙선정불란)

⑯ 번뇌를 떠나 밝은 지혜로 사는 즐거움 樂離垢明慧(낙리구명혜)

⑰ 보리심을 넓혀 가는 즐거움 樂廣菩提心(낙광보리심)

⑱ 마구니들을 항복시키는 즐거움 樂降伏衆魔(낙항복중마)

⑲ 모든 번뇌를 끊는 즐거움 樂斷諸煩惱(낙단제번뇌)

⑳ 불국토를 맑게 장엄해 가는 즐거움 樂淨佛國土(낙정불국토)

㉑ 상호(相好)를 성취하는 공덕들을 닦는 즐거움

樂成就相好故修諸功德(낙성취상호고수제공덕)

㉒ 도량을 장엄하는 즐거움 樂嚴道場(낙엄도량)

㉓ 깊은 법을 듣고 두려워하지 않는 즐거움

樂聞深法不畏(낙문심법불외)

㉔ 삼해탈문(三解脫門)에 들어가는 즐거움 樂三脫門(낙삼탈문)

㉕ 때가 아니면〔非時(비시)〕 먹지 않는 즐거움 不樂非時(불락비시)

㉖ 동학(同學)과 함께 하는 즐거움 樂近同學(낙근동학)

㉗ 동학이 아닌 사람들과 싫어함 없이 지내는 즐거움

樂於非同學中心無恚碍(낙어비동학중심무에애)

㉘ 악지식(惡知識)을 이끌어 좋은 길로 인도하는 즐거움

樂將護惡知識(낙장호악지식)

㉙ 선지식과 가까이 하는 즐거움 樂親近善知識(낙친근선지식)

㉚ 마음이 기쁘고 청정해지는 즐거움 樂心喜清淨(낙심희청정)

㉛ 무량한 도품(道品)을 닦는 즐거움이니 樂修無量道品之法(낙수무량도품지법)

이것이 보살의 법락입니다.' 是爲菩薩法樂(시위보살법락)

그때 파순이 천녀들에게 말했습니다. 於是(어시) 波旬告諸女言(파순고제녀언)

'내가 너희들과 함께 천궁으로 돌아가고자 하노라.'

아 욕 여 여 구 환 천 궁
我欲與汝俱還天宮

그러자 천녀들이 말했습니다. 제 녀 언 諸女言

'당신은 저희들을 이 거사에게 주지 않았습니까? 지희는 깊이 법락(法樂)을 즐길 뿐, 다시는 오욕락(五欲樂)을 즐기지 않을 것입니다.'
이 아 등 여 차 거 사 유 법 락 아 등 심 락 불 부 락 오 욕 락 야
以我等與此居士 有法樂我等甚樂 不復樂五欲樂也

마왕이 말했습니다. 마 언 魔言

'거사여, 이 여인들을 버리십시오. 모든 소유물을 남에게 보시하는 자가 보살 아닙니까?'

거 사 가 사 차 녀 일 체 소 유 시 어 피 자 시 위 보 살
居士 可捨此女 一切所有施於彼者 是爲菩薩

그러자 유마힐이 말했습니다. 유 마 힐 언 維摩詰言

'나는 이미 버렸습니다. 아 이 사 의 我已捨矣

그대가 데리고 가서 일체 중생이 얻고자 하는 법에 대한 소원을 모두 만족시켜 주십시오.'

여 변 장 거 영 일 체 중 생 득 법 원 구 족
汝便將去 令一切衆生得法願具足

그러자 천녀들이 유마힐에게 물었습니다.

어 시 제 녀 문 유 마 힐
於是 諸女問維摩詰

'왜 저희더러 마왕의 궁전에 머물라고 하십니까?'

아 등 운 하 지 어 마 궁
我等云何止於魔宮

유마힐이 말했습니다. 유 마 힐 언 維摩詰言

'자매들이여, 무진등(無盡燈)이란 법문이 있으니 이 법문을 배우도록 하십시오.
제 자 유 법 문 명 무 진 등 여 등 당 학
諸姊 有法門名無盡燈 汝等當學

무진등 법문이란 하나의 등불로 백천 개의 등불을 밝혀

무 진 등 자　비 여 일 등 연 백 천 등
無盡燈者 譬如一燈燃百千燈

어둠이 다 밝아지고 밝음이 언제나 계속되게 하는 것이라오.

명 자 개 명　명 종 부 진
冥者皆明 明終不盡

이와 같이 자매들이여

여 시　제 자
如是 諸姊

한 사람의 보살이 백천 중생의 마음을 열어 아뇩다라삼먁삼보리심을 발하게 하고

부 일 보 살　개 도 백 천 중 생　영 발 아 뇩 다 라 삼 먁 삼 보 리 심
夫一菩薩 開導百千衆生 令發阿耨多羅三藐三菩提心

도를 이루겠다고 하는 뜻을 결코 꺼지지 않게 하며

어 기 도 의　역 불 멸 진
於其道意 亦不滅盡

법을 설할 때마다 모든 선한 법이 저절로 더욱 늘어나는 것을 무진등법문이라고 합니다.

수 소 설 법　이 자 증 익 일 체 선 법　시 명 무 진 등 야
隨所說法 而自增益一切善法 是名無盡燈也

그대들이 비록 마구니의 천궁에 머무를지라도 이 무진등법문으로 무수한 천자와 천녀들로 하여금 아뇩다라삼먁삼보리심을 발하게 하면

여 등
汝等

수 주 마 궁　이 시 무 진 등　영 무 수 천 자 천 녀　발 아 뇩 다 라 삼 먁 삼 보 리 심 자
雖住魔宮 以是無盡燈 令無數天子天女 發阿耨多羅三藐三菩提心者

부처님 은혜에 보답하고 일체 중생에게 큰 이익을 줄 수 있습니다.'

위 보 불 은　역 대 요 익 일 체 중 생
爲報佛恩 亦大饒益一切衆生

그때 천녀들이 유마힐의 발에 이마를 대어 예배하고 마왕을 따라 천궁으로 돌아가 홀연히 사라졌습니다.

이시 천녀두면예유마힐족 수마환궁 홀연불현
爾時 天女頭面禮維摩詰足 隨魔還宮 忽然不現

세존이시여, 유마힐은 이와 같이 자재한 신통력과 지혜의 변재가 있는 분입니다.

세존 유마힐 유여시자재신력지혜변재
世尊 維摩詰 有如是自在神力智慧辯才

그러므로 저는 유마힐을 문병할 수 없나이다."

고아불임 예피문질
故我不任 詣彼問疾

4) 선덕보살과 법시회法施會

부처님께서 장자의 아들 선덕에게 이르셨다.

불고장자자선덕
佛告長者子善德

"그대가 가서 유마힐을 문병하여라."

여행예유마힐문질
汝行詣維摩詰問疾

선덕이 부처님께 아뢰었다.

선덕백불언
善德白佛言

"세존이시여, 저는 감히 문병을 갈 수 없나이다.

세존 아불감임 예피문질
世尊 我不堪任 詣彼問疾

왜냐하면 이런 일이 있었기 때문입니다.

소이자하 억념
所以者何 憶念

예전에 저희 아버지 집에서 제가 대보시회(大布施會)를 열어

아석 자어부사 설대시회
我昔 自於父舍 設大施會

스님들과 바라문과 외도들과 빈궁하고 미천한 사람

들과 고독한 걸인들을 공양하면서 7일을 채웠습니다.

공양일체사문바라문 급제외도 빈궁하천 고독걸인 기만칠일
供養一切沙門婆羅門 及諸外道 貧窮下賤 孤獨乞人 期滿七日

그때 유마힐이 그 자리에 와서 저에게 말했습니다.

시유마힐 내입회중 위아언
時維摩詰 來入會中 謂我言

'장자의 아들이여, 무릇 대보시회를 그대와 같이 열어서는 안 됩니다.

장자자 부대시회 부당여여소설
長者子 夫大施會 不當如汝所設

마땅히 법을 베푸는 법시의 모임을 해야지, 왜 재시의 모임을 하고 있는 것이오?'

당위법시지회 하용시재시회위
當爲法施之會 何用是財施會爲

그래서 제가 말했습니다.

아언
我言

'거사여, 어떻게 하는 것을 법시의 모임이라고 합니까?'

거사 하위법시지회
居士 何謂法施之會

'법시의 모임은 이전도 이후도 없이 일시에 일체 중생을 공양하는 것이니, 이를 법시의 모임이라 이름합니다.

답언 법시회자 무전무후 일시공양일체중생 시명법시지회
答言 法施會者 無前無後 一時供養一切衆生 是名法施之會

어떻게 하라는 것인가?

왈하위야 위
曰何謂也 謂

① 보리를 얻고자 자심(慈心)을 일으키고

이보리 기어자심
以菩提 起於慈心

② 중생을 구제하고자 비심(悲心)을 일으키고

이구중생 기대비심
以救衆生 起大悲心

③ 정법을 지키고자 희심(喜心)을 일으키고

이지정법 기어희심
以持正法 起於喜心

④ 지혜를 기르고자 사심(捨心)을 행합니다.

이섭지혜 행어사심
以攝智慧 行於捨心

⑤ 간탐(慳貪)(인색함과 탐욕)을 거두어 들이고자 단바라밀(檀波羅蜜)(보시 바라밀)을 일으키고

이섭간탐 기단바라밀
以攝慳貪 起檀波羅蜜

⑥ 계율 범한 이를 교화하고자 시라바라밀(尸羅波羅蜜, 지계바라밀)을 일으키고

以化犯戒 起尸羅波羅蜜(이화범계 기시라바라밀)

⑦ 무아의 법으로써 찬제바라밀(羼提波羅蜜, 인욕바라밀)을 일으키고

以無我法 起羼提波羅蜜(이무아법 기찬제바라밀)

⑧ 몸과 마음의 상(相)을 떠나고자 비리야바라밀(정진바라밀)을 일으키고

以離身心相 起毘離耶波羅蜜(이이신심상 기비리야바라밀)

⑨ 보리를 위하여 선바라밀(선정바라밀)을 일으키고

以菩提相 起禪波羅蜜(이보리상 기선바라밀)

⑩ 일체지(一切智)를 위하여 반야바라밀을 일으켜야 합니다.

以一切智 起般若波羅蜜(이일체지 기반야바라밀)

⑪ 중생을 교화하되 공(空)함을 생각하고 教化衆生 而起於空(교화중생 이기어공)

⑫ 유위법(有爲法, 함이 있는 법 상이 있는 법)을 버리지 않되 무상(無相)임을 생각하고

不捨有爲法 而起無相(불사유위법 이기무상)

⑬ 생을 받는 모습을 보이되 무작(無作)임을 생각해야 합니다.

示現受生 而起無作(시현수생 이기무작)

⑭ 정법을 잘 지키면서 방편력을 기르고

護持正法 起方便力(호지정법 기방편력)

⑮ 중생들을 잘 제도하면서 사섭법을 익히고

以度衆生 起四攝法(이도중생 기사섭법)

⑯ 일체를 존경하면서 교만을 없애는 법을 닦고

以敬事一切 起除慢法(이경사일체 기제만법)

⑰ 몸(身)·목숨(命)·재물(財)로 삼견법(三堅法)(법신法身·혜명慧命·법재法財)을 닦고

於身命財 起三堅法

⑱ 육념(六念)(불·법·승·계戒·시施·천天)에 대해 올바로 사념(思念)하고

於六念中 起思念法

⑲ 육화경(六和敬)을 실천하면서 소박하고 곧은 마음(直心)을 일으키고

於六和敬 起質直心

⑳ 선법을 바르게 행하여 청정한 삶(淨命)을 일으키고

正行善法 起於淨命

㉑ 맑고 환희로운 마음으로 성현들을 가까이 하고

心淨歡喜 起近賢聖

㉒ 악인을 미워하지 않게 마음을 잘 다스리고

不憎惡人 起調伏心

㉓ 출가법으로써 깊은 마음(深心)을 일으키고

以出家法 起於深心

㉔ 설한 대로 행하면서 법문을 많이 듣고자 하고

以如說行 起於多聞

㉕ 다툼이 없는 삶을 위해 고요한 곳에 기거하고

以無諍法 起空閑處

㉖ 부처님 지혜로 나아가고자 좌선 수행을 해야 합니다.

趣向佛慧 起於宴坐

㉗ 중생을 속박에서 풀기 위해 수행의 경지를 높여가

고
해중생박 기수행지
解衆生縛 起修行地

㉘ 상호를 다 갖추고 불국토를 청정케 하고자 복덕업을 닦고
이구상호급정불토 기복덕업
以具相好及淨佛土 起福德業

㉙ 일체 중생의 생각을 알아서 이치에 맞게 설법하기 위해 지업을 닦고
지일체중생심념 여응설법 기어지업
知一切衆生心念 如應說法 起於智業

㉚ 일체법을 취하지도 버리지 않는 일상문에 들어가기 위해 혜업을 닦고
지일체법불취불사 입일상문 기어혜업
知一切法不取不捨 入一相門 起於慧業

㉛ 일체 번뇌와 일체 장애와 일체 악을 끊기 위해 모든 선업을 닦고
단일체번뇌 일체장애 일체불선법 기일체선업
斷一切煩惱 一切障碍 一切不善法 起一切善業

㉜ 일체 지혜와 일체 선법을 얻기 위해 불도에 도움이 되는 모든 법을 닦아야 합니다.
이득일체지혜 일체선법 기어일체조불도법
以得一切智慧 一切善法 起於一切助佛道法

선남자여, 이와 같이 하는 것이 법시의 모임입니다.
여시 선남자 시위법시지회
如是 善男子 是爲法施之會

만약 보살이 이러한 법시의 모임에 머물면 대시주가 되고 일체 세간의 복전이 되는 것입니다.'
약보살주시법시회자 위대시주 역위일체세간복전
若菩薩住是法施會者 爲大施主 亦爲一切世間福田

세존이시여, 유마힐이 이 법을 설했을 때 그 자리에 있던 2백 명의 바라문 모두가 아뇩다라삼먁삼보리심을 발하였습니다.
세존 유마힐 설시법시 바라문중중이백인 개발아뇩다라삼먁삼보리심
世尊 維摩詰 說是法時 婆羅門衆中二百人 皆發阿耨多羅三藐三菩提心

저는 그때 마음의 청정함을 얻었는데, 일찍이 경험해 보지 못한 바라고 찬탄하면서 유마힐의 발에 머리 숙여 절했습니다.

아시심득청정 탄미증유 계수례유마힐족
我時心得淸淨 歎未曾有 稽首禮維摩詰足

그리고 아주 값어치가 큰 영락을 바쳤으나 거사는 받으려 하지 않았습니다.

즉해영락가치백천 이상지 불긍취
卽解瓔珞價直百千 以上之 不肯取

그때 제가 말했습니다.

아언
我言

'거사님, 부디 받아서 주고 싶은 분께 마음대로 주십시오.'

거사 원필납수 수의소여
居士 願必納受 隨意所與

유마힐은 영락을 받아 반으로 나눈 다음

유마힐 내수영락 분작이분
維摩詰 乃受瓔珞 分作二分

한 몫은 그 모임에 참여한 가장 가난한 걸인에게 주었고

지일분 시차회중 일최하걸인
持一分 施此會中 一最下乞人

다른 한 몫은 광명국토의 난승여래께 바쳤습니다.

지일분 봉피난승여래
持一分 奉彼難勝如來

그리하여 모임의 모든 사람들은 광명국토의 난승여래를 뵈올 수 있었습니다.

일체중회 개견광명국토 난승여래
一切衆會 皆見光明國土 難勝如來

또 그 영락은 부처님 위에서 네 개의 보배 기둥과 보배 좌대로 변하였는데, 4면의 장식이 매우 장엄하였으며, 서로가 가려짐 없이 잘 보였습니다.

우견주영재피불상 변성사주보대 사면엄식 불상장폐
又見珠瓔在彼佛上 變成四柱寶臺 四面嚴飾 不相障蔽

유마힐은 이런 신통변화를 나타내고 나서 말했습니

다.

時維摩詰現神變已 作是言
시유마힐현신변이 작시언

'만약 베푸는 이가 평등한 마음으로 가난하고 미천한 걸인에게 보시를 하되

若施主等心 施一最下乞人
약시주등심 시일최하걸인

마치 여래 복전을 대하듯이 분별함이 없는 대비심으로 과보를 바라지 않고 보시를 하면

猶如如來福田之相 無所分別 等於大悲 不求果報
유여여래복전지상 무소분별 등어대비 불구과보

이를 이름하여 구족법시(具足法施)라고 합니다.'

是則名曰 具足法施
시즉명왈 구족법시

이때 성 안의 가난하고 미천한 걸인들이 그의 위신력을 보고 설법을 듣고는 모두가 아뇩다라삼먁삼보리심을 발하였습니다.

城中一最下乞人 見是神力 聞其所說 皆發阿耨多羅三藐三菩提心
성중일최하걸인 견시신력 문기소설 개발아뇩다라삼먁삼보리심

그러므로 저는 유마힐을 문병할 수 없나이다."

故我不任 詣彼問疾
고아불임 예피문질

이와 같이 보살들 각각은 부처님을 향해 지난날에 있었던 일과 유마힐이 한 말을 부처님께 아뢰면서, 모두가 문병을 가지 못하겠다고 하였다.

如是 諸菩薩各各向佛 說其本緣 稱述維摩詰所言 皆曰不任詣彼問疾
여시 제보살각각향불 설기본연 칭술유마힐소언 개왈불임예피문질

제5 문수사리문질품 文殊舍利問疾品

보살의 병에 대한 문답

1) 문수보살의 문병과 유마힐의 맞이

그때 부처님께서 문수사리보살에게 이르셨다.

이시 불고문수사리
爾時 佛告文殊師利

"그대가 가서 유마힐을 문병하여라." 여행예유마힐문질
汝行詣維摩詰問疾

문수사리가 부처님께 아뢰었다. 문수사리백불언
文殊師利白佛言

"세존이시여, 저 상인(上人)(덕이 높고 지혜 높은 이)은 대화하기가 매우 어려운 분입니다."

세존 피상인자 난위수대
世尊 彼上人者 難爲詶對

① 깊이 실상(實相)을 통달하여 법의 요점을 잘 설하며

심달실상 선설법요
深達實相 善說法要

② 말이 막힘이 없고 지혜가 걸림이 없으며

변재무체 지혜무애
辯才無滯 智慧無碍

③ 모든 보살의 법식을 다 알고 있으며 일체보살 법식실지
一切菩薩 法式悉知

④ 부처님들의 비밀 법 속으로도 들어가지 못함이 없

습니다. 제불비장 무부득입 諸佛秘藏 無不得入

⑤ 마구니들을 항복시키고 신통을 마음대로 발휘하며

항복중마 유희신통 降伏衆魔 遊戱神通

⑥ 지혜와 방편이 이미 다 완벽합니다. 기혜방편 개이득도 其慧方便 皆已得度

그러나 부처님의 거룩하신 분부를 받았기에 문병을 가겠나이다.” 수연 당승불성지 예피문질 雖然 當承佛聖旨 詣彼問疾

이에 무리들 중에 있던 보살들과 대제자들, 제석천과 범천과 사천왕 등은 생각하였다.

어시중중 제보살 대제자 석범사천왕등 함작시념 於是衆中 諸菩薩 大弟子 釋梵四天王等 咸作是念

‘이제 문수사리와 유마힐, 이 두 보살이 만나 이야기를 나누면 반드시 묘한 법문을 설하시리라.’

금이대사 문수사리유마힐공담 필설묘법 今二大士 文殊師利維摩詰共談 必說妙法

그리고는 8천 보살과 5백 성문과 백천의 천인 모두가 문수보살을 따라가고자 하였다.

즉시 팔천보살 오백성문 백천천인 개욕수종 卽時 八千菩薩 五百聲聞 百千天人 皆欲隨從

그리하여 문수사리는 보살들과 대제자들과 천인들의 공경을 받으며 비야리성으로 들어갔다.

어시 문수사리 여제보살 대제자중 급제천인 공경위요 입비야리대성 於是 文殊師利 與諸菩薩 大弟子衆 及諸天人 恭敬圍繞 入毘耶離大城

그때 장자 유마힐이 생각하였다. 이시 장자유마힐심념 爾時 長者維摩詰心念

‘지금 문수사리가 대중과 함께 오고 있구나. 신통력으

로 이 방 안을 비워야겠다.'

금문수사리여대중구래 즉이신력 공기실내
今文殊師利與大衆俱來 卽以神力 空其室內

그러고서 방 안의 물건들을 치우고 시자도 내보낸 다음 침상 하나만을 놓고 앓는 모습으로 누워 있었다.

제거소유급제시자 유치일상 이질이와
除去所有及諸侍者 唯置一床 以疾而臥

문수사리가 그 집으로 들어가서 보니 텅 비어 있는 방에 침상 하나만이 놓여 있었다.

문수사리 기입기사 견기실공 무제소유 독침일상
文殊師利 旣入其舍 見其室空 無諸所有 獨寢一床

그때 유마힐이 말하였다.
시유마힐언
時維摩詰言

"잘 오셨습니다, 문수사리여.
선래 문수사리
善來 文殊師利

온다는 상 없이 왔고
불래상이래
不來相而來

본다는 상 없이 보았습니다."
불견상이견
不見相而見

문수사리가 말하였다.
문수사리언
文殊師利言

"그렇습니다, 거사여.
여시 거사
如是 居士

왔다고 하여도 온 것이 아니요
약래이 갱불래
若來已 更不來

갔다고 하여도 간 것이 아닙니다.
약거이 갱불거
若去已 更不去

무슨 까닭인가?
소이자하
所以者何

왔다고 하지만 어디에서 온 바가 없고
내자 무소종래
來者 無所從來

갔다고 하지만 이르는 곳이 없으며
거자 무소지소
去者 無所至所

본다고 하지만 가히 보지 못하기 때문입니다.

가견자 갱불가견
可見者 更不可見

이에 대해서는 이 정도만 하시지요."

차치시사
且置是事

2) 유마힐의 병과 중생

"거사여, 병환은 어떠신지요? 견딜만 하신지요? 치료를 받아 좀 나아졌거나 더 심해지지는 않았는지요?

거사 시질녕가인부 요치유손 부지증호
居士 是疾寧可忍不 療治有損 不至增乎

세존께서 은근히 '극진하게 문병하라' 하셨습니다.

세존은근 치문무량
世尊殷勤 致問無量

거사여

거사
居士

무엇으로 인해 병이 생겼고

시질하소인기
是疾何所因起

얼마나 오래되었고

기생구여
其生久如

어떻게 하면 나을 수 있습니까?"

당운하멸
當云何滅

유마힐이 답하였다.

유마힐언
維摩詰言

"어리석음을 좇아 애착을 갖게 되어 나의 병이 생겼나니

종치유애 즉아병생
從癡有愛 則我病生

일체 중생이 병들었으므로 나도 병든 것이요

이일체중생병 시고아병
以一切衆生病 是故我病

일체 중생의 병이 나으면 나의 병도 사라집니다.

약일체중생병멸 즉아병멸
若一切衆生病滅 則我病滅

무슨 까닭인가?

소이자하
所以者何

보살은 중생을 위해서 생사의 길에 들어서나니

보살위중생고 입생사
菩薩爲衆生故 入生死

생사가 있으면 병이 있기 마련입니다.

유생사 즉유병
有生死 則有病

만약 중생이 병을 떠나게 되면 보살의 병도 없어지게 됩니다.

약중생득리병자 즉보살무부병
若衆生得離病者 則菩薩無復病

마치 어떤 장자에게 아들이 하나 있는데 그 외동 아들이 병에 걸리면 부모도 병을 앓게 되고 아들의 병이 나으면 부모의 병도 낫게 되는 것과 같습니다.

비여 장자유유일자 기자득병 부모역병 약자병유 부모역유
譬如 長者唯有一子 其子得病 父母亦病 若子病愈 父母亦愈

이와 같이 보살은 중생들을 아들처럼 사랑하므로

보살여시 어제중생 애지약자
菩薩如是 於諸衆生 愛之若子

중생이 병들면 보살도 병들고

중생병 즉보살병
衆生病 則菩薩病

중생이 낫게 되면 보살도 낫게 됩니다.

중생병유 보살역유
衆生病愈 菩薩亦愈

또 무엇으로 인해 병이 생겼느냐고 물었는데

우언 시질하소인기
又言 是疾何所因起

보살의 병은 대비심에서 생기는 것입니다.”

보살질자 이대비기
菩薩疾者 以大悲起

3) 공空과 분별

문수사리가 물었다. 文殊師利言

① "거사여, 이 방은 어째서 텅 비어 있고 시자도 없습니까?" 居士 此室 何以空無侍者

유마힐이 답하였다. 維摩詰言

"불국토들 또한 텅 비었습니다." 諸佛國土 亦復皆空

② 어떠하기에 비었다고 합니까? 又問 以何爲空

공空하기에 비었다고 하는 것입니다. 答曰 以空空

③ 어째서 공한 것을 비었다고 합니까? 又問 空何用空

분별이 없는 공〔無分別空〕이므로 공하다고 하는 것입니다. 答曰 以無分別空 故空

④ 공을 가히 분별할 수도 있습니까? 又問 空可分別耶

분별 또한 공합니다. 答曰 分別亦空

⑤ 그 공은 어디에서 찾아볼 수 있습니까? 又問 空當於何求

62견(외도의 62가지 삿된 견해) 중에서 찾아볼 수 있습니다. 答曰 當於六十二見中求

⑥ 62견은 어디에서 찾아야 합니까? 又問 六十二見 當於何求

부처님들의 해탈에서 찾아야 합니다.

답왈 당어제불해탈중구
答曰 當於諸佛解脫中求

⑦ 부처님들의 해탈은 어디에서 찾아야 합니까?

우문 제불해탈 당어하구
又問 諸佛解脫 當於何求

일체 중생의 마음가짐에서 찾아야 합니다.

답왈 당어일체중생심행중구
答曰 當於一切衆生心行中求

⑧ "또 그대가 '왜 시자도 없느냐'고 물었지만, 내게는 마구니들과 외도들 모두가 시자입니다.

우인소문 하무시자 일체중마 급제외도 개오시야
又仁所問 何無侍者 一切衆魔 及諸外道 皆吾侍也

그 까닭이 무엇인가?
소이자하
所以者何

마구니들은 생사를 좋아하지만
중마자 낙생사
衆魔者 樂生死

보살은 생사를 버리지 아니하며
보살 어생사이불사
菩薩 於生死而不捨

외도는 갖가지 소견들을 좋아하지만
외도자 낙제견
外道者 樂諸見

보살은 여러 가지 소견들에 의해 동요되지 않기 때문입니다."

보살 어제견이부동
菩薩 於諸見而不動

4) 유마힐 병의 모습

① 문수사리가 물었다.
문수사리언
文殊師利言

"거사의 병은 어떤 상(相)을 하고 있습니까?"

거사 소질위하등상
居士 所疾爲何等相

유마힐이 답하였다.

유 마 힐 언
維摩詰言

나의 병은 형상이 없어 가히 볼 수가 없습니다.

아 병 무 형 불 가 견
我病無形不可見

② 이 병은 몸과 관련된 병입니까? 마음과 관련된 병입니까?

우 문 차 병 신 합 야 심 합 야
又問 此病身合耶 心合耶

몸과 관련된 병이 아니니 몸의 상(相)을 떠나 있기 때문이요

답 왈 비 신 합 신 상 리 고
答曰 非身合 身相離故

마음과 관련된 병도 아니니 마음이 허깨비와 같기 때문입니다.

역 비 심 합 심 여 환 고
亦非心合 心如幻故

③ 지대·수대·화대·풍대의 사대 중 어느 것이 병든 것입니까?

우 문 지 대 수 대 화 대 풍 대 어 차 사 대 하 대 지 병
又問 地大 水大 火大 風大 於此四大 何大之病

이 병은 지대의 병이 아니지만 지대를 떠나 있지도 않으며

답 왈 시 병 비 지 대 역 불 리 지 대
答曰 是病非地大 亦不離地大

수대·화대·풍대에 대해서도 역시 마찬가지입니다.

수 화 풍 대 역 부 여 시
水火風大 亦復如是

그러나 중생의 병은 사대(四大)로부터 생겨나며

이 중 생 병 종 사 대 기
而衆生病 從四大起

중생에게 그와 같은 병이 있기 때문에 나도 병을 앓습니다.

이 기 유 병 시 고 아 병
以其有病 是故我病

5) 병든 보살에게 하는 위로의 말

그때 문수사리가 유마힐에게 물었다.

이시 문수사리문유마힐언
爾時 文殊師利問維摩詰言

"보살은 병든 보살을 어떻게 위로해야 합니까?"

보살 응운하위유유질보살
菩薩 應云何慰喩有疾菩薩

유마힐이 답하였다.

유마힐언
維摩詰言

① 몸의 덧없음〔無常〕은 말하지만 몸을 싫어하라고는 말하지 않습니다.

설신무상 불설염리어신
說身無常 不說厭離於身

② 몸에 괴로움이 있음〔有苦〕은 말하지만 열반을 좋아하라고는 말하지 않습니다.

설신유고 불설락어열반
說身有苦 不說樂於涅槃

③ 몸이 무아(無我)라고 말하지만 그래도 중생을 가르치고 지도하라고 합니다.

설신무아 이설교도중생
說身無我 而說教導衆生

④ 몸의 공적(空寂)에 대해 말하지만 그 공적이 영원한 적멸이라고는 말하지 않습니다.

설신공적 불설필경적멸
說身空寂 不說畢竟寂滅

⑤ 지난날의 죄를 참회하라고 말하지만 과거로 들어가라고는 말하지 않습니다.

설회선죄 이불설입어과거
說悔先罪 而不說入於過去

⑥ 자신의 병듦을 통하여 다른 병든 이를 불쌍히 여기라고 합니다.

이기지질 민어피질
以己之疾 愍於彼疾

⑦ 과거의 무수한 겁 동안 겪은 고통을 상기하면서 일체 중생에게 이익을 줄 것을 생각토록 합니다.

當識宿世無數劫苦 當念饒益一切衆生

⑧ 이미 닦은 복을 기억하면서 청정하게 살아갈 것을 생각하리라고 합니다. 憶所修福 念於淨命

⑨ 근심 걱정하지 말고 항상 정진하라고 합니다.

勿生憂惱 常起精進

⑩ 좋은 의왕(醫王)이 되어 중생의 병을 치료하라고 합니다.

當作醫王 療治衆病

보살은 마땅히 이와 같이 병든 보살을 위로하여 환희롭게 해야 합니다. 菩薩 應如是慰喩有疾菩薩 令其歡喜

6) 병에 대한 반성

문수사리가 물었다. 文殊師利言

"거사여, 병든 보살은 어떻게 그 마음을 조복해야(다스려야) 합니까?" 거사　유질보살　운하조복기심
居士 有疾菩薩 云何調伏其心

유마힐이 답하였다 維摩詰言

"병든 보살은 마땅히 이렇게 생각해야 합니다.

유질보살　응작시념

有疾菩薩 應作是念

'지금 내 병은 다 전세(前世)의 망상이나 전도된 번뇌들로부터 생겨났다. 금아차병　개종전세망상　전도제번뇌생
今我此病 皆從前世妄想 顚倒諸煩惱生

하지만 진실로 변하지 않는 법은 없다.

무유실법
無有實法

이 병을 받는 이는 누구인가?'

수수병자
誰受病者

왜 이렇게 생각해야 하는가?

소이자하
所以者何

사대가 모여서 생긴 것을 임시로 몸이라 부르고 있지만

사대합고　가명위신
四大合故　假名爲身

사대에 주인이 없기 때문에 이 몸 또한 무아입니다.

사대무주　신역무아
四大無主　身亦無我

또 이 병이 생긴 것은 '나'에 대한 집착 때문입니다.

우차병기　개유착아
又此病起　皆由着我

그러므로 '나'에 대한 집착을 일으키지 말아야 합니다.

시고　어아불응생착
是故　於我不應生着

이렇게 병의 근본을 알았으면, 곧 나에 대한 생각[我想]과 중생에 대한 생각[衆生想]을 없애버리고 법에 대한 생각[法想]을 일으켜서 마땅히 이렇게 생각해야 합니다.

기지병본　즉제아상　급중생상　당기법상　응작시념
旣知病本　卽除我想　及衆生想　當起法想　應作是念

'오로지 갖가지 법이 모여서 이루어진 이 몸은 생겨나도 오직 법이 생겨난 것이요 멸하여도 오직 법이 멸한 것이다.

단이중법　합성차신　기유법기　멸유법멸
但以衆法　合成此身　起唯法起　滅唯法滅

하지만 이 법들은 서로 그 사실을 알지 못한다.

우차법자　각불상지
又此法者　各不相知

법은 생겨날 때 내가 생긴다고 말하지 않고 사라질

때 내가 사라진다고 말하지 않는다.'

기시 불언아기 멸시 불언아멸
起時 不言我起 滅時 不言我滅

병든 보살은 이렇게 법상(法想)(법에 대한 생각)을 없애가면서 또 이렇게 생각해야 합니다.

피유질보살 위멸법상 당작시념
彼有疾菩薩 爲滅法想 當作是念

'이 법이라는 생각 또한 전도된 것이다.

차법상자 역시전도
此法想者 亦是顚倒

전도는 곧 큰 병이니 내 마땅히 이를 떠나리라.

전도자 즉시대환 아응리지
顚倒者 卽是大患 我應離之

어떻게 해야 떠나는가?

운하위리
云何爲離

나(我)와 내 것(我所)에 대한 생각을 떠나야 한다.

이아아소
離我我所

어떻게 하여야 나와 내 것에 대한 집착을 떠나는가?

운하리아아소
云何離我我所

두 가지 법을 떠나야 한다.

위리이법
謂離二法

두 가지 법을 떠난다는 것이 무엇인가?

운하리이법
云何離二法

안과 밖의 법(것)들에 대해 생각하지 않고 평등하게 행동하는 것이다.

위불념내외제법 행어평등
謂不念內外諸法 行於平等

어떠한 평등인가?

운하평등
云何平等

나의 평등이 열반의 평등이다.

위아등 열반등
謂我等 涅槃等

무슨 까닭인가?

소이자하
所以者何

나와 열반, 이 둘이 다 공하기 때문이다.

아급열반 차이개공
我及涅槃 此二皆空

어찌하여 공하다는 것인가?

이하위공
以何爲空

다만 그 이름뿐이므로 공하니

단이명자고공
但以名字故空

이 두 가지 법에는 결정적인 본성이 없다.

여차이법 무결정성
如此二法 無決定性

이러한 평등을 얻게 되면

득시평등
得是平等

병은 있을 수가 없고

무유여병
無有餘病

오직 공병(空病)이 있을 뿐이며

유유공병
唯有空病

공병 또한 공할 뿐이다.'

공병역공
空病亦空

이렇게 병든 보살은 감수하는 바 없이 감수해야 할 것들을 받아들입니다.

시유질보살 이무소수 이수제수
是有疾菩薩 以無所受 而受諸受

그리고 아직 불법을 다 갖추지 못했을 지라도 감수작용을 멸하지 않고 열반을 취합니다.

미구불법 역불멸수 이취증야
未具佛法 亦不滅受 而取證也

설혹 몸이 괴로울지라도 나쁜 길〔惡趣(악취)〕에 빠져 있는 중생을 생각하며 대비심을 일으키고

설신유고 념악취중생 기대비심
設身有苦 念惡趣衆生 起大悲心

'내가 이미 병을 조복하였으니 마땅히 일체 중생의 병도 조복하리라'고 합니다.

아기조복 역당조복일체중생
我旣調伏 亦當調伏一切衆生

그러나 그 병만 제거할 뿐 법은 제거하지 않습니다.

단제기병 이부제법
但除其病 而不除法

또한 병의 근본을 끊기 위해 중생들을 가르치고 이끌어야 합니다. 爲斷病本 而敎導之

위 단 병 본　이 교 도 지

무엇이 병의 근본인가? 何謂病本

반연(속된 인연에 대한 끌림) 있기 때문이요 謂有攀緣

반연으로 병의 근본을 삼습니다. 從有攀緣 則爲病本

종 유 반 연　즉 위 병 본

무엇이 반연의 대상인가? 何所攀緣

삼계(욕계 색계 무색계)입니다. 謂之三界

반연은 어떻게 끊는가? 云何斷攀緣

무소득(얻는 바 없음)으로써 끊습니다. 以無所得

무소득이면 반연도 없습니다. 若無所得 則無攀緣

어떤 것을 무소득이라 하는가? 何謂無所得

잘못된 두 견해를 떠나는 것입니다. 謂離二見

무엇이 잘못된 두 견해인가? 何謂二見

주관(內見)과 객관(外見)이니, 이 둘을 떠나는 것이 무소득입니다. 謂內見外見 是無所得

문수사리여, 이것이 병든 보살이 그 마음을 조복하는 방법이요 文殊師利 是爲有疾菩薩 調伏其心

노·병·사의 괴로움을 끊는 것이 보살의 깨달음(菩提)입니다. 爲斷老病死苦 是菩薩菩提

만약 이렇게 하지 못하면 아무리 수행하고 번뇌를 다스릴지라도 지혜로움과 이익됨이 없습니다.

약불여시 이소수치 위무혜리
若不如是 已所修治 爲無慧利

마치 원수를 타도하는 이를 용사라고 하듯이

비여 승원내가위용
譬如 勝怨乃可爲勇

노·병·사를 함께 제거하는 이를 보살이라고 합니다.

여시 겸제노병사자 보살지위야
如是 兼除老病死者 菩薩之謂也

병이 있는 보살은 다시 이와 같이 생각해야 합니다.

피유질보살 응부작시념
彼有疾菩薩 應復作是念

'나의 이 병이 진짜로 있는 것이 아니듯이, 중생의 병도 진짜로 있는 것이 아니다.'

여아차병 비진비유 중생병 역비진비유
如我此病 非眞非有 衆生病 亦非眞非有

이와 같이 관할 때 중생들에 대해 애견대비(愛見大悲)(사랑의 집착이 남아있는 자비)가 생기면 즉시 없애 버려야 합니다.

작시관시 어제중생 약기애견대비 개응사리
作是觀時 於諸衆生 若起愛見大悲 卽應捨離

그 까닭이 무엇인가?

소이자하
所以者何

보살은 객진번뇌(客塵煩惱)(대상에 끌려가서 일어나는 번뇌)를 끊어 버리고 대비심을 일으켜야 하기 때문입니다.

보살 단제객진번뇌 이기대비
菩薩 斷除客塵煩惱 而起大悲

애견대비가 있으면 생사(삶)에 대해 지치고 싫증나는 마음을 내게 되며

애견비자 즉어생사 유피염심
愛見悲者 則於生死 有疲厭心

애견대비를 떠나면 지치고 싫증나는 마음이 사라지게 됩니다.

약능이차 무유피염
若能離此 無有疲厭

또 태어나 사는 곳마다 애견(愛見)(사랑에 대한 집착)에 가리워지거나 결

박됨이 없어야 능히 중생을 위해 정법을 설하여 그들의 결박을 풀어 줄 수 있습니다.

재재소생 불위애견지소부야 소생무박 능위중생 설법해박
在在所生 不爲愛見之所覆也 所生無縛 能爲衆生 說法解縛

부처님께서는 설하셨습니다. 여불소설 如佛所說

'스스로가 결박되어 있으면 남의 결박을 풀어 줄 수 없고

약자유박 능해피박 무유시처
若自有縛 能解彼縛 無有是處

스스로의 결박을 푼 사람이라야 능히 남의 결박을 풀어 줄 수 있다.'

약자무박 능해피박 사유시처
若自無縛 能解彼縛 斯有是處

그러므로 보살은 스스로를 결박하지 말아야 합니다.

시고 보살불응기박
是故 菩薩不應起縛

7) 결박과 해탈

어떤 것이 결박이고 어떤 것이 해탈인가? 하위박 하위해 何謂縛 何謂解

① 선(禪)의 맛에 탐착하는 것이 보살의 결박이요

탐착선미 시보살박
貪着禪味 是菩薩縛

방편으로 사는 것이 보살의 해탈입니다.

이방편생 시보살해
以方便生 是菩薩解

② 또 방편이 없는 지혜는 결박이요 우무방편혜박 又無方便慧縛

방편이 있는 지혜는 해탈이며 유방편혜해 有方便慧解

③ 지혜가 없는 방편은 결박이요

무 혜 방 편 박
無慧方便縛

지혜가 있는 방편은 해탈입니다.

유 혜 방 편 해
有慧方便解

① 무엇이 방편 없는 지혜의 결박인가?

하 위 무 방 편 혜 박
何謂無方便慧縛

보살이 애견심(愛見心)을 가지고 불국토를 장엄하여 중생들을 성취시키고

위 보 살 이 애 견 심 장 엄 불 토 성 취 중 생
謂菩薩以愛見心 莊嚴佛土 成就衆生

공(空)과 무상(無相)과 무작(無作)의 법으로 스스로를 조복하면

어 공 무 상 무 작 법 중 이 자 조 복
於空無相無作法中 而自調伏

이것을 방편 없는 지혜의 결박이라고 합니다.

시 명 무 방 편 혜 박
是名無方便慧縛

② 무엇이 방편 있는 지혜의 해탈인가?

하 위 유 방 편 혜 해
何謂有方便慧解

애견심 없이 불국토를 장엄하여 중생을 성취시키고

위 불 이 애 견 심 장 엄 불 토 성 취 중 생
謂不以愛見心 莊嚴佛土 成就衆生

공·무상·무작의 법으로 스스로를 조복하되 조금도 지치거나 싫증이 나지 않으면

어 공 무 상 무 작 법 중 이 자 조 복 이 불 피 염
於空無相無作法中 以自調伏 而不疲厭

이것을 방편 있는 지혜의 해탈이라고 합니다.

시 명 유 방 편 혜 해
是名有方便慧解

③ 무엇이 지혜 없는 방편의 결박인가?

하 위 무 혜 방 편 박
何謂無慧方便縛

보살이 탐욕과 진에와 사견 등의 갖가지 번뇌에 머물러 있으면서 공덕의 뿌리를 심는 것을 지혜 없는 방편의 결박이라고 합니다.

위보살 주탐욕진에사견등제번뇌 이식중덕본 시명무혜방편박
謂菩薩 住貪欲瞋恚邪見等諸煩惱 而植衆德本 是名無慧方便縛

④ 무엇이 지혜 있는 방편의 해탈인가?
하위유혜방편해
何謂有慧方便解

탐욕과 진에와 사견 등의 갖가지 빈뇌를 떠나시 심은 공덕의 뿌리를
위이제탐욕진에사견등제번뇌 이식중덕본
謂離諸貪欲瞋恚邪見等諸煩惱 而植衆德本

아뇩다라삼먁삼보리에 회향하는 것을 지혜 있는 방편의 해탈이라고 합니다.

회향아뇩다라삼먁삼보리 시명유혜방편해
迴向阿耨多羅三藐三菩提 是名有慧方便解

문수사리여, 병이 있는 보살은 제법을 마땅히 이와 같이 관해야 합니다.
문수사리 피유질보살 응여시관제법
文殊師利 彼有疾菩薩 應如是觀諸法

또 이 몸이 무상(無常)하고 고(苦)이고 공(空)이고 비아(非我)라고 관하는 것을 지혜라고 합니다.
우부관신 무상고공비아 시명위혜
又復觀身 無常苦空非我 是名爲慧

비록 육신에 병이 있을지라도 언제나 생사 속에 있으면서 일체 중생을 이익되게 하고 싫증내지 않는 것, 이것을 방편이라고 합니다.

수신유질 상재생사 요익일체 이불피염 시명방편
雖身有疾 常在生死 饒益一切 而不厭疲 是名方便

또한 몸을 관하되 몸에서 병이 떠나지 않고 병이 몸을 떠나지 않으며, 이 병과 몸이 새 것도 낡은 것도 아님을 관하는 것, 이것을 지혜라고 합니다.

우부관신 신불리병 병불리신 시병시신 비신비고 시명위혜
又復觀身 身不離病 病不離身 是病是身 非新非故 是名爲慧

몸에 병이 있더라도 영원히 없애려 하지 않는 것, 이것을 방편이라고 합니다.
설신유질 이불영멸 시명방편
設身有疾 而不永滅 是名方便

문수사리여, 병이 있는 보살은 마땅히 이와 같이 그 마음을 조복해야 합니다.

文殊師利 有疾菩薩 應如是調伏其心

그리고 조복하는 데도 머물지 말고 조복하지 못하는 마음에 머물러서도 안 됩니다. 不住其中 亦復不住 不調伏心

그 까닭이 무엇인가? 所以者何

조복하지 못하는 마음에 머무르는 것은 어리석은 자의 법이요 若住不調伏心 是愚人法

조복하는 마음에 머무르는 것은 성문(聲聞)의 법이기 때문입니다. 若住調伏心 是聲聞法

8) 보살행이란

① 그러므로 보살은 마땅히 조복하는 마음과 조복하지 못하는 마음에 머물지 않아야 하나니, 이 두 가지 법을 떠나는 것이 보살행이며

是故 菩薩 不當住於調伏 不調伏心 離此二法 是菩薩行

② 생사 속에 있으면서도 더러운 행위를 하지 않고 열반에 머물면서도 멸도를 하지 않는 것이 보살행이요 在於生死 不爲汚行 住於涅槃 不永滅度 是菩薩行

③ 범부의 행도 아니요 성현(성문)의 행도 아닌 것이 보살행이요

비범부행 비현성행 시보살행
非凡夫行 非聖賢行 是菩薩行

④ 때묻는 행도 아니요 깨끗한 행도 아닌 것이 보살행이요

비구행 비정행 시보살행
非垢行 非淨行 是菩薩行

⑤ 이미 마구니를 넘어섰지만 여전히 마구니를 항복시키는 모습을 보여 주는 것이 보살행이요

수과마행 이현항복중마 시보살행
雖過魔行 而現降伏衆魔 是菩薩行

⑥ 일체지를 구하면서도 때가 아니면 구하지 않는 것이 보살행이요

구일체지 무비시구 시보살행
求一切智 無非時求 是菩薩行

⑦ 제법(諸法)이 불생(不生)임을 관하면서 불생의 자리(正位, 정위)로 들어가지 않는 것이 보살행이요

수관제법불생 이불입정위 시보살행
雖觀諸法不生 而不入正位 是菩薩行

⑧ 십이연기(十二緣起)를 관하면서도 사견을 가진 자들 속으로 들어가는 것이 보살행이요

수관십이연기 이입제사견 시보살행
雖觀十二緣起 而入諸邪見 是菩薩行

⑨ 일체 중생을 섭수(攝受)하면서도 애착(愛着)을 하지 않는 것이 보살행이요

수섭일체중생 이불애착 시보살행
雖攝一切衆生 而不愛着 是菩薩行

⑩ 멀리 떠나기를 즐기면서도 몸과 마음을 멀리하지 않는 것이 보살행이요

수락원리 이불의신심진 시보살행
雖樂遠離 而不依身心盡 是菩薩行

⑪ 삼계(三界) 속에 있으면서도 법성(法性)을 깨뜨리지 않는 것이 보살행이요

수행삼계 이불괴법성 시보살행
雖行三界 而不壞法性 是菩薩行

⑫ 공삼매(空三昧)를 닦으면서도 갖가지 공덕의 뿌리를 심는 것이 보살행이요

수행어공 이식중덕본 시보살행
雖行於空 而植衆德本 是菩薩行

⑬ 무상삼매(無相三昧)를 닦으면서도 중생을 제도하는 것이 보살행이요

수행무상 이도중생 시보살행
雖行無相 而度衆生 是菩薩行

⑭ 무작삼매(無作三昧)를 닦으면서도 기꺼이 현세에서 몸을 받는 것이 보살행이요

수행무작 이현수신 시보살행
雖行無作 而現受身 是菩薩行

⑮ 일어남이 없음을 닦으면서도 모든 선한 행위를 일으키는 것이 보살행이요

수행무기 이기일체선행 시보살행
雖行無起 而起一切善行 是菩薩行

⑯ 육바라밀을 닦으면서도 중생의 마음을 헤아리고 아는 것이 보살행이요

수행육바라밀 이변지중생심 심수법 시보살행
雖行六波羅蜜 而遍知衆生心 心數法 是菩薩行

⑰ 육신통(六神通)을 행하면서도 번뇌를 다하지 않는 것이 보살행이요

수행육통 이부진루 시보살행
雖行六通 而不盡漏 是菩薩行

⑱ 사무량심(四無量心)을 행하면서도 범천에 나는 것을 탐하지 않는 것이 보살행이요

수행사무량심 이불탐착생어범세 시보살행
雖行四無量心 而不貪着生於梵世 是菩薩行

⑲ 선정(禪定)과 해탈삼매(解脫三昧)를 닦으면서도 사선천(四禪天)에 나고자 하지 않는 것이 보살행이요

수행선정해탈삼매 이불수선생 시보살행
雖行禪定解脫三昧 而不隨禪生 是菩薩行

⑳ 사념처(四念處)를 닦되 몸(身)과 감수작용(受)과 마음(心)과

법(法)을 영원히 떠나지 않는 것이 보살행이요

수행사념처　불필경영리신수심법　시보살행

雖行四念處 不畢竟永離身受心法 是菩薩行

㉑ 사정근(四正勤)을 닦으면서도 몸과 마음을 버리지 않고 정진하는 것이 보살행이요

수행사정근　이불사신심정진　시보살행

雖行四正勤 而不捨身心精進 是菩薩行

㉒ 사여의족(四如意足)을 닦으면서도 자재한 신통력을 얻고자 하는 것이 보살행이요

수행사여의족　이득자재신통　시보살행

雖行四如意足 而得自在神通 是菩薩行

㉓ 오근(五根)을 닦으면서도 중생의 제근(諸根)이 예리한지 둔한지를 분별하는 것이 보살행이요

수행오근　이분별중생　제근이둔　시보살행

雖行五根 而分別衆生 諸根利鈍 是菩薩行

㉔ 오력(五力)을 닦으면서도 부처님의 십력(十力)을 즐겨 구하는 것이 보살행이요

수행오력　이락구불십력　시보살행

雖行五力 而樂求佛十力 是菩薩行

㉕ 칠각분(七覺分)을 닦으면서도 부처님의 지혜를 분별하는 것이 보살행이요

수행칠각분　이분별불지지혜　시보살행

雖行七覺分 而分別佛之智慧 是菩薩行

㉖ 팔정도(八正道)를 닦으면서도 무량한 불도를 즐겨 행하는 것이 보살행이요

수행팔정도　이락행무량불도　시보살행

雖行八正道 而樂行無量佛道 是菩薩行

㉗ 도를 돕는 지관(止觀) 수행법을 닦으면서도 결코 적멸(寂滅)에 떨어지지 않는 것이 보살행이요

수행지관조도지법　이불필경타어적멸　시보살행

雖行止觀助道之法 而不畢竟墮於寂滅 是菩薩行

㉘ 제법(諸法)의 불생불멸(不生不滅)을 닦으면서도 32상 80종호로 몸

을 장엄하는 것이 보살행이요

수행제법불생불멸 이이상호장엄기신 시보살행
雖行諸法不生不滅 而以相好莊嚴其身 是菩薩行

㉙ 성문과 벽지불의 위의(威儀)를 나타내면서도 부처님의 법을 버리지 않는 것이 보살행이요

수현성문벽지불위의 이불사불법 시보살행
雖現聲聞辟支佛威儀 而不捨佛法 是菩薩行

㉚ 모든 법이 마침내 청정하다는 것을 따르면서도 인연 따라 그 몸을 나타내는 것이 보살행이요

수수제법구경정상 이수소응 위현기신 시보살행
雖隨諸法究竟淨相 而隨所應 爲現其身 是菩薩行

㉛ 부처님 나라들의 고요함이 허공과 같음을 관하면서도 갖가지 청정 불국토를 나타내 보이는 것이 보살행이요

수관제불국토영적여공 이현종종청정불토 시보살행
雖觀諸佛國土永寂如空 而現種種清淨佛土 是菩薩行

㉜ 불도를 얻고 법륜을 굴리고 열반에 들었을지라도 보살의 길을 버리지 않는 것이 보살행입니다.”

수득불도 전우법륜 입어열반 이불사어보살지도 시보살행
雖得佛道 轉于法輪 入於涅槃 而不捨於菩薩之道 是菩薩行

이렇게 설하였을 때 문수사리와 함께 온 대중들 가운데 8천 천자가 아뇩다라삼먁삼보리심을 발하였다.

설시어시 문수사리소장대중 기중팔천천자 개발아뇩다라삼먁삼보리심
說是語時 文殊師利所將大衆 其中八千天子 皆發阿耨多羅三藐三菩提心

제6 부사의품 不思議品

보살의 불가사의

1) 구하는 바 없이 법을 구하라

그때 사리불이 유마거사의 방에 앉는 평상이 없는 것을 보고 이렇게 생각했다.

이시 사리불 견차실중 무유상좌 작시념
爾時 舍利弗 見此室中 無有床座 作是念

'이 많은 보살과 대제자들은 어디에 앉아야 하는가?'

사제보살 대제자중 당어하좌
斯諸菩薩 大弟子衆 當於何座

장자 유마힐이 사리불의 생각을 알아차리고 말하였다.

장자유마힐지기의 어사리불언
長者維摩詰知其意 語舍利弗言

"그대는 법을 구하려고 왔습니까? 앉는 자리를 구하려고 왔습니까?"

운하인자위법래야 구상좌야
云何仁者爲法來耶 求床座耶

사리불이 말하였다.

사리불언
舍利弗言

"나는 법을 위해 왔습니다. 자리 때문에 온 것이 아닙니다."

아위법래 비위상좌
我爲法來 非爲床座

유마힐이 말하였다. 維摩詰言
"사리불이여, 법을 구하는 사람은 목숨도 아끼지 않아야 합니다. 어찌 앉을 자리를 마음에 두겠습니까?"

유 사리불 부구법자 불탐구명 하황상좌

唯 舍利弗 夫求法者 不貪軀命 何況床座

① 대저 법을 구하는 사람은 夫求法者
색·수·상·행·식을 구하지 않아야 하고

부구법자
夫求法者

비유색수상행식지구
非有色受想行識之求
십팔계나 십이입을 구하지 않아야 하고 非有界入之求
욕계·색계·무색계를 구하지 않아야 합니다.

비유계입지구
非有界入之求

비유욕색무색지구
非有欲色無色之求

② 사리불이여 唯 舍利弗
대저 법을 구하는 사람은 夫求法者
부처에 집착하여 구하지 않고 不着佛求
법에 집착하여 구하지 않고 不着法求
중(승가)에 집착하여 구하지 않아야 합니다. 不着衆求

③ 대저 법을 구하는 사람은 夫求法者
고를 봄이 없이 구하고 無見苦求
집을 끊음 없이 구하고 無斷集求
증(열반)을 다함이 없이 구하고 無造盡證
도를 닦음 없이 구해야 합니다. 修道之求
그 까닭이 무엇인가? 所以者何

① 법은 희론(戲論)(쓸모 없는 이론·논란)이 없습니다.
법무희론
法無戲論

내가 이제 고(苦)를 본다, 집(集)을 단(斷)한다, 멸(滅)을 증(證)한다, 도(道)를 수(修)한다고 하면
약언아당견고단집증멸수도
若言我當見苦斷集證滅修道

이는 희론이지 법을 구하는 것이 아닙니다.
시즉희론 비구법야
是則戲論 非求法也

② 사리불이여
유 사리불
唯 舍利弗

법은 적멸(寂滅)입니다.
법명적멸
法名寂滅

만약 생멸(生滅)을 행한다면 이는 생멸을 구하는 것이지 법을 구하는 것이 아닙니다.
약행생멸 시구생멸 비구법야
若行生滅 是求生滅 非求法也

③ 법은 물듦(染 염)이 없습니다.
법명무염
法名無染

만약 법이나 열반에 물든다면 이는 염착(染着)이지 법을 구하는 것이 아닙니다.
약염어법 내지열반 시즉염착 비구법야
若染於法 乃至涅槃 是則染着 非求法也

④ 법은 행처(行處)(가는 곳)이 없습니다.
법무행처
法無行處

만약 법을 쫓아다닌다면 이는 갈 곳을 구하는 것이지 법을 구하는 것이 아닙니다.
약행어법 시즉행처 비구법야
若行於法 是則行處 非求法也

⑤ 법은 취사(取捨)(취하고 버림)가 없습니다.
법무취사
法無取捨

만약 법을 취하고 버리면 이는 취사일 뿐 법을 구하는 것이 아닙니다.
약취사법 시즉취사 비구법야
若取捨法 是則取捨 非求法也

⑥ 법은 처소(處所)가 없습니다.
법무처소
法無處所

만약 처소에 집착한다면 이는 처소에 매달리는 것이지 법을 구하는 것이 아닙니다.

약 착 처 소　시 즉 착 처　비 구 법 야
若着處所 是則着處 非求法也

⑦ 법은 상(相)이 없습니다. 法名無相

만약 상을 따라 분별하면 이는 상을 구하는 것이지 법을 구하는 것이 아닙니다. 若隨相識 是則求相 非求法也

약 수 상 식　시 즉 구 상　비 구 법 야

⑧ 법은 어디에도 주(住)하지 않습니다. 法不可住

만약 법에 주한다면 이는 법에 머무르는 것일 뿐, 법을 구하는 것이 아닙니다. 若住於法 是則住法 非求法也

약 주 어 법　시 즉 주 법　비 구 법 야

⑨ 법은 견문각지(見聞覺知)(보고 듣고 느끼고 앎)할 수 있는 것이 아닙니다. 法不可見聞覺知

만약 견문각지를 할 수 있다면 이는 견문각지일 뿐, 법을 구하는 것이 아닙니다.

약 행 견 문 각 지　시 즉 견 문 각 지　비 구 법 야

若行見聞覺知 是則見聞覺知 非求法也

⑩ 법은 무위(無爲)입니다. 法名無爲

만약 유위(有爲)를 행한다면 이는 유위를 구하는 것이지 법을 구하는 것이 아닙니다. 若行有爲 是求有爲 非求法也

약 행 유 위　시 구 유 위　비 구 법 야

그러므로 사리불이여 是故 舍利弗

만약 법을 구하는 자라면 일체법(一切法)에 대해 마땅히 구하는 바가 없어야 합니다." 若求法者 於一切法 應無所求

이와 같이 설하였을 때 5백의 천자가 모든 법을 맑게 볼 수 있는 법안(法眼)을 얻었다.

說是語時 五百天子 於諸法中 得法眼淨

2) 사자좌

그때 장지 유마힐이 물었다.

이시 장자유마힐문
爾時 長者維摩詰問

“문수사리여, 그대는 무량 천만억 아승지국을 다니셨는데, 어느 불국토에 가장 훌륭한 공덕을 성취한 사자좌가 있었습니까?”

문수사리 인자
文殊師利 仁者

유어무량천만억아승지국 하등불토 유호상묘공덕 성취사자지좌
遊於無量千萬億阿僧祇國 何等佛土 有好上妙功德 成就獅子之座

문수보살이 말하였다.

문수사리언
文殊師利言

‘거사여, 동방으로 36항하사 국토를 지나가서 수미상(須彌相)이라는 세계가 있고 그곳에 수미등왕불(須彌燈王佛)이 계십니다.

거사 동방도삼십육항하사국 유세계명수미상 기불호수미등왕
居士 東方度三十六恒河沙國 有世界名須彌相 其佛號須彌燈王

현재 그 부처님의 키는 팔만 사천 유순이요

금현재 피불신장 팔만사천유순
今現在 彼佛身長 八萬四千由旬

사자좌의 높이도 8만 4천 유순으로 장엄한 장식이 으뜸입니다.

기사자좌고 팔만사천유순 엄식제일
其獅子座高 八萬四千由旬 嚴飾第一

그때 장자 유마힐이 신통을 나타내자

어시 장자유마힐 현신통력
於是 長者維摩詰 現神通力

곧바로 수미등왕불이 보낸 높고 넓고 장엄하고 청정한 3만 2천 개의 사자좌가 유마힐의 방으로 들어왔다.

즉시 피불 견삼만이천사자지좌 고광엄정 내입유마힐실
卽時 彼佛 遣三萬二千獅子之座 高廣嚴淨 來入維摩詰室

이는 모든 보살들과 대제자와 제석천·범천·사천왕

등이 일찍이 본 일이 없는 것이었다.

제보살 대제자 석범사천왕등 석소미견
諸菩薩 大弟子 釋梵四天王等 昔所未見

유마힐의 방은 넓고 커서 3만 2천 개의 사자좌를 다 들여놓고도 지장이 없었으며

기실광박 실개포용 삼만이천사자좌 무소방애
其室廣博 悉皆包容 三萬二千獅子座 無所妨碍

비야리성과 염부제의 사천하도 군색하지 않음이 예전과 같았다.

어비야리성 급염부제사천하 역불박책 실견여고
於毘耶離城 及閻浮提四天下 亦不迫迮 悉見如故

그때 유마힐이 문수사리에게 말하였다.

이시 유마힐어문수사리
爾時 維摩詰語文殊師利

"저 사자좌로 가서 여러 보살들과 함께 앉으시되, 선키가 저 사자좌와 같게 하십시오."

취사자좌 여제보살상인구좌 당자립신 여피좌상
就獅子座 與諸菩薩上人俱坐 當自立身 如彼座像

신통력을 갖춘 보살들은 곧 스스로의 키를 4만 2천유순이 되게 변화시켜 사자좌에 앉았으나

기득신통 보살 즉자변형 위사만이천유순 좌사자좌
其得神通 菩薩 卽自變形 爲四萬二千由旬 坐師子座

새로 발심한 보살들과 대제자들은 올라갈 수가 없었다.

제신발의보살 급대제자 개불능승
諸新發意菩薩 及大弟子 皆不能昇

그때 유마힐이 사리불에게 말하였다.

이시 유마힐어사리불
爾時 維摩詰語舍利弗

"사자좌에 오르십시오."

취사자좌
就師子座

사리불이 말하였다.

사리불언
舍利弗言

"거사여, 이 사자좌는 너무 높고 커서 저로서는 올라갈 수가 없습니다."

거사 차좌고광 오불능승

居士 此座高廣 吾不能昇

유마힐이 말하였다.

維摩詰言

"사리불이여, 수미등왕불께 예배를 드리십시오. 그럼 앉을 수 있을 것입니다."

유 사리불 위수미등왕여래작례 내가득좌

唯 舍利弗 爲須彌燈王如來作禮 乃可得坐

이에 새로 발심한 보살들과 대제자들이 수미등왕불께 예배를 드리자 문득 사자좌에 앉을 수 있게 되었다.

어 시 신발의보살 급대제자 즉위수미등왕여래작례 변득좌사자좌

於是 新發意菩薩 及大弟子 卽爲須彌燈王如來作禮 便得坐師子座

사리불이 말하였다.

舍利弗言

"거사여, 미증유한(未曾有, 일찍이 경험하지 못한) 일입니다.

居士 未曾有也

이처럼 좁은 방에 이 높고 큰 사자좌들을 수용하였는데도 비야리성에 아무런 지장을 주지 않았고

여시소실 내용수차고광지좌 어비야리성 무소방애

如是小室 乃容受此高廣之座 於毘耶離城 無所妨碍

염부제의 취락·성읍과 사천하에 있는 천인·용왕·귀신 등의 궁전에도 아무런 영향을 미치지 않고 있습니다."

우어염부제 취락성읍 급사천하 제천용왕귀신궁전 역불박책

又於閻浮提 聚落城邑 及四天下 諸天龍王鬼神宮殿 亦不迫迮

3) 해탈한 보살의 불가사의

유마힐이 말하였다. 維摩詰言(유마힐언)

"사리불이여, 제불보살이 지닌 해탈을 이름하여 불가사의(不可思議)라고 합니다. 唯 舍利弗 諸佛菩薩有解脫 名不可思議(유 사리불 제불보살유해탈 명불가사의)

① 만약 보살이 불가사의한 해탈에 머무르면

若菩薩住是解脫者(약보살주시해탈자)

높고 넓은 수미산을 겨자씨 속에 넣더라도 겨자씨가 늘어나거나 수미산이 줄어드는 일이 없고 수미산의 모습도 본래와 다름이 없습니다.

以須彌之高廣 內芥子中 無所增減 須彌山王 本相如故(이수미지고광 내개자중 무소증감 수미산왕 본상여고)

그러므로 수미산 안의 사천왕과 도리천의 천인들은 자기의 몸이 어디에 들어갔는지를 느끼지도 못하고 알지도 못합니다. 而四天王 忉利諸天 不覺不知己之所入(이사천왕 도리제천 불각부지기지소입)

오직 제도를 받는 사람들만이 수미산이 겨자씨 속에 들어감을 보게 되나니 唯應度者 乃見須彌入芥子中(유응도자 내견수미입개자중)

이를 이름하여 불가사의한 해탈법문이라고 합니다.

是名不可思議解脫法門(시명주부사의해탈법문)

② 또 동서남북 사대해(四大海)의 물을 한 털구멍 속에 넣더라도 물고기·자라·거북·악어 등의 물속 생물들을 괴롭히는 일 없고, 대해는 본래 모습 그대로입니다.

우이사대해수 입일모공 불요어별원타수성지속 이피대해 본성여고
又以四大海水 入一毛孔 不嬈魚鼈黿鼉水性之屬 而彼大海 本性如故

그러므로 용과 귀신과 아수라 등은 자기들이 그 속에 들어가 있다는 사실을 느끼지도 못하고 알지도 못하며

제룡귀신 아수라등 불각부지 기지소입
諸龍鬼神 阿修羅等 不覺不知 己之所入

이 중생들에게도 손상이 가해지는 일이 없습니다.

어차중생 역무소요
於此衆生 亦無所嬈

③ 또 사리불이여, 불가사의한 해탈에 머무르는 보살은

우사리불 주불가사의해탈보살
又舍利弗 住不可思議解脫菩薩

도자기를 빚는 사람이 물레 위의 흙을 주무르듯이 삼천대천세계를 오른쪽 손바닥으로 쥐고 항하사 세계 밖으로 내던져도

단취삼천대천세계 여도가륜 착우장중 척과항하사세계지외
斷取三千大千世界 如陶家輪 着右掌中 擲過恒河沙世界之外

그 세계의 중생들은 자기들이 어디로 갔는지를 깨닫지 못하고, 다시 본래 있던 곳으로 되돌려 놓아도 누구도 갔다 왔다는 생각을 하지 않으며

기중중생 불각부지 기지소왕 우부환치본처 도불사인 유왕래상
其中衆生 不覺不知 己之所往 又復還置本處 都不使人 有往來想

이 세계는 본래 모습 그대로입니다.

이차세계 본상여고
而此世界 本相如故

④ 또 사리불이여, 어떤 중생이 이 세상에 오래 머물기를 좋아하면, 그를 제도할 때 보살은 7일을 1겁으로 늘려서 그 중생으로 하여금 7일을 1겁인 줄로 알게 하고

우사리불 혹유중생
又舍利弗 或有衆生

요구주세 이가도자 보살즉연칠일 이위일겁 영피중생 위지일겁
樂久住世 而可度者 菩薩卽演七日 以爲一劫 令彼衆生 謂之一劫

어떤 중생이 이 세상에 오래 머물기를 좋아하지 않으면 그를 제도할 때 1겁을 7일로 줄여서 그 중생으로 하여금 7일인 줄로 알게 합니다.

혹유중생
或有衆生

불요구주 이가도자 보살즉촉일겁 이위칠일 영피중생 위지칠일
不樂久住 而可度者 菩薩卽促一劫 以爲七日 令彼衆生 謂之七日

⑤ 또 사리불이여, 불가사의한 해탈에 머무르는 보살은 모든 불국토의 장엄장식 모두를 한 불국토로 모아 중생들에게 보여주고

우사
又舍

리불 주불가사의해탈보살 이일체불토엄식지사 집재일국 시어중생
利弗 住不可思議解脫菩薩 以一切佛土嚴飾之事 集在一國 示於衆生

한 불국토 안의 중생들을 오른쪽 손바닥 위에 놓고 시방세계를 날아다니며 일체의 불국토를 다 보여주지만

우보살 이일불토중생 치지우장 비도시방 변시일체
又菩薩 以一佛土衆生 置之右掌 飛到十方 遍示一切

본래 있던 곳에서 움직인 일이 없습니다.

이부동본처
而不動本處

⑥ 또 사리불이여, 시방세계의 모든 중생들이 제불께 공양하는 도구들을 보살은 하나의 털구멍 속에서 다 볼 수 있게 하고

우사리불 시방중생 공양제불지구 보살 어일모공 개령득견
又舍利弗 十方衆生 供養諸佛之具 菩薩 於一毛孔 皆令得見

시방 국토의 해와 달과 별들을 하나의 털구멍 속에서 다 볼 수 있게 합니다.

우시방국토 소유일월성숙 어일모공 보사견지
又十方國土 所有日月星宿 於一毛孔 普使見之

⑦ 또 사리불이여, 시방세계의 온갖 바람을 한 입에 빨

아들여도 보살의 몸은 손상되지 않고 밖에 있는 나무들도 바람에 꺾이지 않습니다.

우사리불 시방
又舍利弗 十方

세계 소유제풍 보살실능흡착구중 이신무손 외제수목 역불최절
世界 所有諸風 菩薩悉能吸着口中 而身無損 外諸樹木 亦不摧折

⑧ 또 겁말(劫末)의 화재가 시방세계를 모두 불태울 때 그 불들 모두를 보살의 뱃속으로 끌어들여 불이 타오르게 하지만 아무런 해를 입는 일이 없습니다.

우시방세계 겁진소시 이일체화 내어복중 화사여고 이불위해
又十方世界 劫盡燒時 以一切火 內於腹中 火事如故 而不爲害

⑨ 또 아래쪽으로 항하사와 같이 많은 제불 세계를 지나 하나의 불국토를 취한 다음 위쪽으로 항하사와 같이 무수한 세계를 지나 정상에 올려놓더라도

우어
又於

하방 과항하사등제불세계 취일불토 거착상방 과항하사무수세계
下方 過恒河沙等諸佛世界 取一佛土 擧着上方 過恒河沙無數世界

바늘로 대추나무 잎사귀 하나를 꿰어서 드는 것처럼 요란함이 없습니다.

여지침봉 거일조엽 이무소요
如持針鋒 擧一棗葉 而無所嬈

⑩ 또 사리불이여, 불가사의한 해탈에 머무르는 보살은

우사리불 주불가사의해탈보살
又舍利弗 住不可思議解脫菩薩

능히 신통력으로 부처님의 몸을 나타내기도 하고 벽지불 또는 성문의 몸을 나타내기도 하며

능이신통 현작불신 혹현벽지불신 혹현성문신
能以神通 現作佛身 或現辟支佛身 或現聲聞身

제석천·범천·사천왕의 몸을 나타내기도 하고 전륜성왕의 몸을 나타내기도 합니다.

혹현제석신 혹현범왕신 혹현세주신 혹현전륜성왕신
或現帝釋身 或現梵王身 或現世主身 或現轉輪聖王身

⑪ 또 시방세계에 있는 여러 가지 소리인 큰 소리·중간 소리·작은 소리들을 모두 부처님의 음성으로 변화시켜

우시방세계 소유중성 상중하음 개능변지 영작불성
及十方世界 所有衆聲 上中下音 皆能變之 令作佛聲

無常 苦 空 無我
무상과 고와 공과 무아의 법문 및 시방의 부처님들이 설하시는 갖가지 법문을 그 속에서 두루 들을 수 있게 합니다.

연출
演出

무상고공무아지음 급시방제불소설종종지법 개어기중 보령득문
無常苦空無我之音 及十方諸佛所說種種之法 皆於其中 普令得聞

사리불이여, 나는 지금 보살의 불가사의한 해탈의 힘을 간략히 말하였습니다.

사리불 아금약설보살 불가사의해탈지력
舍利弗 我今略說菩薩 不可思議解脫之力

만약 자세히 말한다면 겁이 다할 때까지 하여도 끝나지 않습니다."

약광설자 궁겁부진
若廣說者 窮劫不盡

4) 대가섭의 찬탄과 보살의 방편

그때 대가섭이 보살의 불가사의해탈법문을 설하는 것을 듣고 참으로 드문 일이라 감탄하며 사리불에게 말하였다.

시시 대가섭문설 보살불가사의해탈법문 탄미증유 위사리불
是時 大迦葉聞說 菩薩不可思議解脫法門 歎未曾有 謂舍利弗

"어떤 사람이 장님에게 여러 가지 빛깔과 모양을 보여

주어도 장님은 그것들을 보지 못하듯이

비여 유인 어맹자전 현상색상 비피소견
譬如 有人 於盲者前 現衆色像 非彼所見

모든 성문에게 이 불가사의한 해탈법문을 들려주어도 무슨 뜻인지 알아듣지 못함 또한 이와 같습니다.

일체성문 문시불가사의해탈법문 불능해료 위약차야
一切聲聞 聞是不可思議解脫法門 不能解了 爲若此也

지혜 있는 사람이 이 법문을 듣게 되면 누가 아뇩다라삼먁삼보리심을 발하지 않겠습니까?

지자문시 기수불발아뇩다라삼먁삼보리심
智者聞是 其誰不發阿耨多羅三藐三菩提心

우리는 어찌하여 이 대승에 대해 뿌리를 끊어 버려 썩은 종자처럼 되었을까요?

아등 하위영절기근 어차대승 이여패종
我等 何爲永斷其根 於此大乘 已如敗種

일체의 성문들이 이 불가사의한 해탈법문을 듣게 되면 모두가 대성통곡을 하여 그 소리로 삼천대천세계를 진동시킬 것이지만

일체성문 문시불가사의해탈법문 개응호읍 성진삼천대천세계
一切聲聞 聞是不可思議解脫法門 皆應號泣 聲震三千大千世界

일체의 보살은 크게 기뻐하면서 왕관을 받는 왕자처럼 이 법을 받을 것이며

일체보살 응대흔경 정수차법
一切菩薩 應大欣慶 頂受此法

보살이 이 불가사의한 해탈법문을 믿고 이해하면 일체의 마구니들이 그를 어떻게 하지 못하리이다."

약유보살 신해불가사의해탈법문자 일체마중 무여지하
若有菩薩 信解不可思議解脫法門者 一切魔衆 無如之何

대가섭이 이와 같이 말하였을 때 3만 2천의 천자들

모두가 아뇩다라삼먁삼보리심을 발하였다.

대가섭설시어시 삼만이천천자 개발아뇩다라삼먁삼보리심
大迦葉說此語時 三萬二千天子 皆發阿耨多羅三藐三菩提心

그때 유마힐이 대가섭에게 말하였다.

이시 유마힐어대가섭
爾時 維摩詰語大迦葉

"가섭이여, 시방 무량아승지 세계에서 마왕이 된 자들 중에 불가사의한 해탈에 머무르는 보살들이 많이 있으니

인자 시방무량아승지세계중 작마왕자 다시주불가사의해탈보살
仁者 十方無量阿僧祇世界中 作魔王者 多是住不可思議解脫菩薩

이는 방편력으로 중생을 교화하기 위해 마왕의 모습을 나타내고 있는 것입니다.

이방편력고 교화중생 현작마왕
以方便力故 敎化衆生 現作魔王

또 가섭이여, 시방의 무량한 보살들에게 어떤 사람이

우가섭 시방무량보살 혹유인
又迦葉 十方無量菩薩 或有人

손·발·귀·코·머리·눈·골수·뇌·피·살·가죽·뼈와

종걸수족이비두목수뇌혈육피골
從乞手足耳鼻頭目髓腦血肉皮骨

취락·성읍·처자·노비·코끼리·말·갖가지 탈것들과

취락성읍 처자노비 상마차승
聚落城邑 妻子奴婢 象馬車乘

금·은·유리·차거·마노·산호·호박·진주조개와

금은유리 차거마노 산호호박 진주가패
金銀瑠璃 硨磲碼瑙 珊瑚琥珀 眞珠珂貝

의복·음식 등을 달라고 하면

의복음식
衣服飮食

이 달라고 하는 대부분의 사람은 불가사의한 해탈에 머무르는 보살들로

여차걸자 다시주불가사의해탈보살
如此乞者 多是住不可思議解脫菩薩

방편력으로 그 보살을 시험하고 견고히 하기 위해 온

것입니다. 이방편력 이왕시지 영기견고
以方便力 而往試之 令其堅固

왜냐하면 불가사의한 해탈에 머무르는 보살이라야

위덕의 힘이 있기 때문에

소이자하 주불가사의해탈보살 유위덕력고
所以者何 住不可思議解脫菩薩 有威德力故

핍박하는 모습을 나타내어 중생들에게 어려운 일을

요구하는 것이요 현행핍박 시제중생 여시난사
現行逼迫 示諸衆生 如是難事

범부는 열등하고 힘이 없기 때문에 이 보살들처럼 핍

박하지를 못합니다. 범부하열 무유력세 불능여시핍박보살
凡夫下劣 無有力勢 不能如是逼迫菩薩

마치 힘차게 달리는 용이나 코끼리를 당나귀가 감당

할 수 없는 것과 같나니 비여용상취답 비려소감
譬如龍象蹴踏 非驢所堪

智慧方便門

이것을 불가사의 해탈보살이 머무르는 지혜방편문이

라 이름합니다.” 시명주불가사의해탈보살 지혜방편지문
是名住不可思議解脫菩薩 智慧方便之門

제7 관중생품 觀衆生品

중생을 관찰하고 사랑하는 법

1) 어떻게 중생을 관할 것인가?

그때 문수사리가 유마힐에게 물었다.

이시 문수사리 문유마힐언
爾時 文殊師利 問維摩詰言

"보살은 어떻게 중생을 관해야 합니까?"

보살 운하관어중생
菩薩 云何觀於衆生

유마힐이 말하였다.

유마힐언
維摩詰言

"비유컨대

비여
譬如

① 마술사가 마술로 만들어낸 인간을 보듯이 보살은 중생을 관하여야 합니다.

환사견소환인 보살관중생 위약차
幻師見所幻人 菩薩觀衆生 爲若此

② 지혜 있는 이가 물에 비친 달을 보듯이 관하고

여지자견수중월
如智者見水中月

③ 거울 속의 얼굴을 보듯이 관하고

여경중견기면상
如鏡中見其面像

④ 뜨거운 곳의 아지랑이처럼 관하고 如熱時燄(여열시염)

⑤ 소리칠 때 들리는 산울림처럼 관하고 如呼聲響(여호성향)

⑥ 공중에 떠 있는 구름과 같이 관하고 如空中雲(여공중운)

⑦ 물방울의 모임 같이 관하고 如水聚沫(여수취말)

⑧ 물 위의 거품처럼 관하고 如水上泡(여수상포)

⑨ 파초 속 알맹이처럼 관하고 如芭蕉堅(여파초견)

⑩ 번개의 머무름과 같이 관해야 합니다. 如電久住(여전구주)

⑪ 사대(四大) 밖의 제오대(第五大)를 보듯이 如第五大(여제오대)

⑫ 오음(五陰) 밖의 제육음(第六陰)을 보듯이 如第六陰(여제육음)

⑬ 육정(六情) 밖의 제칠정(第七情)을 보듯이 如第七情(여제칠정)

⑭ 십이입(十二入) 밖의 십삼입(十三入)을 보듯이 如十三入(야십삼입)

⑮ 십팔계(十八界) 밖의 십구계(十九界)를 보듯이 如十九界(여십구계)

보살은 중생을 관하여야 합니다. 菩薩觀衆生 爲若此(보살관중생 위약차)

⑯ 무색계의 색과 같이 如無色界色(여무색계색)

⑰ 볶은 곡식에서 나는 싹과 같이 如燋穀芽(여초곡아)

⑱ 수다원의 신견(身見)(몸에 대한 견해)과 같이 如須陀洹身見(여수다원신견)

⑲ 아나함의 입태(入胎)(태 속에 들어감)와 같이 如阿那含入胎(여아나함입태)

⑳ 아라한의 삼독(三毒)과 같이 如阿羅漢三毒(여아라한삼독)

㉑ 법인을 얻은 보살의 탐욕과 성냄과 파계와 같이

如得忍菩薩貪恚毁禁(여득인보살탐에훼금)

㉒ 부처님의 번뇌와 같이 관하여야 합니다. 如佛煩惱習(여불번뇌습)

㉓ 장님이 색을 보는 것과 같이　　　　　여 맹 자 견 색
　　　　　　　　　　　　　　　　　如盲者見色
　　　　　　滅 盡 定
㉔ 멸진정에 든 사람이 숨을 쉬는 것과 같이

　　　　　　　　　　　　여 입 멸 진 정 출 입 식
　　　　　　　　　　　　如入滅盡定出入息

㉕ 허공 중의 새 발자국과 같이　　　　　여 공 중 조 적
　　　　　　　　　　　　　　　　　如空中鳥跡

㉖ 석녀의 아이와 같이　　　　　　　　여 석 녀 아
　　　　　　　　　　　　　　　　　如石女兒

㉗ 꼭두각시가 일으키는 번뇌와 같이　여 화 인 기 번 뇌
　　　　　　　　　　　　　　　　如化人起煩惱

㉘ 깨어났을 때 느끼는 꿈속의 일과 같이　여 몽 소 견 이 오
　　　　　　　　　　　　　　　　　如夢所見已寤

㉙ 열반을 얻은 이가 몸을 받는 것과 같이　여 멸 도 자 수 신
　　　　　　　　　　　　　　　　　如滅度者受身

㉚ 연기 없는 곳의 불과 같이　　　　　여 무 연 지 화
　　　　　　　　　　　　　　　　　如無煙之火

　　보살은 중생을 관하여야 합니다."　보 살 관 중 생　위 약 차
　　　　　　　　　　　　　　　　菩薩觀衆生　爲若此

2) 사무량심四無量心

문수사리가 물었다.　　　　　　　　문 수 사 리 언
　　　　　　　　　　　　　　　　文殊師利言
"만약 보살이 중생을 이와 같이 관할진대 어떻게 사랑
〔慈〕을 행할 수 있습니까?"　약 보 살 작 시 관 자　운 하 행 자
　　　　　　　　　　　若菩薩作是觀者　云何行慈
유마힐이 말하였다.　　　　　　　　유 마 힐 언
　　　　　　　　　　　　　　　　維摩詰言
"보살은 이와 같이 관한 다음 스스로 생각해야 합니
다.　　　　　　　　　　보 살 작 시 관 이　자 념
　　　　　　　　　　菩薩作是觀已　自念
'내 마땅히 중생을 위해 이 법을 설하리니 이것이 진실

한 사랑〔慈〕이다.

아당위중생 설여사법 시즉진실자야
我當爲衆生 說如斯法 是卽眞實慈也

① 보살은 적멸의 사랑을 행하나니 남〔生〕이 없기 때문이요

행적멸자 무소생고
行寂滅慈 無所生故

② 뜨겁지 않은 사랑을 행하나니 번뇌가 없기 때문이요

행불열자 무번뇌고
行不熱慈 無煩惱故

③ 평등한 사랑을 행하나니 마음이 삼세(三世)에 같기 때문이요

행등지자 등삼세고
行等之慈 等三世故

④ 다툼이 없는 사랑을 행하나니 감정의 일어남이 없기 때문이요

행무쟁자 무소기고
行無諍慈 無所起故

⑤ 둘이 아닌 사랑을 행하나니 인과 밖에 얽매이지 않기 때문이요

행불이자 내외불합고
行不二慈 內外不合故

⑥ 무너짐이 없는 사랑을 행하나니 끝까지 다하였기 때문이요

행불괴자 필경진고
行不壞慈 畢竟盡故

⑦ 견고한 사랑을 행하나니 그 마음을 훼손할 수 없기 때문이요

행견고자 심무훼고
行堅固慈 心無毁故

⑧ 청정한 사랑을 행하나니 제법(諸法)의 본성이 청정하기 때문이요

행청정자 제법성정고
行清淨慈 諸法性淨故

⑨ 가없는 사랑을 행하나니 허공과 같기 때문이요

행무변자 여허공고
行無邊慈 如虛空故

⑩ 아라한의 사랑을 행하나니 번뇌의 도둑을 물리쳤기 때문이요

행아라한자 파결적고
行阿羅漢慈 破結賊故

⑪ 보살의 사랑을 행하나니 중생을 편안하게 하기 때문이요

행보살자 안중생고
行菩薩慈 安衆生故

⑫ 여래(如來)의 사랑을 행하나니 한결같음〔如如(여여)〕을 얻었기 때문이요

행여래자 득여상고
行如來慈 得如相故

⑬ 부처님〔佛(불)〕의 사랑을 행하나니 중생을 깨어나게 하기 때문이요

행불지자 각중생고
行佛之慈 覺衆生故

⑭ 자연(自然)의 사랑을 행하나니 저절로 이루어지기 때문이요

행자연자 무인득고
行自然慈 無因得故

⑮ 보리(菩提)의 사랑을 행하나니 평등한 일미(一味)이기 때문이요

행보리자 등일미고
行菩提慈 等一味故

⑯ 치우침 없는 사랑을 행하나니 모든 애착이 끊어졌기 때문이요

행무등자 단제애고
行無等慈 斷諸愛故

⑰ 대비(大悲)의 사랑을 행하나니 대승으로써 인도하기 때문이요

행대비자 도이대승고
行大悲慈 導以大乘故

⑱ 싫어함이 없는 사랑을 행하나니 공과 무아를 관하기 때문이요

행무염자 관공무아고
行無厭慈 觀空無我故

⑲ 법보시(法布施)의 사랑을 행하나니 아낌이 없기 때문이요

행법시자 무유석고
行法施慈 無遺惜故

⑳ 지계(持戒)의 사랑을 행하나니 부도덕함을 교화하기 때문이요

행지계자 화훼금고
行持戒慈 化毁禁故

㉑ 인욕(忍辱)의 사랑을 행하나니 너와 나라는 생각이 없기

때문이요

행인욕자 무피아고
行忍辱慈 無彼我故

㉒ 정진(精進)의 사랑을 행하나니 중생의 짐을 짊어지기 때문이요

행정진자 하부중생고
行精進慈 荷負衆生故

㉓ 선정(禪定)의 사랑을 행하나니 애착의 맛을 보려 하지 않기 때문이요

행선정자 불수미고
行禪定慈 不受味故

㉔ 지혜(智慧)의 사랑을 행하나니 어느 때나 분명히 알기 때문이요

행지혜자 무부지시고
行智慧慈 無不知時故

㉕ 방편(方便)의 사랑을 행하나니 어디에서나 길을 보여주기 때문이요

행방편자 일체시현고
行方便慈 一切示現故

㉖ 숨김없는 사랑을 행하나니 마음이 곧아〔直心〕 청정하기 때문이요

행무은자 직심청정고
行無隱慈 直心淸淨故

㉗ 깊은 마음〔深心〕의 사랑을 행하나니 잡됨이 없기 때문이요

행심심자 무잡행고
行深心慈 無雜行故

㉘ 속임 없는 사랑을 행하나니 헛되거나 거짓이 없기 때문이요

행무광자 불허가고
行無誑慈 不虛假故

㉙ 안락한 사랑을 행하나니 부처님의 행복을 얻게 하기 때문이다.'

행안락자 영득불락고
行安樂慈 令得佛樂故

이렇게 보살은 사랑〔慈〕을 행합니다."

보살지자 위약차야
菩薩之慈 爲若此也

문수사리가 또 물었다.

문수사리우문
文殊師利又問

"무엇을 비(悲)라고 합니까?"

하위위비
何謂爲悲

"보살이 이룩한 공덕 모두를 일체중생과 함께 공유하는 것입니다."

답왈 보살소작공덕 개여일체중생공지
答曰 菩薩所作功德 皆與一切衆生共之

"무엇을 희(喜)라고 합니까?"

하위위희
何謂爲喜

"중생을 이익되게 함을 기뻐할 뿐, 후회함이 없는 것입니다."

답왈 유소요익 환희무회
答曰 有所饒益 歡喜無悔

"무엇이 사(捨)입니까?"

하위위사
何謂爲捨

"복을 지어 도와줄 뿐, 바라는 바가 없는 것입니다."

답왈 소작복우 무소희망
答曰 所作福祐 無所希望

3) 머무름 없음〔無住〕이 근본이다

문수사리가 또 물었다.

문수사리우문
文殊師利又問

① "생사에 대해 두려움이 있는 보살은 무엇에 의지해야 합니까?"

생사유외보살 당하소의
生死有畏菩薩 當何所依

"생사에 대해 두려움이 있는 보살은 마땅히 여래께서 지닌 공덕의 힘에 의지해야 합니다."

유마힐언 보살어생사외중 당의여래공덕지력
維摩詰言 菩薩於生死畏中 當依如來功德之力

② 문수사리가 또 물었다.

문수사리우문
文殊師利又問

"보살이 여래 공덕의 힘에 의지하고자 할 때는 어디에 머물러야 합니까?"

보살욕의여래공덕지력 당어하주
菩薩欲依如來功德之力 當於何住

"보살이 여래 공덕의 힘에 의지하고자 할 때는 마땅히 일체 중생을 제도하고 해탈시키는 데 머물러야 합니다."

답왈 보살욕의여래공덕력자 당주도탈일체중생
答曰 菩薩欲依如來功德力者 當住度脫一切衆生

③ "중생을 제도하고자 하면 마땅히 무엇을 없애야 합니까?"

우문 욕도중생 당하소제
又問 欲度衆生 當何所除

"중생을 제도하고자 하면 마땅히 번뇌를 없애야 합니다."

답왈 욕도중생 제기번뇌
答曰 欲度衆生 除其煩惱

④ "번뇌를 없애려면 마땅히 무엇을 행해야 합니까?"

우문 욕제번뇌 당하소행
又問 欲除煩惱 當何所行

"정념(正念)(올바른 집중력)을 닦아야 합니다."

답왈 당행정념
答曰 當行正念

⑤ "어떻게 하는 것이 정념을 닦음입니까?"

우문 운하행어정념
又問 云何行於正念

"불생불멸(不生不滅)임을 닦아야 합니다."

답왈 당행불생불멸
答曰 當行不生不滅

⑥ "무엇이 불생(不生)이고 무엇이 불멸(不滅)입니까?"

우문 하법불생 하법불멸
又問 何法不生 何法不滅

"나쁜 법(不善, 불선)은 나지 않고(不生, 불생) 착한 법(善法, 선법)은 멸하지 않습니다(不滅, 불멸)."

답왈 불선불생 선법불멸
答曰 不善不生 善法不滅

⑦ "선과 불선은 무엇을 근본으로 삼습니까?"

우문 선불선숙위본
又問 善不善孰爲本

"몸을 근본으로 삼습니다."

답왈 신위본
答曰 身爲本

⑧ "몸은 무엇을 근본으로 삼습니까?"

우문 신숙위본
又問 身孰爲本

"탐욕을 근본으로 삼습니다." 答曰 欲貪爲本

⑨ "탐욕은 무엇을 근본으로 삼습니까?" 又問 欲貪孰爲本

"허망분별을 근본으로 삼습니다." 答曰 虛妄分別爲本

⑩ "허망분별은 무엇을 근본으로 삼습니까?"

又問 虛妄分別孰爲本

"뒤바뀐 생각(顚倒想)을 근본으로 삼습니다."

答曰 顚倒想爲本

⑪ "뒤바뀐 생각은 무엇을 근본으로 삼습니까?"

又問 顚倒想孰爲本

"머무름이 없음(無住)을 근본으로 삼습니다."

答曰 無住爲本

⑫ "머무름 없음은 무엇을 근본으로 삼습니까?"

又問 無住孰爲本

"머무름 없는 것은 근본이 없습니다. 答曰 無住則無本
문수사리여, 머무름 없음이 근본이 되어 모든 법이 성립된 것입니다." 文殊師利 從無住本 立一切法

4) 천녀가 뿌린 꽃과 해탈

그때 유마힐의 집에 있던 한 천녀가 여러 어른들이 설

법하는 것을 보고 문득 몸을 나타내어 하늘꽃〔天華〕을 보살들과 대제자들 위로 뿌렸는데

시 유마힐실 유일천녀 견제대인문소설법 변현기신 즉이천화 산제보살대제자상
時 維摩詰室 有一天女 見諸大人聞所說法 便現其身 卽以天華 散諸菩薩大弟子上

보살들에게 뿌려진 꽃은 모두 땅으로 떨어졌으나 대제자들에게 뿌려진 꽃은 몸에 붙어 떨어지지 않았다.

화지제보살 즉개타락 지대제자 변착불타
華至諸菩薩 卽皆墮落 至大弟子 便着不墮

대제자들이 신통력으로 그 꽃을 떼내려 하였으나 뗄 수가 없었다.

일체제자 신력거화 불능령거
一切弟子 神力去華 不能令去

그때 천녀가 사리불에게 물었다.

이시 천녀문사리불
爾時 天女問舍利弗

"왜 꽃을 떼내려 하십니까?"

하고거화
何故去華

"이 꽃은 여법(如法)하지 않습니다. 그래서 이것을 떼내려고 하는 것이오."

답왈 차화불여법 시이거지
答曰 此華不如法 是以去之

"이 꽃이 여법하지 않다고 말하지 마십시오.

천왈 물위차화 위불여법
天曰 勿謂此華 爲不如法

무슨 까닭인가?

소이자하
所以者何

이 꽃은 분별함이 없는데 스님 스스로가 분별하고 망상을 일으켰기 때문입니다.

시화무소분별 인자자생분별상이
是華無所分別 仁者自生分別想耳

불법 속으로 출가하여 분별하는 바가 있으면 여법하지 못한 것이요

약어불법 출가유소분별 위불여법
若於佛法 出家有所分別 爲不如法

분별하는 바가 없으면 곧 여법한 것입니다.

약무소분별 시즉여법
若無所分別 是則如法

저 보살들을 보십시오. 觀諸菩薩(관제보살)

그들에게 꽃이 달라붙지 않는 것은 이미 일체의 분별상을 끊어버렸기 때문입니다. 華不着者(화불착자) 已斷一切分別想故(이단일체분별상고)

마치 사람이 두려움에 빠질 때 귀신이 문득 치고 들어오듯이 譬如(비여) 人畏時(인외시) 非人得其便(비인득기편)

생사를 두려워하기 때문에 색·성·향·미·촉이 문득 치고 들어오며 如是(여시) 弟子畏生死故(제자외생사고) 色聲香味觸(색성향미촉) 得其便也(득기편야)

이미 두려움을 떠난 이에게는 일체의 오욕(五欲)이 어떻게 하지 못합니다. 已離畏者(이리외자) 一切五欲(일체오욕) 無能爲也(무능위야)

번뇌망상의 습(習)이 남아 있으면 꽃이 몸에 달라붙거니와 結習未盡(결습미진) 華着身耳(화착신이)

번뇌망상의 습이 다 없어지면 꽃이 달라붙지 않습니다." 結習盡者(결습진자) 華不着也(화불착야)

사리불이 말하였다. 舍利弗言(사리불언)

"천녀여, 당신은 이 집에 머문 지가 얼마나 되었습니까?" 天止此室(천지차실) 其已久如(기이구여)

"제가 이 집에 머문 지는 노스님께서 해탈한 것만큼 오래되었습니다." 答曰(답왈) 我止此室(아지차실) 如耆年解脫(여기년해탈)

"그렇게 오래되었습니까?" 舍利弗言(사리불언) 止此久耶(지차구야)

"노스님께서 해탈하신 지는 얼마나 되셨습니까?" 天曰(천왈) 耆年解脫(기년해탈) 亦何如久(역하여구)

사리불은 말문이 막혀 답을 하지 못하였다.

사리불묵연부답
舍利弗黙然不答

"노스님께시는 큰 지혜를 기지신 분인데 어째서 말을 하지 않습니까?"

천왈 여하기구 대지이묵
天曰 如何耆舊 大智而黙

"해탈은 말로써 설명할 수 없는 것이오. 내가 뭐라고 해야 할지를 모르겠소."

답왈 해탈자 무소언설고 오어시부지소운
答曰 解脫者 無所言說故 吾於是不知所云

"말이나 문자도 다 해탈의 모습입니다.

천왈 언설문자 개해탈상
天曰 言說文字 皆解脫相

그 까닭이 무엇인가?

소이자하
所以者何

해탈이 안에 있는 것도 밖에 있는 것도 그 사이에 있는 것도 아니듯이

해탈자 불내불외 부재양간
解脫者 不內不外 不在兩間

말과 문자 또한 안에 있는 것도 밖에 있는 것도 그 사이에 있는 것도 아니기 때문입니다.

문자역불내불외 부재양간
文字亦不內不外 不在兩間

그러므로 사리불이여, 말과 문자를 떠나서 해탈을 설명하려 하지 마십시오.

시고 사리불 무리문자 설해탈야
是故 舍利弗 無離文字 說解脫也

왜냐하면 일체의 법들이 해탈의 모습이기 때문입니다."

소이자하 일체제법 시해탈상
所以者何 一切諸法 是解脫相

사리불이 말하였다.

사리불언
舍利弗言

"아니지요. 음욕(음 婬)과 분노(노 怒)와 어리석음(치 癡)을 떠나

는 것을 해탈이라고 하지 않습니까?"

불부 이리음노치 위해탈호
不復 以離婬怒癡 爲解脫乎

"부처님께서는 증상만에 사로잡힌 사람들을 위해서만 음욕과 분노와 어리석음을 떠나는 것을 해탈이라고 말씀하셨을 뿐

천왈 불위증상만인 설이음노치위해탈이
天曰 佛爲增上慢人 說離婬怒癡爲解脫耳

증상만이 없는 사람에게는 음욕과 분노와 어리석음의 본성도 해탈이라고 하셨습니다."

약무증상만자 불설 음노치성 즉시해탈
若無增上慢者 佛說 婬怒癡性 卽時解脫

사리불이 말하였다.

사리불언
舍利弗言

"훌륭하고 또 훌륭합니다, 천녀여.

선재 선재 천녀
善哉 善哉 天女

그대가 얻은 것이 무엇이고 무엇을 깨달았기에 변재가 이토록 뛰어납니까?"

여하소득 이하위증 변내여시
汝何所得 以何爲證 辯乃如是

"저는 얻은 것도 없고 깨달은 것도 없기 때문에 이와 같이 말합니다.

천왈 아무득무증 고변여시
天曰 我無得無證 故辯如是

그 까닭이 무엇인가?

소이자하
所以者何

불법 속에서 얻은 것이 있고 깨달은 것이 있다고 하면 증상만에 사로잡힌 것이기 때문입니다."

약유득유증자 즉어불법 위증상만
若有得有證者 則於佛法 爲增上慢

사리불이 천녀에게 물었다.

사리불문천
舍利弗問天

"그대는 삼승(三乘) 중에 어느 것에 뜻을 두었습니까?"

여어삼승 위하지구
汝於三乘 爲何志求

"성문법으로 중생을 교화할 때 저는 성문이 되고

천왈 이성문법 화중생고 아위성문
天曰 以聲聞法 化衆生故 我爲聲聞

인연법으로 중생을 교화할 때 저는 벽지불이 되며

이인연법 화중생고 아위벽지불
以因緣法 化衆生故 我爲辟支佛

대비의 법으로 중생을 교화할 때 저는 대승이 됩니다.

이대비법 화중생고 아위대승
以大悲法 化衆生故 我爲大乘

사리불이여, 어떤 사람이 아름다운 향기가 나는 참파카(瞻蔔, 첨복) 숲에 들어가면 오직 참파카 향기만 맡을 수 있을 뿐 다른 향기를 맡지 못하는 것처럼

사리불 여인입첨복림 유후첨복 불후여향
舍利弗 如人入瞻蔔林 唯嗅瞻蔔 不嗅餘香

이 유마힐의 집에 들어오면 부처님 공덕의 향기만 맡게 되어, 성문이나 벽지불의 공덕 향기를 맡는 것은 좋아하지 않게 됩니다.

여시 약입차실 단문불공덕지향 불요문성문벽지불공덕향야
如是 若入此室 但聞佛功德之香 不樂聞聲聞辟支佛功德香也

사리불이여, 제석천·대범천·사천왕 등의 천신들과 용·귀신 등이 이 집에 들어오게 되면

사리불 기유석범사천왕제천룡귀신등 입차실자
舍利弗 其有釋梵四天王諸天龍鬼神等 入此室者

이 집 어른(유마힐)의 정법 법문을 듣고 모두가 부처님의 공덕 향기를 좋아하여 발심을 한 다음 이 집을 나서게 됩니다.

문사상인 강설정법 개요불공덕지향 발심이출
聞斯上人 講說正法 皆樂佛功德之香 發心而出

사리불이여, 저는 이 집에 머문 지 12년이 되었으며

사리불 오지차실 십유이년
舍利弗 吾止此室 十有二年

처음부터 성문이나 벽지불의 법은 듣지 않았고 보살의 대자대비와 불가사의한 부처님의 법만을 들었습니다.”

초불문설성문벽지불법 단문보살대자대비 불가사의제불지법
初不聞說聲聞辟支佛法 但聞菩薩大慈大悲 不可思議諸佛之法

5) 유마힐 집에서 얻는 여덟 가지 법

사리불이여, 이 집에는 항상 미증유(未曾有, 이제까지 경험하지 못한) 난득(難得, 얻기 어려운)의 여덟 가지 법이 나타나 있습니다.

사리불 차실상현 팔미증유난득지법
舍利弗 此室常現 八未曾有難得之法

그 여덟 가지가 무엇인가?

하등위팔
何等爲八

① 이 집에는 항상 금빛 광명이 비쳐 낮과 밤의 차이가 없으며, 햇빛과 달빛도 이보다 밝지 못합니다. 이것이 첫 번째 미증유 난득의 법입니다.

차실 상이금색광조 주야무이 불이일월소조위명 시위일미증유난득지법
此室 常以金色光照 晝夜無異 不以日月所照爲明 是爲一未曾有難得之法

② 이 집에 들어오는 이는 번뇌들 때문에 괴로워하지 않습니다. 이것이 두 번째 미증유 난득의 법입니다.

차실입자 불위제구지소뇌야 시위이미증유난득지법
此室入者 不爲諸垢之所惱也 是爲二未曾有難得之法

③ 이 집에는 언제나 제석천·대범천·사천왕·타방보살들이 모여들어 끊이지를 않습니다. 이것이 세 번

째 미증유 난득의 법입니다.

차실 상유석범사천왕 타방보살 내회부절 시위삼미증유난득지법
此室 常有釋梵四天王 他方菩薩 來會不絕 是爲三未曾有難得之法

④ 이 집에서는 항상 육바라밀과 불퇴전의 법을 설하고 있습니다. 이것이 네 번째 미증유 난득의 법입니다.

차실 상설육바라밀 불퇴전법 시위사미증유난득지법
此室 常說六波羅蜜 不退轉法 是爲四未曾有難得之法

⑤ 이 집에서는 항상 가장 훌륭한 하늘의 음악이 연주되며, 그 악기의 줄에서는 진리를 설하는 무량한 소리가 나오고 있습니다. 이것이 다섯 번째 미증유 난득의 법입니다.

차실 상작천인제일지악 현출무량법화지성 시위오미증유난득지법
此室 常作天人第一之樂 絃出無量法化之聲 是爲五未曾有難得之法

⑥ 이 집에 있는 네 개의 큰 창고에는 갖가지 보배가 가득 쌓여 있는데, 가난한 이들에게 그 보물을 계속 나누어 주어도 다함이 없습니다. 이것이 여섯 번째 미증유 난득의 법입니다.

차실 유사대장 중보적만 주궁제핍 구득무진 시위육미증유난득지법
此室 有四大藏 衆寶積滿 周窮濟乏 求得無盡 是爲六未曾有難得之法

⑦ 석가모니불·아미타불·아촉불·보덕불·보염불·보월불·보엄불·난승불·사자향불·일체이성불 등의 시방세계 무량 제불들은 此室(차실) 釋迦牟尼佛(석가모니불) 阿彌陀佛(아미타불) 阿閦佛(아축불)

보덕 보염 보월 보엄 난승 사자향 일체이성 여시등시방무량제불
寶德 寶燄 寶月 寶嚴 難勝 獅子響 一切利成 如是等十方無量諸佛

유마힐이 생각을 하기만 하면 즉시 이 집으로 와서 제불의 비요법장(秘要法藏)을 설하고 돌아가십니다. 이것이 이

집의 일곱 번째 미증유 난득의 법입니다.

시 상 인 념 시
是上人念時

즉 개 위 래 광 설 제 불 비 요 법 장 설 이 환 거 시 위 칠 미 증 유 난 득 지 법
卽皆爲來廣說 諸佛秘要法藏 說已還去 是爲七未曾有難得之法

⑧ 이 집에는 찬란하게 꾸며진 천왕들의 궁전과 부처님들의 정토가 모두 나타납니다. 이것이 여덟 번째의 미증유 난득의 법입니다.

차 실
此室

일 체 제 천 엄 식 궁 전 제 불 정 토 개 어 중 현 시 위 팔 미 증 유 난 득 지 법
一切諸天 嚴飾宮殿 諸佛淨土 皆於中現 是爲八未曾有難得之法

사리불이여, 이 집에는 항상 여덟 가지 미증유 난득의 법이 나타나는데

사 리 불 차 실 상 현 팔 미 증 유 난 득 지 법
舍利弗 此室常現 八未曾有難得之法

이 불가사의한 일을 본 사람이라면 어찌 성문의 법을 좋아하겠습니까?"

수 유 견 사 부 사 의 사 이 부 요 어 성 문 법 호
誰有見斯不思議事 而復樂於聲聞法乎

6) 고정된 모습은 없다

사리불이 물었다.

사 리 불 언
舍利弗言

"그대는 어찌하여 여인의 몸을 바꾸지 않습니까?"

여 하 이 부 전 여 신
汝何以不轉女身

"제가 12년 전 이곳에 온 이래, 줄곧 여인의 모습을 찾아보았지만 찾을 수가 없었습니다. 그런데 무엇을 바꾸라는 말씀입니까?

천 왈 아 종 십 이 년 래 구 여 인 상 요 불 가 득 당 하 소 전
天曰 我從十二年來 求女人相 了不可得 當何所轉

비유컨대 마술사가 마술로 가짜 여인을 만들어 놓았는데, 어떤 사람이 가짜 여인에게 '당신은 왜 여인의 몸을 바꾸지 않느냐'고 한다면 이 사림의 질문이 올바른 것이라고 하겠습니까?"

비여 환사화작환녀 약유인문 하이부전여신 시인위정문부
譬如 幻師化作幻女 若有人問 何以不轉女身 是人爲正問不

"옳지 않습니다. 마술로 만든 사람은 일정한 모양이 없으니 바꾸는 것이 마땅하지 않습니다."

사리불언 불야 환무정상 당하소전
舍利弗言 不也 幻無定相 當何所轉

"일체제법 또한 이와 같아서 일정한 모양이 없거늘 어찌 '여인의 모습을 바꾸지 않느냐'고 하십니까?"

천왈 일체제법 역부여시 무유정상 운하내문부전여신
天曰 一切諸法 亦復如是 無有定相 云何乃問不轉女身

이렇게 말한 천녀는 즉시 신통력으로 사리불을 천녀로 변하게 하고 자신을 사리불로 변화시킨 다음에 물었다.

즉시천녀 이신통력 변사리불 영여천녀 천자화신 여사리불 이문언
卽時天女 以神通力 變舍利弗 令如天女 天自化身 如舍利弗 而問言

"어찌하여 여인의 몸을 바꾸지 않습니까?" 하이부전여신 何以不轉女身

천녀의 모습을 한 사리불이 대답했다.

사리불 이천녀상 이답언
舍利弗 以天女像 而答言

"내가 지금 어떻게 여인의 몸으로 바뀌었는지를 알 수가 없습니다."

아금부지 하전이변위여신
我今不知 何轉而變爲女身

"사리불이여, 만약 그 여인의 몸을 능히 바꿀 수 있다

면 다른 모든 여인들도 능히 몸을 바꿀 수 있을 것입니다.

天曰 舍利弗 若能轉此女身 則一切女人 亦當能轉

(천왈 사리불 약능전차여신 즉일체여인 역당능전)

사리불께서 여인이 아니면서 여인의 몸을 나타내었듯이 모든 여인들 또한 그와 같습니다.

如舍利弗 非女而現女身 一切女人 亦復如是

(여사리불 비녀이현여신 일체여인 역부여시)

비록 여인의 몸을 나타내고 있지만 여인이 아닙니다.

雖現女身 而非女也

(수현여신 이비녀야)

그러므로 부처님께서 '일체제법은 남자도 아니고 여자도 아니다'라고 말씀하신 것입니다."

是故佛說 一切諸法 非男非女

(시고불설 일체제법 비남비녀)

그리고는 천녀가 신통력을 거두어들이자 사리불의 몸이 이전과 같이 되었다.

卽時天女 還攝神力 舍利弗身還復如故

(즉시천녀 환섭신력 사리불신환부여고)

천녀가 물었다.

天問

(천문)

"사리불이여, 여자 몸의 모습은 지금 어디에 있습니까?"

舍利弗 女身色相 今何所在

(사리불 여신색상 금하소재)

"여자 몸의 모습은 있음도 없고 있지 않음도 없습니다."

舍利弗言 女身色相 無在無不在

(사리불언 여신색상 무재무부재)

"일체제법도 그와 같아서 있음도 없고 있지 않음도 없습니다.

天曰 一切諸法 亦復如是 無在無不在

(천왈 일체제법 역부여시 무재무부재)

무릇 있음도 없고 있지 않음도 없다는 것이 부처님의

가르침입니다."

부 무 재 무 부 재 자 불 소 설 야
夫無在無不在者 佛所說也

사리불이 천녀에게 물었다.

사 리 불 문 천
舍利弗問天

"그대는 여기에서 죽은 다음 어디에 태어납니까?"

여 어 차 몰 당 생 하 소
汝於此沒 當生何所

"부처님의 화신이 태어나는 곳에 저도 태어납니다."

천 왈 불 화 소 생 오 여 피 생
天曰 佛化所生 吾如彼生

"부처님의 화신은 죽는 일도 다시 태어나는 일도 없지 않습니까?"

왈 불 화 소 생 비 몰 생 야
曰 佛化所生 非沒生也

"중생들도 그와 같아서, 죽는 일도 다시 태어나는 일도 없습니다."

천 왈 중 생 유 연 비 몰 생 야
天曰 衆生猶然 非沒生也

사리불이 천녀에게 물었다.

사 리 불 문 천
舍利弗問天

"그대는 얼마 뒤에 아녹다라삼먁삼보리를 얻게 됩니까?"

여 구 여 당 득 아 녹 다 라 삼 먁 삼 보 리
汝久如 當得阿耨多羅三藐三菩提

"사리불께서 다시 범부로 돌아오는 날, 저는 아녹다라삼먁삼보리를 이룹니다."

천 왈 여 사 리 불 환 위 범 부 아 내 당 성 아 녹 다 라 삼 먁 삼 보 리
天曰 如舍利弗 還爲凡夫 我乃當成阿耨多羅三藐三菩提

사리불이 말하였다.

사 리 불 언
舍利弗言

"내가 다시 범부가 된다는 것은 있을 수 없는 일입니다."

아 작 범 부 무 유 시 처
我作凡夫 無有是處

"제가 아녹다라삼먁삼보리를 얻는다는 것 또한 있을 수 없는 일입니다.

천 왈 아 득 아 녹 다 라 삼 먁 삼 보 리 역 무 시 처
天曰 我得阿耨多羅三藐三菩提 亦無是處

그 까닭이 무엇인가?
소이자하
所以者何

보리(菩提)는 머무르는 곳이 없기 때문에 얻는 것도 없습니다."
보리무주처 시고 무유득자
菩提無住處 是故 無有得者

사리불이 물었다.
사리불언
舍利弗言

"'지금의 부처님도 아뇩다라삼먁삼보리를 얻었고, 항하의 모래알같이 많은 과거의 부처님과 미래의 부처님들도 아뇩다라삼먁삼보리를 얻었고 앞으로 얻게 된다'는 것은 무슨 말입니까?"
금제불득아뇩다라삼먁삼보리 이득당득여항하사 개위하호
今諸佛得阿耨多羅三藐三菩提 已得當得如恒河沙 皆謂何乎

"모두가 세속의 문자와 수로써 삼세를 말씀하신 것일 뿐, 보리에 과거와 현재와 미래가 있다는 말씀은 아닙니다."
천왈 개이세속 문자수고 설유삼세 비위보리 유거래금
天曰 皆以世俗 文字數故 說有三世 非謂菩提 有去來今

천녀가 물었다.
천왈
天曰

"사리불이여, 당신은 아라한의 도를 얻었습니까?"
사리불 여득아라한도야
舍利弗 汝得阿羅漢道耶

"얻을 바가 없기 때문에 얻었습니다."
왈 무소득고이득
曰 無所得故而得

"모든 불보살님도 마찬가지입니다. 얻을 바가 없기 때문에 얻습니다."
천왈 제불보살 역부여시 무소득고이득
天曰 諸佛菩薩 亦復如是 無所得故而得

그때 유마힐이 사리불에게 말하였다.
이시 유마힐어사리불
爾時 維摩詰語舍利弗

"이 천녀는 이미 92억 부처님들께 공양하였고, 이미

보살의 신통력을 마음대로 쓰고 원을 다 성취하여 무생법인을 얻고 불퇴전의 경지에 이르렀으나 是天女(시천녀) 已曾(이증) 供養九十二億諸佛(공양구십이억제불) 已能遊戲菩薩神通(이능유희보살신통) 所願具足(소원구족) 得無生忍(득무생인) 住不退轉(주불퇴전) 본래의 원력 때문에 그 모습을 마음대로 바꾸면서 중생을 교화하고 있습니다." 以本願故(이본원고) 隨意能現(수의능현) 敎化衆生(교화중생)

제8 불도품 佛道品

불도를 이루려면

1) 보살의 길 아닌 길

그때 문수사리 보살이 유마힐에게 물었다.

이시 문수사리문유마힐언
爾時 文殊師利問維摩詰言

"보살은 불도(佛道)를 어떻게 통달합니까?" 보살운하통달불도 菩薩云何通達佛道

유마거사가 말하였다. 유마힐언 維摩詰言

"보살이 길 아닌 길을 가면 불도를 통달하게 됩니다."

약보살행어비도 시위통달불도
若菩薩行於非道 是爲通達佛道

"어떻게 하는 것이 보살이 길 아닌 길을 가는 것입니까?"

우문 운하보살행어비도
又問 云何菩薩行於非道

만약 보살이 답왈 약보살 答曰 若菩薩

① 오무간죄(五無間罪)를 짓더라도 번뇌나 분노가 없고

행오무간 이무뇌에
行五無間 而無惱恚

② 지옥(地獄)에 가더라도 죄나 잘못이 없고 지우지옥 무제죄구 至于地獄 無諸罪垢

③ 축생도(畜生道)에 가더라도 무명이나 교만 등의 허물이 없고
至于畜生 無有無明憍慢等過

④ 아귀도(餓鬼道)에 가더라도 온갖 공덕을 구족하고
至于餓鬼 而具足功德

⑤ 색계(色界)나 무색계(無色界)의 길로 가더라도 잘났다고 우쭐대지 않고
行色無色界道 不以爲勝

⑥ 탐욕의 행을 보일지라도 물듦과 집착들을 떠나고
示行貪欲 離諸染着

⑦ 화를 내는 모습을 보일지라도 중생들을 미워함이 없고
示行瞋恚 於諸衆生 無有恚碍

⑧ 어리석은 행을 보일지라도 지혜로 그 마음을 다스리고
示行愚癡 而以智慧調伏其心

⑨ 아끼고 탐하는 행을 보일지라도 가진 것들을 모두 버리고 몸과 목숨을 아끼지 않으며
示行慳貪 而捨內外所有 不惜身命

⑩ 파계의 행을 보일지라도 정계(淨戒)에 머물러 작은 죄도 크게 두려워하고 示行毁禁 而安住淨戒 乃至小罪 猶懷大懼

⑪ 화를 내는 모습을 보일지라도 항상 인자하고
示行瞋恚 而常慈忍

⑫ 게으른 행을 보일지라도 부지런히 공덕을 닦고
示行懈怠 而勤修功德

⑬ 마음의 산란함을 보일지라도 항상 선정을 생각하고

시행난의 이상념정
示行亂意 而常念定

⑭ 어리석은 행을 보일지라도 세간과 출세간의 지혜를 통달하고

시행우치 이통달세간출세간혜
示行愚癡 而通達世間出世間慧

⑮ 아첨과 거짓의 행을 보일지라도 좋은 방편으로 경전들의 뜻을 따르고

시행첨위 이선방편 수제경의
示行諂僞 而善方便 隨諸經義

⑯ 교만한 행동을 보일지라도 중생의 다리가 되고

시행교만 이어중생 유여교량
示行憍慢 而於衆生 猶如橋梁

⑰ 번뇌들을 일으키는 듯이 보일지라도 마음이 항상 청정하고

시행제번뇌 이심상청정
示行諸煩惱 而心常淸淨

⑱ 마구니 속에 들어감을 보일지라도 부처님 지혜 외의 다른 가르침을 따르지 않고

시입어마 이순불지혜 불수타교
示入於魔 而順佛智慧 不隨他敎

⑲ 성문의 모습을 보일지라도 중생들을 위해 일찍이 듣지 못한 법을 설하고

시입성문 이위중생 설미문법
示入聲聞 而爲衆生 說未聞法

⑳ 벽지불의 모습을 보일지라도 대비를 성취하여 중생을 교화하고

시입벽지불 이성취대비 교화중생
示入辟支佛 而成就大悲 敎化衆生

㉑ 빈궁한 모습을 보일지라도 보배로운 손으로 다함없는 공덕을 베풀고

시입빈궁 이유보수 공덕무진
示入貧窮 而有寶手 功德無盡

㉒ 불구자의 모습을 보일지라도 모든 상호를 갖추어 스스로를 장엄하고

시입형잔 이구제상호 이자장엄
示入形殘 而具諸好相 以自莊嚴

㉓ 천한 집에 태어남을 보일지라도 불종성(佛種性) 속의 공덕들을 갖추고

시입하천 이생종성중 구제공덕
示入下賤 而生種性中 具諸功德

㉔ 용렬하고 추하고 더러운 모습을 보일지라도 나라연과 같은 몸을 얻어 일체 중생이 즐겨 보게 하고

시입이열추루 이득나라연신 일체중생지소락견
示入羸劣醜陋 而得那羅延身 一切衆生之所樂見

㉕ 늙음과 병든 모습을 보일지라도 영원히 병의 뿌리를 끊어 죽음의 두려움에서 벗어나고

시입노병 이영단병근 초월사외
示入老病 而永斷病根 超越死畏

㉖ 자산이 많이 있음을 보일지라도 항상 무상(無常)을 관하면서 아무 것도 탐내지 않고

시유자생 이항관무상 실무소탐
示有資生 而恒觀無常 實無所貪

㉗ 처와 첩과 시녀가 있음을 보일지라도 언제나 오욕의 진흙탕에서 떠나 있고

시유처첩채녀 이상원리 오욕어니
示有妻妾婇女 而常遠離 五欲淤泥

㉘ 어눌함과 둔함을 보일지라도 변재를 성취하여 모두를 기억하고 놓치는 일이 없으며

현어눌둔 이성취변재 총지무실
現於訥鈍 而成就辯才 總持無失

㉙ 삿된 도에 들어간 듯이 보일지라도 정법으로 중생들을 제도하고

시입사제 이이정제도제중생
示入邪濟 而以正濟度諸衆生

㉚ 갖가지 도에 두루 들어가는 듯이 보일지라도 실은 그 인연들을 끊고 있으며

현변입제도 이단기인연
現遍入諸道 而斷其因緣

㉛ 열반을 나타낼지라도 생사를 끊지 않고 있나니

현어열반 이부단생사
現於涅槃 而不斷生死

문수사리여, 보살은 능히 이러한 길 아닌 길을 닦아 불도를 통달하게 됩니다.

문수사리 보살능여시행어비도 시위통달불도
文殊師利 菩薩能如是行於非道 是爲通達佛道

2) 여래의 종자

그때 유마힐이 문수사리보살에게 물었다.

어시 유마힐문문수사리
於是 維摩詰問文殊師利

"무엇이 여래의 종자(如來種)입니까?"

하등 위여래종
何等 爲如來種

문수사리가 말하였다.

문수사리언
文殊師利言

① 몸이 여래의 종자입니다.

유신위종
有身爲種

② 무명과 애착이 여래의 종자입니다.

무명유애위종
無明有愛爲種

③ 탐욕·분노·사견이 여래의 종자입니다.

탐에치위종
貪恚癡爲種

④ 사전도(四顚倒)가 여래의 종자입니다.

사전도위종
四顚倒爲種

⑤ 오개(五蓋)가 여래의 종자입니다.

오개위종
五蓋爲種

⑥ 육입(六入)이 여래의 종자입니다.

육입위종
六入爲種

⑦ 칠식처(七識處)가 여래의 종자입니다.

칠식처위종
七識處爲種

⑧ 팔사법(八邪法)이 여래의 종자입니다.

팔사법위종
八邪法爲種

⑨ 구뇌처(九惱處)가 여래의 종자입니다.

구뇌처위종
九惱處爲種

⑩ 십불선도(十不善道)가 여래의 종자입니다.
十不善道爲種(십불선도위종)

통틀어 외도의 62견(見)과 일체의 번뇌 모두가 부처님의 종자입니다.
以要言之(이요언지) 六十二見(육십이견) 及一切煩惱(급일체번뇌) 皆是佛種(개시불종)

“어찌하여 그러합니까?”
曰(왈) 何謂也(하위야)

문수사리가 답하였다.
答曰(답왈)

“무위(無爲)를 보고 정위(正位)로 들어가는 이는 다시 아뇩다라삼먁삼보리심을 발하지 못합니다.
若見無爲入正位者(약견무위입정위자) 不能復發阿耨多羅三藐三菩提心(불능부발아뇩다라삼먁삼보리심)

마치 높은 땅에서는 연꽃이 피지 못하지만
譬如(비여) 高原陸地(고원육지) 不生蓮花(불생연화)

질척거리고 습한 흙탕물 속에서 연꽃이 생겨나는 것과 같나니
卑濕淤泥(비습어니) 乃生此華(내생차화)

무위법을 보고서 정위에 들어가려는 이는 끝내 불법을 일으키지 못하지만
如是(여시) 見無爲法入正位者(견무위법입정위자) 終不復能生於佛法(종불부능생어불법)

번뇌라는 진흙 속에 사는 중생은 불법을 일으킬 수 있습니다.
煩惱泥中(번뇌니중) 乃有衆生(내유중생) 起佛法耳(기불법이)

또 허공에다 씨를 뿌리면 싹이 돋아나지 않지만
又如植種於空(우여식종어공) 終不能生(종부득생)

거름똥을 친 땅에 씨를 뿌리면 싹이 나고 무성하게 자라는 것과 같습니다.
糞壤之地(분양지지) 乃能滋茂(내능자무)

이와 같이 무위로써 정위에 들어가는 이는 불법 속에 나지 못하지만

여시 입무위정위자 불생불법
如是 入無爲正位者 不生佛法

아견(我見)을 수미산 같이 크게 일으킨다 할지라도 능히 아뇩다라삼먁삼보리심을 발할 수 있고 불법이 생겨날 수 있습니다.

기어아견 여수미산 유능발우아뇩다라삼먁삼보리심 생불법의
起於我見 如須彌山 猶能發于阿耨多羅三藐三菩提心 生佛法矣

그러므로 일체 번뇌가 여래의 종자(如來種)가 된다는 것을 마땅히 알아야 합니다.

시고 당지일체번뇌 위여래종
是故 當知一切煩惱 爲如來種

마치 큰 바다 밑으로 내려가지 않고는 훌륭한 보주를 얻지 못하는 것과 같이

비여 불하거해 불능득무가보주
譬如 不下巨海 不能得無價寶珠

번뇌의 대해(大海) 속에 들어가지 않으면 일체지(一切智)의 보배를 얻을 수가 없습니다."

여시 불입번뇌대해즉 불능득일체지보
如是 不入煩惱大海則 不能得一切智寶

그때 대가섭이 탄식하며 말하였다.

이시 대가섭탄언
爾時 大迦葉歎言

"참으로 훌륭합니다, 문수사리여. 참으로 잘 말씀하셨습니다.

선재 선재 문수사리 쾌설차어
善哉 善哉 文殊師利 快說此語

정말 말씀하신 대로 온갖 번뇌가 여래의 종자(如來種)입니다.

성여소언 진로지주 위여래종
誠如所言 塵勞之儔 爲如來種

저희의 지금 상태로는 감히 아뇩다라삼먁삼보리심을 발하지 못할 것 같습니다.

아등 금자 불부감임발아뇩다라삼먁삼보리심
我等 今者 不復堪任發阿耨多羅三藐三菩提心

나아가 오무간죄를 지어야만 발심을 하고 불법에 마

음을 낼 수 있을런지 乃至五無間罪(내지오무간죄) 猶能發意(유능발의) 生於佛法(생어불법)

지금의 저희로서는 영원히 발심을 하지 못할 것 같습니다. 而今我等(이금아등) 永不能發(영불능발)

비유컨대 몸이 다 썩은 이가 어떻게 오욕을 이롭게 쓸 수 있겠습니까? 譬如(비여) 根敗之士(근패지사) 其於五欲(기어오욕) 不能復利(불능부리)

이와 같이 모든 번뇌를 끊은 성문은 如是(여시) 聲聞諸結斷者(성문제결단자)

불법 가운데 다시 이익됨이 없으며 영원히 무상보리심을 발원하지 못할 것입니다. 於佛法中(어불법중) 無所復益(무소부익) 永不志願(영불지원)

그러므로 문수사리여 是故(시고) 文殊師利(문수사리)

범부는 불법에 되돌아올 수 있지만 凡夫(범부) 於佛法有反復(어불법유반복)

성문은 되돌아올 수 없습니다. 而聲聞無也(이성문무야)

그 까닭이 무엇인가? 所以者何(소이자하)

범부는 불법을 듣고 능히 무상보리심을 일으켜 삼보를 단절시키지 않지만 凡夫聞佛法(범부문불법) 能起無上道心(능기무상도심) 不斷三寶(부단삼보)

성문들은 몸이 다하도록 십력과 사무외 등의 불법을 들을지라도 영원히 무상보리심을 능히 발할 수 없기 때문입니다.” 正使聲聞(정사성문) 終身聞佛法力無畏等(봉신문불법역무외등) 永不能發無上道意(영불능발무상도의)

3) 유마힐의 게송

그때 회중에 있던 보현색신보살이 유마힐에게 물었다.

이시 회중유보살 명보현색신 문유마힐언
爾時 會中有菩薩 名普現色身 問維摩詰言

“거사여, 거사의 부모와 처자와 친척과 권속과 사무 보는 이와 선지식은 누구이며 하녀와 노비와 코끼리·말·수레는 다 어디에 있습니까?”

거사 부모
居士 父母

처자 친척 권속 사민 지식 실위시수 노비동복 상마차승 개하소재
妻子 親戚 眷屬 吏民 知識 悉爲是誰 奴婢僮僕 象馬車乘 皆何所在

이에 유마힐이 게송으로 답하였다.

어시 유마힐 이게답왈
於是 維摩詰 以偈答曰

반야지혜 바라밀은 보살어머니 — 지도보살모 智度菩薩母
방편력의 바라밀은 아버지시니 — 방편이위부 方便以爲父
모든중생 이끄시는 스승님들은 — 일체중도사 一切衆導師
모두이를 의지하여 나오신다네 — 무불유시생 無不由是生

법의기쁨 보살들의 아내가되고 — 법희이위처 法喜以爲妻
자비로운 그마음은 보살들의딸 — 자비심위녀 慈悲心爲女
성실함과 선한마음 아들이되고 — 선심성실남 善心誠實男
늘언제나 공적(空寂)함이 보살집이다 — 필경공적사 畢竟空寂舍

티끌수의 번뇌들은 제자들이요 — 제자중진로 弟子衆塵勞

뜻과 같이 번뇌들을 잘 다스리는 — 隨意之所轉(수의지소전)
삼십칠종 조도품은 선지식이니 — 道品善知識(도품선지식)
이것들로 말미암아 정각 이룬다 — 由是成正覺(유시성정각)

여러가지 바라밀은 참도반이요 — 諸度法等侶(제도법등려)
사섭법은 아름다운 기녀들로서 — 四攝爲伎女(사섭위기녀)
그지없는 미묘법문 노래하나니 — 歌詠誦法言(가영송법언)
이와 같은 음악들이 어디 있으랴 — 以此爲音樂(이차위음악)

다라니는 보살들의 꽃동산이니 — 總持之園苑(총지지원원)
무루법의 나무들로 숲을 이루고 — 無漏法林樹(무루법림수)
칠각지(七覺支)의 맑고 묘한 꽃들을 피워 — 覺意淨妙華(각의정묘화)
해탈 지혜 열매들을 맺어가노라 — 解脫智慧果(해탈지혜과)

팔해탈은 목욕하는 연못이 되니 — 八解之浴池(팔해지욕지)
그곳에는 선정의 물 늘 가득하고 — 定水湛然滿(정수담연만)
물속에는 칠정화(七淨華)가 덮여 있는데 — 布以七淨華(포이칠정화)
때가 없는 사람들이 목욕을 하네 — 浴此無垢人(욕차무구인)

코끼리와 달리는 말 오신통이요 — 象馬五通馳(상마오통치)
대승법은 보살들의 수레가 되며 — 大乘以爲車(대승이위차)

이 수레를 끄는마부 곧일심이니	調御以一心 (조어이일심)
팔정도의 바른길로 달려가노라	遊於八正路 (유어팔정로)
삼십이종 모습들로 장엄을 하고	相具以嚴容 (상구이엄용)
팔십가지 종호로써 잘 꾸몄으며	衆好飾其姿 (중호식기자)
부끄러움 아는마음 의복을 삼고	慚愧之上服 (참괴지상복)
깊은마음 꽃다발로 만들었다네	深心爲華鬘 (심심위화만)
그들에게 칠재(七財)라는 보배있으니	富有七財寶 (부유칠재보)
가르침은 재산 증식 방법이 되고	敎授以滋息 (교수이자식)
설한 대로 수행들을 잘한 다음에	如所說修行 (여소설수행)
회향하면 한량없는 이익을 얻네	廻向爲大利 (회향위대리)
네가지의 선(禪)으로써 자리를 삼고	四禪爲牀座 (사선위상좌)
깨끗하게 사는길로 나아가면서	從於淨命生 (종어정명생)
법문들을 많이 들어 지혜 늘리면	多聞增智慧 (다문증지혜)
깨달음의 음악소리 절로나오네	以爲自覺音 (이위자각음)
죽음없는 감로법을 밥으로 삼고	甘露法之食 (감로법지식)
해탈미를 즐겨먹는 국으로 삼아	解脫味爲漿 (해탈미위장)
깨끗하게 목욕하여 마음맑히고	淨心以澡浴 (정심이조욕)

계갖추어 향기로운 몸을만드네 — 계품위도향 戒品爲塗香

번뇌라는 도둑들을 물리친 보살 — 최멸번뇌적 摧滅煩惱賊
그 누구도 못이기는 용감한 영웅 — 용건무능유 勇健無能踰
네 종류의 마구니를 항복시키고 — 항복사종마 降伏四種魔
도량에다 승전깃발 드날리도다 — 승번건도량 勝幡建道場

일어남과 사라지는 법이 없지만 — 수지무기멸 雖知無起滅
중생 위해 이 세상에 태어나셔서 — 시피고유생 示彼故有生
국토마다 남김없이 몸을 나투어 — 실현제국토 悉現諸國土
태양처럼 모든이가 보게 하노라 — 여일무불견 如日無不見

시방세계 무량억만 부처님들께 — 공양어시방 供養於十方
온갖 공양 정성다해 다 바치면서 — 무량억여래 無量億如來
부처님과 스스로의 몸에 대하여 — 제불급기신 諸佛及己身
분별하는 생각결코 내지않노라 — 무유분별상 無有分別想

모름지기 불국토들 뿐만 아니라 — 수지제불국 雖知諸佛國
중생 공함 분명하게 알고있지만 — 급여중생공 及與衆生空
부지런히 맑은 정토 닦아 이루고 — 이상수정토 而常修淨土
중생 교화 하는일을 멈추지 않네 — 교화어군생 教化於群生

이 세상의 여러 종류 모든 중생의 | 제유중생류 諸有衆生類
형상들과 소리들과 행동에 대해 | 형성급위의 形聲及威儀
두려움이 없는 힘을 지닌 보살은 | 무외력보살 無畏力菩薩
한 순간에 모두를 다 나타내노라 | 일시능진현 一時能盡現

마구니가 하는 짓을 잘 알면서도 | 각지중마사 覺知衆魔事
잘 따르는 듯한 행동 능히 보이고 | 이시수기행 而示隨其行
아주 좋은 방편들과 지혜 기울여 | 이선방편지 以善方便智
뜻과 같이 교화하고 있음이로다 | 수의개능현 隨意皆能現

노병사의 모습들을 때때로 보여 | 혹시노병사 或示老病死
중생들을 두루두루 성취시키고 | 성취제군생 成就諸群生
허깨비와 같다는 것 알게 하여서 | 요지여환화 了知如幻化
걸림 없이 모든 일을 통달케 하네 | 통달무유애 通達無有礙

때때로는 겁의 다함 보여 주고자 | 혹현겁진소 或現劫盡燒
천지 모두 불태우는 일도 하나니 | 천지개통연 天地皆洞然
영원함에 사로잡힌 이로 하여금 | 중인유상상 衆人有常想
무상 도리 확실하게 알게 함이다 | 조령지무상 照令知無常

무수억의 한량없는 중생이 있어 | 무수억중생 無數億衆生

한꺼번에 이 보살을 청할지라도	구래청보살 俱來請菩薩
같은 때에 무수억의 집으로 가서	일시도기사 一時到其舍
교화하여 불도에로 향하게 하네	화령향불도 化令向佛道
경전이든 금서이든 주술서이든	경서금주술 經書禁呪術
교묘하기 그지없는 기예 책이든	공교제기예 工巧諸伎藝
모든 책을 남김없이 통달하여서	진현행차사 盡現行此事
중생들을 이익되게 할 뿐이로다	요익제군생 饒益諸群生
이 세상에 여러 가지 종교 있으면	세간중도법 世間衆道法
그 속으로 들어가서 성직자 되어	실어중출가 悉於中出家
사람들의 미혹함을 다 풀어주고	인이해인혹 因以解人惑
사견 속에 떨어지지 않게 하노라	이불타사견 而不墮邪見
어떤 때는 해와 달과 하늘이 되고	혹작일월천 或作日月天
범천왕과 사천왕이 되기도 하며	범왕세계주 梵王世界主
어떤 때는 흙이 되고 물 되었다가	혹시작지수 或時作地水
어떤 때는 바람 되고 불이 되노라	혹부작풍화 或復作風火
겁(劫) 가운데 질병들이 생겨날지면	겁중유질역 劫中有疾疫
보살 즉시 여러 가지 약초가 되어	현작제약초 現作諸藥草

중생에게 그 약초를 먹게 하여서
독 없애고 갖가지 병 고쳐준다네

약유복지자
若有服之者
제병소중독
除病消衆毒

겁 가운데 기근들이 생겨날지면
그의 몸을 음식물로 변화시켜서
굶주림과 목마름을 없애 준 뒤에
그들에게 좋은 법문 일러 주노라

겁중유기근
劫中有饑饉
현신작음식
現身作飮食
선구피기갈
先救彼飢渴
각이법어인
却以法語人

겁 가운데 도병(刀兵) 전쟁 일어날지면
한량없는 자비심을 불러일으켜
그 중생들 남김없이 잘 교화하고
싸움 없는 땅에 살게 인도하노라

겁중유도병
劫中有刀兵
위지기자심
爲之起慈心
화피제중생
化彼諸衆生
영주무쟁지
令住無諍地

나라 사이 큰 전쟁이 일어날지면
공평하고 치우침이 없는 힘으로
보살 위세 나타내고 보여주어서
그들 모두 항복시켜 화평 얻노라

약유대전진
若有大戰陣
입지이등력
立之以等力
보살현위세
菩薩現威勢
항복사화안
降伏使和安

모든 국토 어디에나 있기 마련인
심한 고통 한량없는 지옥 속으로
보살들이 주저없이 나아가서는

일체국토중
一切國土中
제유지옥처
諸有地獄處
첩왕도우피
輒往到於彼

그들 고뇌 구하고자 힘을 다한다 勉濟其苦惱(면제기고뇌)

모든 국토 어디에나 있기 마련인 一切國土中(일체국토중)
축생들이 서로서로 물어뜯는 곳 畜生相食噉(축생상식담)
보살들은 주저없이 그곳 태어나 皆現生於彼(개현생어피)
그들에게 이익됨을 안겨 주노라 爲之作利益(위지작이익)

오욕(五欲) 속에 젖어있는 모습 보이나 示受於五欲(시수어오욕)
또한 다시 어느 때나 선(禪)을 닦아서 亦復現行禪(역부현행선)
마구니의 마음 크게 어지럽히고 令魔心憒亂(영마심궤란)
전혀 틈을 찾아내지 못하게 한다 不能得其便(불능득기편)

불 가운데 연꽃 솟아 피어있음이 火中生蓮花(화중생연화)
희유하기 그지없는 일임과 같이 是可謂希有(시가위희유)
오욕 속에 있으면서 선(禪)을 닦는 일 在欲而行禪(재욕이행선)
이것 또한 희유하기 그지없도다 希有亦如是(희유역여시)

어떤 때는 음녀 모습 나타내어서 或現作淫女(혹현작음녀)
색을 좋아 하는 이들 유인하여서 引諸好色者(인제호색자)
먼저 애욕 갈고리로 끌어당기고 先以欲鉤牽(선이욕구견)
뒤에 다시 불지혜(佛智慧)에 들게 하노라 後令入佛智(후령입불도)

어느 때는 한마을의 어른이 되고	或爲邑中主 (혹위읍중주)
어느 때는 상인들의 대장이 되고	或作商人導 (혹작상인도)
국사 또는 큰 신하가 되기도 하여	國師及大臣 (국사급대신)
중생들을 도와주고 이익을 준다	以祐利衆生 (이우리중생)
가난하고 궁한 사람 구제하고자	諸有貧窮者 (제유빈궁자)
다함없는 보배창고 나타내어서	現作無盡藏 (현작무진장)
부지런히 베풀면서 이끌어 주고	因以勸導之 (인이권도지)
무상보리 얻을 마음 발하게 한다	令發菩提心 (영발보리심)
아상(我相) 많고 교만스런 사람에게는	我心憍慢者 (아심교만자)
대역사(大力士)의 모습들을 나타내어서	爲現大力士 (위현대역사)
거드름과 교만들을 모두 다 꺾어	消伏諸貢高 (소복제공고)
무상도(無上道)에 머무를 수 있게 하노라	令住無上道 (영주무상도)
두려움에 떨고 있는 중생에게는	其有恐懼衆 (기유공구중)
앞에 모습 나타내어 위안을 주고	居前而慰安 (거전이위안)
두려움이 사라지게 베푼 다음에	先施以無畏 (선시이무외)
도심(道心) 크게 발하도록 인도하노라	後令發道心 (후영발도심)
어느 때나 음욕들을 모두 떠나고	或現離婬欲 (혹현이음욕)

다섯가지 신통갖춘 선인이 되어 — 위오통선인 爲五通仙人
모든중생 부지런히 개도(開導)하여서 — 개도제군생 開導諸群生
지계인욕 자비 속에 머물게 한다 — 영주계인자 令住戒忍慈

남의 시중 바라는이 보게 될지면 — 견수공사자 見須供事者
머슴이나 심부름꾼 모습 나투어 — 현위작동복 現爲作僮僕
그의마음 그지없이 기쁘게 한 뒤 — 기열가기의 旣悅可其意
도를닦을 마음가짐 발하게 한다 — 내발이도심 乃發以道心

어느 중생 그 무엇을 필요로 하면 — 수피지소수 隨彼之所須
부처님의 도 속으로 들게 하고자 — 득입어불도 得入於佛道
좋고 묘한 방편력을 모두 기울여 — 이선방편력 以善方便力
원하는 것 만족스레 마련해 준다 — 개능급족지 皆能給足之

이와 같은 한량없는 보살의 도를 — 여시도무량 如是道無量
어디서나 장애 없이 실천을 하고 — 소행무유애 所行無有涯
끝을가이 알 수 없는 보살 지혜로 — 지혜무변제 智慧無邊際
셀 수 없는 많은 중생 제도하노라 — 도탈무수중 度脫無數衆

가령 모든 시방삼세 부처님께서 — 가령일체불 假令一切佛
한량없는 무수억겁 끊이지 않고 — 어무수억겁 於無數億劫

그 공덕을 찬탄하고 또 찬탄해도
그 찬탄은 다할 수가 없음이로다

찬 탄 기 공 덕
讚歎其功德
유 상 불 능 진
猶尚不能盡

어느 누가 이와 같은 법을 듣고서
보리심을 일으키지 아니하리오
다만 저들 어리석고 무지한 이와
지혜 없는 사람들은 제외하노라

수 문 여 시 법
誰聞如是法
불 발 보 리 심
不發菩提心
제 피 불 초 인
除彼不肖人
치 명 무 지 자
癡冥無智者

제9 입불이법문품 入不二法門品

불이법문

그때 유마힐이 여러 보살들에게 말하였다.

이시 유마힐 위중보살언
爾時 維摩詰 謂衆菩薩言

不二法門
"어진이들이시여, 보살이 어떻게 불이법문에 들어가는 지에 대해 각자 편안하게 말씀하여 보십시오."

제인자 운하보살입불이법문 각수소락설지
諸仁者 云何菩薩入不二法門 各隨所樂說之

法自在菩薩
① 회중에 있던 법자재보살이 말하였다.

회중유보살 명법자재 설언
會中有菩薩 名法自在 說言

生 滅
"어진이들이여, 생과 멸이 둘이지만

제인자 생멸위이
諸仁者 生滅爲二

법이 본래 생하지 않았고 지금도 멸함이 없나니

법본불생 금즉무멸
法本不生 今則無滅

이러한 무생법인을 얻음으로써 불이법문에 들어갑니다."

득차무생법인 시위입불이법문
得此無生法忍 是爲入不二法門

② 덕수보살이 말하였다.
"나(我)와 내 것(我所)은 둘이지만
나가 있기 때문에 내 것이 있고
나가 없으면 내 것도 없나니
이것으로 불이법문에 들어갑니다."

德守菩薩曰
我我所爲二
因有我故 便有我所
若無有我 則無我所
是爲入不二法門

③ 불현보살이 말하였다.
"받음(受)과 받지 않음(不受)은 둘이지만
법을 받지 않으면 법을 얻지 못하고
얻지 못하면 취할 것도 버릴 것도 없고 지을 것도 행할 것도 없나니
이것으로 불이법문에 들어갑니다."

不眴菩薩曰
受不受爲二
若法不受 則不可得
以不可得故 無取無捨 無作無行
是爲入不二法門

④ 덕정보살이 말하였다.
"더러움(垢)과 깨끗함(淨)이 둘이지만
더러운 것의 본성을 보면 깨끗한 것이 없어 멸상(분별이 없어짐)을 따르게 되나니
이것으로 불이법문에 들어갑니다."

德頂菩薩曰
垢淨爲二
見垢實性 則無淨相 順於滅相
是爲入不二法門

⑤ 선숙보살이 말하였다.
"움직임(動)과 생각(念)이 둘이지만

善宿菩薩曰
是動是念爲二

움직이지 않으면 생각이 없고 생각이 없으면 분별이 없나니

부동즉무념 무념즉무분별
不動則無念 無念卽無分別

이를 통달함으로써 불이법문에 들어갑니다."

통달차자 시위입불이법문
通達此者 是爲入不二法門

善眼菩薩
⑥ 선안보살이 말하였다.

선안보살왈
善眼菩薩曰

一相 無相
"일상(하나의 모습)과 무상(모습 없음)은 둘이지만

일상무상위이
一相無相爲二

일상이 곧 무상임을 알면 무상을 취하지 않고 평등한 경지에 들게 되나니

약지일상 즉시무상 역불취무상 입어평등
若知一相 卽是無相 亦不取無相 入於平等

이것으로 불이법문에 들어갑니다."

시위입불이법문
是爲入不二法門

妙臂菩薩
⑦ 묘비보살이 말하였다.

묘비보살왈
妙臂菩薩曰

菩薩心 聲聞心
"보살심과 성문심은 둘이지만

보살심성문심위이
菩薩心聲聞心爲二

幻化
마음의 상이 공하여 환화(허깨비)와 같음을 관하게 되면 보살심도 없고 성문심도 없어지나니

관심상공 여환화자 무보살심 무성문심
觀心相空 如幻化者 無菩薩心 無聲聞心

이것으로 불이법문에 들어갑니다."

시위입불이법문
是爲入不二法門

弗沙菩薩
⑧ 불사보살이 말하였다.

불사보살왈
弗沙菩薩曰

善 不善
"선과 불선은 둘이지만

선불선위이
善不善爲二

相
선과 불선을 일으키지 않으면 상 없는 경지에 들어가

통달하게 되나니 若不起善不善 入無相際 而通達者

약불기선불선 입무상제 이통달자

이것으로 불이법문에 들어갑니다." 是爲入不二法門

⑨ 사자보살(師子菩薩)이 말하였다. 師子菩薩曰

"죄(罪)와 복(福)은 둘이지만, 罪福爲二

죄의 본성을 통달하여 복과 다름없음을 금강과 같은 지혜로 분명히 알면 죄와 복에 속박됨도 없고 풀림도 없게 되나니
죄복위이
罪福爲二

약달죄성즉여복무이 이금강혜 결료차상 무박무해자

若達罪性則與福無異 以金剛慧 決了此相 無縛無解者

이것으로 불이법문에 들어갑니다." 是爲入不二法門

⑩ 사자의보살(師子意菩薩)이 말하였다. 師子意菩薩曰

"유루(有漏)(샘이 있음 번뇌가 있음)와 무루(無漏)(샘이 없음)는 둘이지만 有漏無漏爲二

모든 법의 본성이 평등함을 알게 되면 '샌다〔漏〕'·'샘이 없다〔無漏〕'는 생각을 일으키지 않게 되어 상(相)에도 집착하지 않고 상이 없음에도 머무르지 않게 되나니

약득제법등 즉불기루무루상 불착어상 역부주무상

若得諸法等 則不起漏無漏想 不着於相 亦不住無相

이것으로 불이법문에 들어갑니다." 是爲入不二法門

⑪ 정해보살(淨解菩薩)이 말하였다. 淨解菩薩曰

"유위(有爲)와 무위(無爲)가 둘이지만 有爲無爲爲二

數
모든 수(헤아림 계산)를 떠나서 마음이 허공과 같아지면 청정 한 지혜로 걸림이 없게 되나니

약이일체수 즉심여허공 이청정혜 무소애자
若離一切數 則心如虛空 以淸淨慧 無所碍者

이것으로 불이법문에 들어갑니다."

시위입불이법문
是爲入不二法門

那羅延菩薩
⑫ 나라연보살이 말하였다.

나라연보살왈
那羅延菩薩曰

世間 出世間
"세간과 출세간은 둘이지만

세간출세간위이
世間出世間爲二

세간의 모습이 공함을 알면 곧 출세간으로

세간성공 즉시출세간
世間性空 卽是出世間

세간과 출세간 속에 들어가지도 나오지도 않고 넘치 지도 흩어지지도 않게 되나니

불입불출 불일불산
不入不出 不溢不散

이것으로 불이법문에 들어갑니다."

시위입불이법문
是爲入不二法門

善意菩薩
⑬ 선의보살이 말하였다.

선의보살왈
善意菩薩曰

生死 涅槃
"생사와 열반은 둘이지만

생사열반위이
生死涅槃爲二

無生死
생사의 본성이 무생사임을 보면 속박도 해탈도 없고

不生 不滅
불생이요 불멸임을 깨닫게 되나니

약견생사성 즉무생사 무박무해 불생불멸 여시해자
若見生死性 則無生死 無縛無解 不生不滅 如是解者

이것으로 불이법문에 들어갑니다."

시위입불이법문
是爲入不二法門

現見菩薩
⑭ 현견보살이 말하였다.

현견보살왈
現見菩薩曰

"다함〔盡〕과 다하지 않음〔不盡〕은 둘이지만　盡不盡爲二

법이 끝내 다하거나 다하지 않거나 모두가 다함이 없는 상이요　法若究竟盡 若不盡 皆是無盡相

다함이 없는 상은 곧 공이며　無盡相卽是空

공하면 다함과 다하지 않는 상이 있을 수 없나니　空則無有盡不盡相

이와 같이 깨달아서 불이법문에 들어갑니다."　如是入者 是爲入不二法門

⑮ 보수보살이 말하였다.　普守菩薩曰

"나〔我〕와 무아는 둘이지만　我無我爲二

나를 얻을 수 없는데 어찌 나 아닌 것을 얻을 수 있겠습니까?　我尙不可得 非我何可得

나의 실성을 보게 되면 나와 무아를 둘로 보지 않게 되나니　見我實性者 不可起二

이것으로 불이법문에 들어갑니다."　是爲入不二法門

⑯ 전천보살이 말하였다.　電天菩薩曰

"명과 무명은 둘이지만　明無明爲二

무명의 실성이 곧 명이요 그 명 또한 취할 수 없어서 일체의 헤아림을 떠나 평등무이해지나니

무명실성즉시명　명역불가취　이일절수　어기중　평등무이자
無明實性卽是明 明亦不可取 離一切數 於其中 平等無二者

이것으로 불이법문에 들어갑니다." 是爲入不二法門

⑰ 희견(喜見)보살이 말하였다. 喜見菩薩曰

"색(色)과 색(色)의 공(空)함은 둘이지만 色色空爲二

색이 곧 공이요 色卽是空

색이 멸하여 공이 되는 것이 아니라 색의 본성이 스스로 공한 것입니다. 非色滅空 色性自空

수(受)·상(想)·행(行)·식(識)과 식(識)의 공(空)함도 둘이지만 如是受想行識 識空爲二

식은 곧 공이라 식이 멸하여 공이 되는 것이 아니라 식의 본성이 스스로 공한 것입니다. 識卽是空 非識滅空 識性自空

이러한 이치를 통달하여 불이법문에 들어갑니다." 於其中而通達者 是爲入不二法門

⑱ 명상(明相)보살이 말하였다. 明相菩薩曰

"지·수·화·풍의 사대(四大)와 공대(空大)가 서로 달라 둘이지만 四種異空種異爲二

사대의 종성은 곧 공의 종성이요 四種性卽是空種性

과거〔前際〕와 미래〔後際〕가 다 공하기 때문에 현재〔中際〕

또한 공합니다.
如前際後際空故 中際亦空

이와 같은 여러 종성(種性)을 알아서 불이법문에 들어갑니다."
若能如是 知諸種性者 是爲入不二法門

⑲ 묘의보살(妙意菩薩)이 말하였다.
妙意菩薩曰

눈(眼)과 색(色)은 둘이지만
眼色爲二

눈의 본성을 알아서 색을 탐하지도 않고 성내지도 않고 어리석지도 않으면 그것을 적멸이라 하고
若知眼性 於色不貪不恚不癡 是名寂滅

귀와 소리, 코와 냄새, 혀와 맛, 몸과 촉감, 생각(意)과 법이 둘이지만
如是 耳聲 鼻香 舌味 身觸 意法爲二

생각 등의 본성을 알아서 법을 탐하지도 않고 성내지도 않고 어리석지도 않으면 그것이 적멸이라 하나니
若知意性 於法不貪不恚不癡 是名寂滅

이 적멸(寂滅)에 안주하여 불이법문에 들어갑니다."
安住其中 是爲入不二法門

⑳ 무진의보살(無盡意菩薩)이 말하였다.
無盡意菩薩曰

"보시(布施)와 일체지(一切智)로 회향(廻向)하는 것은 둘이지만
布施廻向一切智爲二

보시의 본성이 곧 일체지로 회향하는 본성입니다.

布施性 卽是廻向一切智性

이와 같이 지계·인욕·정진·선정·지혜와 일체지로 회향하는 것은 둘이지만

보 시 성 즉 시 회 향 일 체 지 성

如是 持戒 忍辱 精進 禪定 智慧 廻向一切智爲二

지혜 등의 본성이 곧 일체지로 회향하는 본성이니

지 혜 성 즉 시 회 향 일 절 지 성

智慧性 卽是廻向一切智性

이들이 하나(一相)임을 깨닫는 것으로 불이법문에 들어갑니다."

어 기 중 입 일 상 자 시 위 입 불 이 법 문

於其中入一相者 是爲入不二法門

㉑ 심혜(深慧)보살이 말하였다.

深慧菩薩曰

"공(空)과 무상(無相)과 무작(無作)은 둘(셋)이지만

是空 是無相 是無作 爲二

공이 곧 무상이요 무상이 곧 무작이니

시 공 시 무 상 시 무 작 위 이

공 즉 무 상 무 상 즉 무 작

空卽無相 無相卽無作

심 의 식

공이요 무상이요 무작이면 심(心)·의(意)·식(識)이 없게 되고 일(一)해탈문(解脫門)이 삼해탈문(三解脫門)(공·무상·무작해탈)이 되나니

약 공 무 상 무 작 즉 무 심 의 식 어 일 해 탈 문 즉 시 삼 해 탈 문 자

若空無相無作 則無心意識 於一解脫門 卽是三解脫門者

이것으로 불이법문에 들어갑니다."

是爲入不二法門

㉒ 적근(寂根)보살이 말하였다.

寂根菩薩曰

"불(佛)·법(法)·중(衆)(승가)은 둘(셋)지만

佛法衆爲二

불(佛)이 곧 법(法)이요 법(法)이 곧 중(衆)입니다.

佛卽是法 法卽是衆

이 삼보는 다 무위상이어서 허공과 같고 일체법 또한 그와 같나니 是三寶 皆無爲相 與虛空等 一切法亦爾

능히 이를 닦아 불이법문에 들어갑니다." 能隨此行者 是爲入不二法門

㉓ 심무애보살이 말하였다. 心無碍菩薩曰

몸〔身〕과 몸의 소멸〔身滅〕은 둘이지만 身身滅爲二

몸이 곧 몸의 소멸입니다. 身卽是身滅

왜냐하면 몸의 실상을 보는 이는 몸을 보았다거나 몸이 멸한다는 생각을 일으키지 아니하여 所以者何 見身實相者 不起見身及見滅身

몸과 몸의 소멸에 대해 둘이 없고 분별함이 없으며 그에 대해서 놀라거나 두려워하지도 않나니 身與滅身 無二無分別 其於中不驚不懼者

이것으로 불이법문에 들어갑니다." 是爲入不二法門

㉔ 상선보살이 말하였다. 上善菩薩曰

"신·구·의 삼업은 둘(셋)이지만 身口意業爲二

이 삼업은 모두 무작상(지음이 없는 상)으로 是三業 皆無作相

신의 무작상은 구의 무작상이요 구의 무작상은 의의 무작상이며 身無作相 卽口無作相 口無作相 卽意無作相

이 삼업의 무작상은 일체법의 무작상이니

시 삼 업 무 작 상 즉 일 체 법 무 작 상
是三業無作相卽一切法無作相

능히 이와 같은 무작의 지혜를 따라 불이법문에 들어갑니다."

능 여 시 수 무 작 혜 자 시 위 입 불 이 법 문
能如是隨無作慧者 是爲入不二法門

㉕ 복전(福田)보살(菩薩)이 말하였다.

복 전 보 살 왈
福田菩薩曰

"복행(福行)과 죄행(罪行)과 부동행(不動行)은 둘(셋)이지만

복 행 죄 행 부 동 행 위 이
福行罪行不動行爲二

세 가지 행의 실성은 곧 공(空)이요

삼 행 실 성 즉 시 공
三行實性卽是空

공이므로 복행도 죄행도 부동행도 없나니

공 즉 무 복 행 무 죄 행 무 부 동 행
空則 無福行 無罪行 無不動行

이 세 가지 행을 일으키지 않는 것으로 불이법문에 들어갑니다.

어 차 삼 행 이 불 기 자 시 위 입 불 이 법 문
於此三行 而不起者 是爲入不二法門

㉖ 화엄(華嚴)보살(菩薩)이 말하였다.

화 엄 보 살 왈
華嚴菩薩曰

나(我)를 좇아 두 법을 일으키면 둘이 되지만

종 아 기 이 위 이
從我起二爲二

나의 실상을 보면 두 가지 법이 일어나지 않습니다.

견 아 실 상 자 불 기 이 법
見我實相者 不起二法

만약 두 가지 법에 머무르지 않으면 식(識)도 없고 식의 대상도 없어지나니

약 불 주 이 법 즉 무 유 식 무 소 식 자
若不住二法 則無有識 無所識者

이것으로 불이법문에 들어갑니다."

시 위 입 불 이 법 문
是爲入不二法門

㉗ 덕장보살(德藏菩薩)이 말하였다.

德藏菩薩曰(덕장보살왈)

"얻는 바의 상이 있으면 둘이 되지만

有所得相爲二(유소득상위이)

얻는 바가 없으면 취함과 버림이 없게 되나니

若無所得 則無取捨(약무소득 즉무취사)

취함과 버림이 없는 이것으로 불이법문에 들어갑니다."

無取捨者 是爲入不二法門(무취사자 시위입불이법문)

㉘ 월상보살(月上菩薩)이 말하였다.

月上菩薩曰(월상보살왈)

"어둠(暗, 암)과 밝음(明, 명)은 둘이지만

暗與明爲二(암여명위이)

어둠이 없으면 밝음도 없어서 둘이 다 없게 됩니다.

無闇無明 則無有二(무암무명 즉무유이)

왜냐하면 멸수상정(滅受想定)(오온 중 수와 상이 멸한 선정)에 들면 어둠도 없고 밝음도 없으며 일체법상(一切法相) 또한 그와 같나니

所以者何 如入滅受想定 無暗無明 一切法相 亦復如是(소이자하 여입멸수상정 무암무명 일체법상 역복여시)

그 속의 평등에 들어감으로써 불이법문에 들어갑니다."

於其中平等入者 是爲入不二法門(어기중평등입자 시위입불이법문)

㉙ 보인수보살(寶印手菩薩)이 말하였다.

寶印手菩薩曰(보인수보살왈)

열반(涅槃)을 좋아함과 세간(世間)을 좋아하지 않음이 둘이지만

樂涅槃不樂世間爲二(낙열반불락세간위이)

열반도 좋아하지 아니하고 세간도 싫어하지 아니하면

둘이 다 없어집니다.

약불락열반 불염세간 즉무유이
若不樂涅槃 不厭世間 則無有二

무슨 까닭인가?

소이자하
所以者何

결박이 있으면 해탈이 있겠지만, 본래 결박됨이 없다면 누가 해탈을 바라겠습니까?

야유박즉유해 약본무박 기수구해
若有縛則有解 若本無縛 其誰求解

결박도 해탈도 없으면 좋아함도 싫어함도 없게 되나니

무박무해 즉무낙염
無縛無解 則無樂厭

이것으로 불이법문에 들어갑니다."

시위입불이법문
是爲入不二法門

㉚ 주정왕보살(珠頂王菩薩)이 말하였다.

주정왕보살왈
珠頂王菩薩曰

정도(正道)와 사도(邪道)는 둘이지만

정도사도위이
正道邪道爲二

정도에 머물러 있으면 사(邪)와 정(正)을 분별하지 않나니

주정도자 즉불분별시사시정
住正道者 則不分別是邪是正

이 두 가지를 떠나는 것으로 불이법문에 들어갑니다."

이차이자 시위입불이법문
離此二者 是爲入不二法門

㉛ 요실보살(樂實菩薩)이 말하였다.

요실보살왈
樂實菩薩曰

진실(實)과 거짓(不實)이 둘이지만

실부실위이
實不實爲二

진실을 보는 자는 진실도 오히려 보지 않거늘 하물며 진실 아닌 것이겠습니까?

실견자 상불견실 하황비실
實見者 尙不見實 何況非實

무슨 까닭인가?

소이자하
所以者何

이는 육안(肉眼)으로 볼 수 있는 바가 아니요 혜안(慧眼)이라야 능히 볼 수 있으며, 이 혜안은 본다 못 본다가 없기 때문이니

비육안소견 혜안내능견 이차혜안 무견무불견
非肉眼所見 慧眼乃能見 而此慧眼 無見無不見

이것으로 불이법문에 들어갑니다."

시위입불이법문
是爲入不二法門

이와 같이 제각기 설하여 마친 여러 보살들이 문수사리보살에게 물었다.

여시 제보살각각설이 문문수사리
如是 諸菩薩各各說已 問文殊師利

"보살님은 어떻게 불이법문에 들어갑니까?"

하등시보살입불이법문
何等是菩薩入不二法門

㉜ 문수사리(文殊師利)가 말하였다.

문수사리언
文殊師利言

"내 생각으로는 일체법에 대해 말이 없고 설할 것이 없고 보여줄 것이 없고 알 것이 없나니

여아의자 어일체법 무언 무설 무시 무식
如我意者 於一切法 無言 無說 無示 無識

모든 문답을 떠나는 것으로 불이법문에 들어감입니다."

이제문답 시위입불이법문
離諸問答 是爲入不二法門

이때 문수사리가 유마힐에게 물었다.

어시 문수사리문유마힐
於是 文殊師利問維摩詰

"우리들은 제각기 설하였으니, 어진이여 설하소서.

아등각자설이 인자당설
我等各自說已 仁者當說

어떻게 보살의 불이법문에 들어갑니까?"

하 등 시 보 살 입 불 이 법 문
何等是菩薩入不二法門

維 摩 詰
㉝ 유마힐은 침묵할 뿐 말이 없었다.

시 유 마 힐 묵 연 무 언
時維摩詰 默然無言

문수사리가 찬탄하였다.

문 수 사 리 탄 왈
文殊師利歎曰

"참으로 훌륭하십니다.

선 재 선 재
善哉 善哉

문자와 말과 설명, 그 모두가 없는 것이 참으로 불이법문에 들어감입니다."

내 지 무 유 문 자 언 어 시 진 입 불 이 법 문
乃至無有文字言語 是眞入不二法門

이와 같이 불이법문에 들어가는 법을 설할 때 대중들 속에 있던 5천 명의 보살들이 다 불이법문에 들어 무생법인을 얻었다.

설 시 입 불 이 법 문 품 시 어 차 중 중 오 천 보 살 개 입 불 이 법 문 득 무 생 법 인
說是入不二法門品時 於此衆中 五千菩薩 皆入不二法門 得無生法忍

제10 향적불품 香積佛品

향적불의 세계

1) 중향국과 향적여래

그때 사리불은 속으로 생각하였다. 於是 舍利弗心念

'식사할 때가 되어 가는데 이 많은 보살들이 무엇을 먹을 건가?' 식시욕지 차제보살 당어하식
食時欲至 此諸菩薩 當於何食

그러자 유마힐이 그의 생각을 알아차리고 말하였다.
시유마힐 지기의 이어언

時維摩詰 知其意 而語言

"부처님께서 설하신 팔해탈(八解脫)을 스님께서 전수받아 수행하고 계신데, 어찌 무엇을 먹을까 하는 잡된 생각을 하며 법을 듣는 것입니까?
불설팔해탈 인자수행 기잡욕식 이문법호

佛說八解脫 仁者受行 豈雜欲食 而聞法乎

먹고 싶어도 잠깐만 기다리십시오. 일찍이 맛보지 못한 음식을 드리겠습니다."
약욕식자 차대수유 당령여득미증유식

若欲食者 且待須臾 當令汝得未曾有食

그때 유마힐이 삼매에 들어 신통력으로 대중들에게 보여 준 것은

시유마힐 즉입삼매 이신통력 시제대중
時維摩詰 卽入三昧 以神通力 示諸大衆

상방으로 42항하사 불국도를 지닌 곳에 있는 중향국(衆香國)으로 현재 그 곳에는 향적(香積)이라는 부처님이 계셨다.

상방계분 과사십이항하사불토 유국명중향 불호향적 금현재
上方界分 過四十二恒河沙佛土 有國名衆香 佛號香積 今現在

그 나라의 향기는 시방 제불세계와 인간과 천인의 향기 중에서 가장 뛰어났다.

기국향기 비어시방제불세계인천지향 최위제일
其國香氣 比於十方諸佛世界人天之香 最爲第一

그 불국토에는 성문이나 벽지불은 없고 청정한 대보살들만이 있었으며

피토 무유성문벽지불명 유유청정대보살중
彼土 無有聲聞辟支佛名 唯有淸淨大菩薩衆

부처님께서는 그들을 위해 법을 설하셨다.

불위설법
佛爲說法

그 나라는 온통 향으로 누각을 지었고 걸어다니면 향기가 땅을 덮었으며, 숲과 동산은 향기로 가득 찼고 음식의 향기는 시방의 한량없는 세계까지 퍼져 나갔다.

기계일체
其界一切

개이향작누각 경행향지 원원개향 기식향기 주류시방무량세계
皆以香作樓閣 經行香地 苑園皆香 其食香氣 周流十方無量世界

그때 향적불이 보살들과 함께 앉아 식사를 하고 계셨는데

시피불여제보살 방공좌식
時彼佛與諸菩薩 方共坐食

하나같이 향엄(香嚴)이라는 이름을 가진 수많은 천자들이 모두 아뇩다라삼먁삼보리심을 내어 부처님과 보살들에게 공양을 올리는 광경을 이 세계의 대중 모두가

볼 수 있었다.
유제천자 개호향엄
有諸天子 皆號香嚴
실발아뇩다라삼먁삼보리심 공양피불 급제보살 차제대중 막불목견
悉發阿耨多羅三藐三菩提心 供養彼佛 及諸菩薩 此諸大衆 莫不目見

2) 화신보살의 활약

그때 유마힐이 보살들에게 물었다.
시유마힐 문중보살언
時維摩詰 問衆菩薩言
"그대들 중에 누가 가서 저 향적불의 음식을 가져오시렵니까?"
제인자 수능치피불반
諸仁者 誰能致彼佛飯
그러나 문수사리의 위신력 때문에 모두가 잠자코 있었으므로 유마힐이 말하였다.
이문수사리위신력고 함개묵연 유마힐언
以文殊師利威神力故 咸皆默然 維摩詰言
"문수사리여, 이 대중이 부끄럽지 않습니까?"
인 차대중 무내가치
仁 此大衆 無乃可恥
문수사리가 말하였다.
문수사리왈
文殊師利曰
"부처님께서 말씀하셨듯이 아직 공부가 덜 된 사람을 가벼이 여기면 안 됩니다."
여불소언 물경미학
如佛所言 勿輕未學
이에 유마힐이 자리에서 일어나지 않은 채로 대중들 앞에 보살 한 사람을 만들어 내었는데
어시 유마힐 불기우좌 거중회전 화작보살
於是 維摩詰 不起于座 居衆會前 化作菩薩
상호와 광명과 위덕의 빼어남은 그 모임의 어느 누구

도 따르지 못할 정도였다.
상호광명 위덕수승 폐어중회
相好光明 威德殊勝 蔽於衆會

유마힐이 화신보살에게 말하였다.
이고지왈
而告之曰

“그대는 상방으로 42항하사 분국도를 지난 곳에 있는 중향국으로 가서
여왕상방계 분도여사십이항하사불토 유국명중향
汝往上方界 分度如四十二恒河沙佛土 有國名衆香

지금 보살들과 함께 앉아 음식을 드시고 계시는 향적 여래께 내 인사말을 전하여라.
불호향적 여제보살 방공좌식 여왕도피 여아사왈
佛號香積 與諸菩薩 方共坐食 汝往到彼 如我詞曰

‘유마힐이 세존의 발 밑에 머리를 조아려 한없는 존경심으로 예배하옵니다. 지내시기는 어떠하신지요? 병과 괴로움은 없고 기력은 편안하신지요?
유마힐 계수세존족하 치경무량 문신기거 소병소뇌 기력안불
維摩詰 稽首世尊足下 致敬無量 問訊起居 少病少惱 氣力安不

바라옵건대 세존이시여, 잡수시고 남은 음식을 얻어 사바세계에다 불사(佛事)를 베풀어
원득세존소식지여 당어사바세계 시작불사
願得世尊所食之餘 當於娑婆世界 施作佛事

작은 법을 좋아하는 사람들에게 널리 대도를 얻게 하고, 여래의 명성을 두루 들을 수 있게 하고자 하옵니다.’”
영차요소법자 득홍대도 역사여래명성보문
令此樂小法者 得弘大道 亦使如來名聲普聞

화신보살이 대중들 앞에서 상방으로 올라가자 모두가 이를 지켜보았다.
시화보살 즉어회전 승어상방 거중개견
時化菩薩 卽於會前 昇於上方 擧衆皆見

화신보살은 중향세계에 이르러 향적불의 발에 예배하

고 이렇게 아뢰었다.

기 거 도 중 향 계　예 피 불 족　우 문 기 언
其去到衆香界 禮彼佛足 又聞其言

"유마힐이 세존의 발 밑에 머리를 조아려 한없는 존경심으로 예배하옵니다. 지내시기는 어떠하신지요? 병과 괴로움은 없고 기력은 편안하시온지요?

유 마 힐　계 수 세 존 족 하　지 경 무 량　문 순 기 거　소 병 소 뇌　기 력 안 불
維摩詰 稽首世尊足下 致敬無量 問詢起居 少病少惱 氣力安不

바라옵건대 세존이시여, 잡수시다 남은 음식을 얻어 사바세계에다 불사를 베풀고

원 득 세 존 소 식 지 여　욕 어 사 바 세 계　시 작 불 사
願得世尊所食之餘 欲於娑婆世界 施作佛事

작은 법을 좋아하는 그곳 사람들에게 널리 대도를 얻게 하고, 여래의 명성을 두루 들을 수 있게 하고자 하옵니다."

사 령 차 요 소 법 자　득 홍 대 도　역 사 여 래 명 성 보 문
使令此樂小法者 得弘大道 亦使如來名聲普聞

중향국의 보살들은 이 화신보살을 보고 미증유의 일이라며 찬탄한 다음

피 제 대 사　견 화 보 살　탄 미 증 유
彼諸大士 見化菩薩 歎未曾有

이 화신보살이 어디에서 왔고

금 차 상 인　종 하 소 래
今此上人 從何所來

사바세계가 어디에 있으며

사 바 세 계　위 재 하 허
娑婆世界 爲在何許

어떤 이가 작은 법을 좋아하는 자인지를 부처님께 여쭈었다.

운 하 명 위　요 소 법 자　즉 이 문 불
云何名爲 樂小法者 卽以問佛

향적불께서 이르셨다.

불 고 지 왈
佛告之曰

"저 아래쪽으로 42항하사 불국토를 지난 곳에 있는 세계의 이름이 사바세계요, 그곳의 부처님은 석가모니로

하 방　도 여 사 십 이 항 하 사 불 토　유 세 계 명 사 바　불 호 석 가 모 니
下方 度如四十二恒河沙佛土 有世界名娑婆 佛號釋迦牟尼

현재 오탁악세에서 작은 법을 좋아하는 중생들을 위해 올바른 길을 가르치고 계신다.

금현재 어오탁악세 위요소법중생 부연도교
今現在 於五濁惡世 爲樂小法衆生 敷演道教

그리고 그곳에 있는 유마힐이라는 보살이 불가사의한 해탈에 머물러 있으면서 보살들을 위해 법을 설하다가

피유보살 명유마힐 주불가사의해탈 위제보살설법
彼有菩薩 名維摩詰 住不可思議解脫 爲諸菩薩說法

화신보살을 보내어 내 이름을 칭송하고 이 불국토를 찬탄하여, 그곳 보살들의 공덕을 더욱 증대시키려 하고 있느니라."

고견화래 칭양아명 병찬차토 영피보살 증익공덕
故遣化來 稱揚我名 並讚此土 令彼菩薩 增益功德

중향국의 보살들이 여쭈었다.

피보살언
彼菩薩言

"유마힐은 이러한 화신보살을 만들어 낼만큼 덕력(德力)과 무외(無畏)(두려움 없음)와 신통력이 뛰어난 분입니까?"

기인 하여내작시화 덕력무외신족약사
其人 何如乃作是化 德力無畏神足若斯

향적불께서 이르셨다.

불언
佛言

"그의 힘은 매우 커서 시방의 모든 곳에 화신보살을 보내어 불사를 베풀고 중생들에게 큰 이익을 주느니라."

심대 일체시방 개견화왕 시작불사 요익중생
甚大 一切十方 皆遣化往 施作佛事 饒益衆生

그때 향적여래께서 향내 그윽한 바루에 향기로운 밥을 가득 채워 화신보살에게 주자

어시향적여래 이중향발 성만향반 여화보살
於是香積如來 以衆香鉢 盛滿香飯 與化菩薩

9백만 명의 보살이 함께 말하였다.

시피구백만보살 구발성언
時彼九百萬菩薩 俱發聲言

"저희도 사바세계에 가서 석가모니불께 공양을 올리고, 아울러 유마힐 등의 보살들을 뵙고자 합니다."

아욕예사바세계 공양석가모니불 병욕견유마힐등제보살중
我欲詣娑婆世界 供養釋迦牟尼佛 並欲見維摩詰等諸菩薩衆

향적불께서 이르셨다.

불언
佛言

"그래, 가거라. 하지만 너희 몸에서 나는 향기를 거두어, 그곳 중생들이 향기 때문에 혹하거나 애착하는 마음이 생기지 않도록 하여라.

가왕 섭여신향 무령피제중생 기혹착심
可往 攝汝身香 無令彼諸衆生 起惑着心

또 너희의 본래 모습을 버려서 아직 보살이 되지 못한 그 나라의 사람들로 하여금 부끄러운 생각을 품지 않게 하여라.

우당사여본형 물사피국구보살자 이자비치
又當捨汝本形 勿使彼國求菩薩者 而自鄙恥

또 너희는 그 나라에 대해 업신여기거나 장애가 된다는 생각을 하지 말아야 한다.

우여어피 막회경천 이작애상
又汝於彼 莫懷輕賤 而作碍想

왜냐하면 시방 국토 모두가 텅 빈 허공과 같기 때문이요

소이자하 시방국토 개여허공
所以者何 十方國土 皆如虛空

또 부처님들께서 저 작은 법을 즐기는 이들을 교화하기 위해 청정한 불국토를 다 보여 주지 않기 때문이다."

우제불위욕화제요소법자 부진현기청정토이
又諸佛爲欲化諸樂小法者 不盡現其淸淨土耳

그때 화신보살이 밥을 담은 바루를 받아 들고, 9백만의 보살과 함께 부처님의 위신력과 유마힐의 힘을 받

아

아　시화보살 기수발반 여피구백만보살구 승불위신 급유마힐력
時化菩薩 旣受鉢飯 與彼九百萬菩薩俱 承佛威神 及維摩詰力

중향세계에서 홀연히 몸을 감추더니 순식간에 유마힐의 집에 도착하였다. 어피세계 홀연불현 수유지간 지유마힐사

於彼世界 忽然不現 須臾之間 至維摩詰舍

그때 유마힐은 신통력으로 이전과 똑같은 9백만 개의 사자좌를 만들어 내었으며
시유마힐 즉화작구백만사자지좌 엄호여전

時維摩詰 卽化作九百萬師子之座 嚴好如前

중향국에서 온 보살들은 모두 그 사자좌 위에 앉았다.

諸菩薩 皆坐其上

3) 향적여래의 감로미 향반

그때 화신보살이 향기로운 밥이 가득찬 바루를 유마힐에게 바치자
시화보살 이만발향반 여유마힐

時化菩薩 以滿鉢香飯 與維摩詰

그 밥의 향기가 비야리성과 삼천대천세계로 퍼져 나갔다.
반향보훈 비야리성급삼천대천세계

飯香普薰 毘耶離城及三千大千世界

비야리성의 바라문과 거사 등은 이 향기를 맡고 몸과 마음이 상쾌하여져서 일찍이 없었던 일이라며 찬탄하였고 시 비야리바라문거사등 문시향기 신의쾌연 탄미증유

時 毘耶離婆羅門居士等 聞是香氣 身意快然 歎未曾有

장자의 우두머리인 월개(月蓋)는 8만 4천 명을 이끌고 유마힐의 집으로 찾아왔다.

어시 장자주월개 종팔만사천인 내입유마힐사
於是 長者主月蓋 從八萬四千人 來入維摩詰舍

그들은 그 집에 매우 많은 보살들이 높고 넓고 아름답기 그지없는 사자좌에 앉아 있는 것을 보고 크게 환희하여

견기실중 보살심다 제사자좌 고광엄호 개대환희
見其室中 菩薩甚多 諸獅子座 高廣嚴好 皆大歡喜

보살들과 대제자들에게 절하고 한쪽으로 가서 자리를 잡았다.

예중보살급대제자 각주일면
禮衆菩薩及大弟子 却住一面

이어 지신·허공신들과 욕계·색계의 천인들이 이 향기의 소문을 듣고 유마힐의 집으로 모여들었다.

제지신허공신급욕색계제천 문차향기 역개래입 유마힐사
諸地神虛空神及欲色界諸天 聞此香氣 亦皆來入 維摩詰舍

그때 유마힐이 사리불을 비롯한 대성문들에게 말하였다.

시유마힐 어사리불등제대성문
時維摩詰 語舍利弗等諸大聲聞

"스님들이여, 여래의 감로미 밥을 드십시오.

인자 가식여래감로미반
仁者 可食如來甘露味飯

대비의 향기가 스며 있지만 좋지 않은 생각을 품고 먹으면 소화가 되지 않습니다."

대비소훈 무이한의식지 사불소야
大悲所熏 無以限意食之 使不消也

그때 그릇된 성문 한 사람이 생각하였다.

유이성문념
有異聲聞念

"밥의 양이 이렇게 적은데 어떻게 이 많은 대중이 먹는단 말인가?"

시반소 이차대중인인당식
是飯少 而此大衆人人當食

화신보살이 말하였다.

화신보살왈
化身菩薩曰

"성문의 작은 덕과 작은 지혜로 여래의 무량한 복덕

과 지혜를 측량하지 마십시오.

물이성문소덕소지 측량여래무량복혜
勿以聲聞小德小智 稱量如來無量福慧

사해(四海)의 바닷물이 마를지언정 이 밥은 무궁무진합니다. 모든 사람이 다 먹고도 남음이 있습니다.

사해유갈 차반무진 사일체인식단
四海有竭 此飯無盡 使一切人食揣

수미산만한 크기로 일겁 동안을 먹을지라도 다하지 않습니다.

약수미 내지일겁 유불능진
若須彌 乃至一劫 猶不能盡

그 까닭이 무엇인가?

소이자하
所以者何

다함이 없는 계와 정과 지혜와 해탈과 해탈지견의 공덕을 구족한 이가 잡수시던 것이기 때문에 끝내 다하지 않습니다."

무진계정지혜해탈해탈지견 공덕구족자 소식지여 종불가진
無盡戒定智慧解脫解脫知見 功德具足者 所食之餘 終不可盡

마침내 대중들이 배부르게 먹었는데도 바루에는 여전히 밥이 그대로 남아 있었다.

어시발반 실포중회 유고부진
於是鉢飯 悉飽衆會 猶故不盡

보살과 성문과 천인 등 이 밥을 먹은 모든 이는 몸의 쾌락하기가 일체락장엄국(一切樂莊嚴國)에서 온 보살들과 같았다.

기제보살 성문천인 식차반자 신안쾌락 비여일체락장엄국제보살야
其諸菩薩 聲聞天人 食此飯者 身安快樂 譬如一切樂莊嚴國諸菩薩也

또 신체의 모공에서 풍겨 나오는 미묘한 향기는 중향국토의 나무들에서 풍겨 나오는 향기와 같았다.

우제모공 개출묘향 역여중향국토 제수지향
又諸毛孔 皆出妙香 亦如衆香國土 諸樹之香

4) 향적불과 석가모니불의 설법

그때 유마힐이 중향국의 보살들에게 물었다.

이시유마힐문 중향보살
爾時維摩詰問 衆香菩薩

"향적여래께서는 어떻게 설법하십니까?"

향적여래 이하설법
香積如來 以何說法

보살들이 대답했다.

피보살왈
彼菩薩曰

"우리 국토의 여래께서는 문자로 설법하지 않습니다.

아토여래 무문자설
我土如來 無文字說

다만 여러 가지 향기로써 천인들로 하여금 율행에 들게 하시고

단이중향 영제천인 득입율행
但以衆香 令諸天人 得入律行

보살들은 각각 향을 풍기는 나무 아래 앉아 그 묘향을 맡으면 일체덕장삼매(一切德藏三昧)를 얻게 되는데

보살 명명좌향수하 문사묘향 즉획일체덕장삼매
菩薩 各各坐香樹下 聞斯妙香 卽獲一切德藏三昧

이 삼매를 얻으면 보살이 지녀야 할 공덕들을 모두 갖추게 됩니다."

시득삼매자 보살소유공덕 개실구족
是得三昧者 菩薩所有功德 皆悉具足

중향국 보살들이 유마힐에게 물었다.

피제보살문유마힐
彼諸菩薩問維摩詰

"이곳의 세존 석가모니께서는 어떻게 설법하십니까?"

영세존석가모니 이하설법
令世尊釋迦牟尼 以何說法

유마힐이 말하였다.

유마힐언
維摩詰言

"이 땅의 중생들은 거칠고 고집이 세어서 교화하기가

어렵기 때문에

부처님께서도 거칠고 강한 어조로 이 중생들을 조복하시나니

차 토 중 생 강 강 난 화 고
此土衆生 剛强難化故

불 위 설 강 강 지 어 이 조 복 지 언
佛爲說 剛强之語 以調伏之言

① '이곳은 지옥이요 이곳은 축생도요 이곳은 아귀도요

시 지 옥 시 축 생 시 아 귀
是地獄 是畜生 是餓鬼

② 이곳은 팔난(八難)이 있는 곳이요 이곳은 어리석은 자가 태어나는 곳이다.

시 제 난 처 시 우 인 생 처
是諸難處 是愚人生處

③ 이것은 몸으로 짓는 삿된 행이요 이것은 그 사행의 과보이며

시 신 사 행 시 신 사 행 보
是身邪行 是身邪行報

④ 이것은 입으로 짓는 삿된 행이요 이것이 그 사행의 과보이며

시 구 사 행 시 구 사 행 보
是口邪行 是口邪行報

⑤ 이것은 생각으로 짓는 삿된 행이요 이것은 그 사행의 과보이다.

시 의 사 행 시 의 사 행 보
是意邪行 是意邪行報

⑥ 이것은 살생(殺生)이요 이것은 살생의 과보이며

시 살 생 시 살 생 보
是殺生 是殺生報

⑦ 이것이 불여취(不與取)(주지 않는데도 가지는 것. 도둑질)요 이것은 불여취의 과보이며

시 불 여 취 시 불 여 취 보
是不與取 是不與取報

⑧ 이것은 사음(邪婬)이요 이것은 사음의 과보이며

시 사 음 시 사 음 보
是邪婬 是邪婬報

⑨ 이것은 망어(妄語)요 이것이 망어의 과보이며

시 망 어 시 망 어 보
是妄語 是妄語報

兩 舌
⑩ 이것은 양설이요 이것은 양설의 과보이며

시 양 설 시 양 설 보
是兩舌 是兩舌報

惡 口
⑪ 이것은 악구요 이것은 악구의 과보이며

시 악 구 시 악 구 보
是惡口 是惡口報

無 義 語
⑫ 이것은 무의어(무의미한 말. 곧 기어)요 이것은 무의어의 과보이며

시 무 의 어 시 무 의 어 보
是無義語 是無義語報

탐 질
⑬ 이것은 탐욕과 질투〔貪嫉〕요 이것은 탐욕과 질투의 과보이며

시 탐 질 시 탐 질 보
是貪嫉 是貪嫉報

진 뇌
⑭ 이것은 분노와 고뇌〔瞋惱〕요 이것은 분노와 고뇌의 과보이며

시 진 뇌 시 진 뇌 보
是瞋惱 是瞋惱報

邪 見
⑮ 이것은 사견이요 이것은 사견의 과보이다

시 사 견 시 사 견 보
是邪見 是邪見報

간 린
⑯ 이것은 인색함〔慳吝〕이요 이것은 인색함의 과보이며

시 간 린 시 간 린 보
是慳吝 是慳吝報

훼 계
⑰ 이것은 파계〔毁戒〕요 이것은 파계의 과보이며

시 훼 계 시 훼 계 보
是毁戒 是毁戒報

진 에
⑱ 이것은 성냄〔瞋恚〕이요 이것은 성냄의 과보이며

시 진 에 시 진 에 보
是瞋恚 是瞋恚報

해 태
⑲ 이것은 게으름〔懈怠〕이요 이것은 게으름의 과보이며

시 해 태 시 해 태 보
是懈怠 是懈怠報

난 의
⑳ 이것은 마음의 산란함〔亂意〕이요 이것은 산란함의

과보이며 是亂意 是亂意報

㉑ 이것은 어리석음〔愚癡〕이요 이것은 어리석음의 과보이다 是愚癡 是愚癡報

㉒ 이것은 계를 맺음〔結戒〕이요 이것은 계를 지킴〔持戒〕이요 이것은 계를 범함〔犯戒〕이며 是結戒 是持戒 是犯戒

㉓ 이것은 마땅히 해야 할 일이요 이것은 해서는 안 되는 일이며 是應作 是不應作

㉔ 이것은 장애가 되는 일이요 이것은 장애가 되지 않는 일이며 是障碍 是不障碍

㉕ 이것은 죄를 얻는 일이요 이것은 죄를 떠나는 일이며 是得罪 是離罪

㉖ 이것은 깨끗함이요 이것은 더러움이며 是淨 是垢

㉗ 이것은 유루(有漏)요 이것은 무루(無漏)이며 是有漏 是無漏

㉘ 이것은 사도(邪道)요 이것은 정도(正道)이며 是邪道 是正道

㉙ 이것은 유위(有爲)요 이것은 무위(無爲)이며 是有爲 是無爲

㉚ 이것은 세간(世間)이요 이것은 열반(涅槃)이다'라고 설하십니다. 是世間 是涅槃

교화하기 어려운 사람들은 마음이 마치 원숭이들 같아서, 여러 가지 법으로 그 마음을 제어한 다음에야 조복(調伏)할 수 있습니다.

以難化之人 心如猿猴故 以若干種法 制御其心 乃可調伏

비유컨대 코끼리나 말처럼 사납고 다루기 힘든 것들은 채찍질을 하여 아픔이 뼛속까지 사무치게 하여야 비로소 길이 드는 것과 같습니다.

비여상마 농려부조 가제초독 내지철골 연후조복
譬如象馬 瀧悷不調 加諸楚毒 乃至徹骨 然後調伏

이와 같이 거칠고 고집이 센 중생들은 호되고 매운 말을 해주어야 율의律儀(바른 계율 바른 법) 속으로 들어올 수 있습니다."

여시 강강난화중생고 이일체고절지언 내가입율
如是 剛强難化衆生故 以一切苦切之言 乃可入律

중향국의 보살들은 이 말을 듣고 모두가 말하였다.

피제보살 문시설이 개왈
彼諸菩薩 聞是說已 皆曰

"일찍이 없었던 일입니다.

미증유야
未曾有也

석가모니 세존께서는 가지고 계신 무량하고 자재한 힘을 감추시고 가난한 이들이 좋아하는 법으로 중생 제도를 하여 해탈하게 하시며

여세존석가모니불 은기무량자재지력 내이빈소요법 도탈중생
如世尊釋迦牟尼佛 隱其無量自在之力 乃以貧所樂法 度脫衆生

보살들도 겸손하게 자신을 낮추고 무량한 대비로써 이 사바세계에 태어납니다."

사제보살 역능노겸 이무량대비 생시불토
斯諸菩薩 亦能勞謙 以無量大悲 生是佛土

5) 사바 보살의 열 가지 선법과 정토왕생의 인因

유마힐이 말하였다.

유마힐언
維摩詰言

“이 땅의 보살이 중생들을 어여삐 여기는 대비심의 견고함은 진실로 그대들이 말씀하신 바와 같으며

차토보살 어제중생 대비견고 성여소언
此土菩薩 於諸衆生 大悲堅固 誠如所言

그 보살들이 일생동안 중생을 이익되게 하는 것은 중향국 보살들이 백천 겁 동안 하는 것보다 많습니다.

연기일세 요익중생 다어피국백천겁행
然其一世 饒益衆生 多於彼國百千劫行

왜냐하면 다른 정토에 없는 열 가지 좋은 선법이 이 사바세계에 있기 때문입니다.

소이자하 차사바세계 유십사선법 제여정토지소무유
所以者何 此娑婆世界 有十事善法 諸餘淨土之所無有

무엇이 열 가지 좋은 법인가?

하등위십
何等爲十

布施 攝受
① 보시로써 가난한 이들을 섭수하고

이보시섭빈궁
以布施攝貧窮

淨戒
② 정계로써 부도덕한 이들을 섭수하고

이정계섭훼금
以淨戒攝毁禁

忍辱
③ 인욕으로 성내는 이들을 섭수하고

이인욕섭진에
以忍辱攝瞋恚

精進
④ 정진으로 게으른 이들을 섭수하고

이정진섭해태
以精進攝懈怠

禪定
⑤ 선정으로 마음 산란한 이들을 섭수하고

이선정섭난의
以禪定攝亂意

智慧
⑥ 지혜로 어리석은 이들을 섭수합니다.

이지혜섭우치
以智慧攝愚癡

難 八難
⑦ 난을 벗어나는 법을 가르쳐 팔난 속에 있는 이들을 제도하고

설제난법도팔난자
說除難法度八難者

⑧ 대승법(大乘法)으로 소승법을 좋아하는 이들을 제도하고

이 대 승 법 도 요 소 승 자
以大乘法度樂小乘者

⑨ 갖가지 선근(善根)으로 덕이 없는 이들을 제도하고

이 제 선 근 제 무 덕 자
以諸善根濟無德者

⑩ 항상 사섭법(四攝法)으로 중생들을 성취시키나니

상 이 사 섭 성 취 중 생
常以四攝成就衆生

이것이 열 가지 좋은 법입니다." 시 위 십 是爲十

중향국의 보살들이 물었다. 피 보 살 왈 彼菩薩曰

"보살이 어떠한 법을 성취하여야 이 세계에서 상처를 입지 않고 정토에 태어날 수 있습니까?"

보 살 성 취 기 법 어 차 세 계 행 무 창 우 생 우 정 토
菩薩成就幾法 於此世界 行無瘡疣 生于淨土

유마힐이 말하였다. 유 마 힐 언 維摩詰言

"보살이 여덟 가지 법〔팔법(八法)〕을 성취하면 이 세계에서 상처를 입지 않고 정토에 태어날 수 있습니다.

보 살 성 취 팔 법 어 차 세 계 행 무 창 우 생 우 정 토
菩薩成就八法 於此世界 行無瘡疣 生于淨土

무엇이 여덟 가지 법인가? 하 등 위 팔 何等爲八

① 중생을 이익되게 하되 보답을 바라지 않으며

요 익 중 생 이 불 망 보
饒益衆生 而不望報

② 일체중생을 대신해서 갖가지 고뇌를 받고 지은 바 공덕은 다 중생에게 베풀어 주며

대 일 체 중 생 수 제 번 뇌 소 작 공 덕 진 이 시 지
代一切衆生 受諸苦惱 所作功德 盡以施之

③ 중생들을 평등한 마음으로 겸손하고 걸림없이 대하며

등심중생 겸하무애
等心衆生 謙下無碍

④ 보살들을 부처님같이 보며

어제보살 시지여불
於諸菩薩 視之如佛

⑤ 아직 듣지 못한 경을 듣되 의심하지 않고 성문과 반목하지 않으며

소미문경 문지불의 불여성문 이상위배
所未聞經 聞之不疑 不與聲聞 而相違背

⑥ 남이 공양 받는 것에 대해 질투하지 않고 자기 이익에 교만하지 않으며

불질피홍 불고기리
不嫉彼供 不高己利

⑦ 일을 겪으면서 마음을 잘 조복하여 항상 자기 잘못을 반성할 뿐 남의 잘못을 탓하지 않으며

이어기중 조복기심 상성기과 불송피단
而於其中 調伏其心 常省己過 不訟彼短

⑧ 언제나 일심으로 모든 공덕을 구하는 것이니

항이일심 구제공덕
恒以一心 求諸功德

이것이 여덟 가지 법입니다."

시위팔법
是爲八法

유마힐이 문수사리 등의 대중들에게 이 법을 설하였을 때

유마힐 문수사리 어대중중 설시법시
維摩詰 文殊師利 於大衆中 說是法時

백천(百千)의 천인들이 아뇩다라삼먁삼보리심을 발하였고 십천(十千)의 보살들은 무생법인을 얻었다.

백천천인 개발아뇩다라삼먁삼보리심 십천보살 득무생법인
百千天人 皆發阿耨多羅三藐三菩提心 十千菩薩 得無生法忍

제11 보살행품 菩薩行品

보살의 수행

1) 부처님 계신 암라수 동산으로

그때 부처님께서는 암라수 동산에서 설법을 하고 계셨는데, 갑자기 땅이 넓어지고 장엄해졌으며 법회에 참여한 대중 모두가 황금빛을 발하였다.

_{시시불설법 어암라수원 기지홀연 광박엄사 일체중회 개작금색}

是時佛說法 於菴羅樹園 其地忽然 廣博嚴事 一切衆會 皆作金色

아난이 부처님께 아뢰었다. 阿難白佛言

"세존이시여, 무슨 인연으로 이와 같은 상서가 생겨난 것입니까? 世尊 以何因緣 有此瑞應

_{세존 이하인연 유차서응}

갑자기 이곳이 넓어지고 장엄해졌으며 대중들 모두가 금빛이 되었나이다." 是處忽然 廣博嚴事 一切衆會 皆作金色
_{시처홀연 광박엄사 일체중회 개작금색}

부처님께서 아난에게 이르셨다. 佛告阿難

"대중들의 공경(恭敬)을 받고 있는 유마힐과 문수사리가 이곳으로 오려 하기 때문에 이러한 상서가 먼저 생긴 것이니라."

시유마힐문수사리 여제대중 공경위요 발의욕래고 선위차서응
是維摩詰文殊師利 與諸大衆 恭敬圍繞 發意欲來故 先爲此瑞應

그때 유마힐이 문수사리에게 말하였다.

어시 유마힐어문수사리
於是 維摩詰語文殊師利

"저 보살들과 함께 부처님을 뵈옵고 예배와 공양을 드리는 것은 어떻겠습니까?"

가공견불 여제보살 예사공양
可共見佛 與諸菩薩 禮事供養

문수사리가 말하였다.

문수사리언
文殊師利言

"좋습니다. 가십시다. 지금이 바로 그때입니다."

선재 행의 금정시시
善哉 行矣 今正是時

그러자 유마힐이 곧 신통력으로 대중들과 사자좌를 오른쪽 손바닥 위에 올려놓고 부처님 계신 곳으로 가서 땅에 내려 놓았다.

유마힐 즉이신력 지제대중 병사자좌 치어우장 왕예불소 도이착지
維摩詰 卽以神力 持諸大衆 並師子座 置於右掌 往詣佛所 到已着地

유마힐은 부처님 발에 이마를 대어 절하고 부처님 주위를 오른쪽으로 일곱 바퀴 돈 다음 일심으로 합장하고 한쪽에 서 있었고

계수불족 우요칠잡 일심합장 재일면립
稽首佛足 右繞七匝 一心合掌 在一面立

보살들도 곧 자리에서 일어나 부처님 발에 이마를 대어 절하고 부처님 주위를 오른쪽으로 일곱 바퀴 돈 다음 한쪽에 가서 섰으며

기제보살 즉개피좌 계수불족 역요칠잡 어일면립
其諸菩薩 卽皆避座 稽首佛足 亦繞七匝 於一面立

모든 대제자와 제석천·대범천·사천왕 등도 모두 자

리에서 일어나 부처님 발에 이마를 대어 절하고 한쪽 에 가서 섰다.

제대제자 석범사천왕등 역개피좌 계수불족 재일면립
諸大弟子 釋梵四天王等 亦皆避座 稽首佛足 在一面立

세존께서 법대로 모든 보살들을 위로하고 자리로 돌아가 앉게 하자 모두가 분부대로 자리에 앉았다.

어시세존 여법위문제보살이 각령부좌 즉개수교 중좌이정
於是世尊 如法慰問諸菩薩已 各令復坐 卽皆受敎 衆坐已定

부처님께서 사리불에게 물었다.

불어사리불
佛語舍利弗

"그대는 유마힐 보살대사의 자재한 신통력을 보았느냐?"

여견보살대사 자재신력지소위호
汝見菩薩大士 自在神力之所爲乎

"예, 보았나이다."

유연 이견
唯然 已見

"그대 생각이 어떠하냐?"

여의문하
汝意云何

"세존이시여, 저는 그분이 불가사의함을 보았나이다. 정말 뜻밖이었고 헤아릴 수 없는 것이었나이다."

세존 아도기위불가사의 비의소도 비도소측
世尊 我覩其爲不可思議 非意所圖 非度所測

2) 향반의 효과

그때 아난이 부처님께 아뢰었다.

이시 아난백불언
爾時 阿難白佛言

"세존이시여, 지금 코에 와 닿는 향기는 일찍이 맡아보지 못한 것이옵니다.

세존 금소문향 자수미유
世尊 今所聞香 自昔未有

이것이 무슨 향기입니까?”

시 위 하 향
是爲何香

부처님께서 아난에게 이르셨다.

불 고 아 난
佛告阿難

“이 향기는 저 보살들의 털구멍에서 나오는 향기이니라.”

견 피 보 살 모 공 지 향
是彼菩薩 毛孔之香

그러자 사리불이 아난에게 말하였다.

어 시 사 리 불 어 아 난 언
於是 舍利弗語阿難言

“우리들의 털구멍에서도 그 향기가 나오고 있노라.”

아 등 모 공 역 출 시 향
我等毛孔 亦出是香

아난이 물었다.

아 난 언
阿難言

“이 향기는 어디에서 비롯된 것입니까?”

차 소 종 래
此所從來

“이 향기는 장자 유마힐이 중향국의 부처님께서 드시다 남은 밥을 가져오게 하였는데, 그 밥을 먹은 사람들의 털구멍에서 나오는 향기라오.”

왈 시 장 자 유 마 힐 종 중 향 국 취 불 여 반 어 사 식 자 일 체 모 공 개 향 약 차
曰 是長者維摩詰 從衆香國 取佛餘飯 於舍食者 一切毛孔 皆香若此

아난이 유마힐에게 여쭈었다.

아 난 문 유 마 힐
阿難問維摩詰

“이 향기는 얼마나 오랫동안 머물러 있습니까?”

시 향 기 주 당 구 여
是香氣 住當久如

유마힐이 말하였다.

유 마 힐 언
維摩詰言

“이 밥이 다 소화될 때까지 갑니다.”

지 차 반 소
至此飯消

“얼마나 지나야 다 소화가 됩니까?”

왈 차 반 구 여 당 소
曰 此飯久如當消

“이 밥의 기운은 7일 동안 계속된 다음에 사라집니다.

차반세력 지우칠일 연후내소
此飯勢力 至于七日 然後乃消

또 아난이여

우아난
又阿難

① 만약 성문들 중에서 정위(正位)(바른 자리)에 들어서지 못한 이가 이 밥을 먹었으면 정위에 들어선 뒤에야 그 기운이 사라지고

약성문인 미입정위 식차반자 득입정위 연후내소
若聲聞人 未入正位 食此飯者 得入正位 然後乃消

② 이미 정위에 들어선 이가 밥을 먹었으면 마음의 해탈을 얻은 뒤에야 이 기운이 사라집니다.

이입정위 식차반자 득심해탈 연후내소
已入正位 食此飯者 得心解脫 然後乃消

③ 아직 대승에 뜻을 발하지 않은 이가 이 밥을 먹었으면 대승의 뜻을 발한 뒤에야 이 기운이 사라지고

약미발대승의 식차반자 지발의내소
若未發大乘意 食此飯者 至發意乃消

④ 이미 대승에 뜻을 발한 이가 이 밥을 먹었으면 무생법인을 얻은 다음에야 이 기운이 사라지며

이발의 식차반자 득무생인 연후내소
已發意 食此飯者 得無生忍 然後乃消

⑤ 이미 무생법인을 얻은 이가 이 밥을 먹었다면 일생(一生)보처(補處)에 이르러서야 이 기운이 사라집니다.

이득무생인 식차반자 지일생보처 연후내소
已得無生忍 食此飯者 至一生補處 然後乃消

마치 상미(上味)라는 약을 먹으면 몸의 모든 독이 다 사라진 연후에야 약 기운이 사라지듯이

비여유약 명왈상미 기유복자 신제독멸 연후내소
譬如有藥 名曰上味 其有服者 身諸毒滅 然後乃消

이 밥도 모든 번뇌의 독을 다 없애고 난 연후에야 그

기운이 사라집니다." 　　차반여시　멸제일체제제번뇌독　연후내소
此飯如是　滅除一切諸煩惱毒　然後乃消

3) 불사佛事

아난이 부처님께 아뢰었다. 　　　　아난백불언
阿難白佛言
"정말 드문 일입니다, 세존이시여. 향반이 능히 큰 불
사를 짓고 있으니!" 　　미증유야　세존　여차향반　능작불사
未曾有也　世尊　如此香飯　能作佛事
부처님께서 이르셨다. 　　　　불언
佛言
"그러하고 그러하다, 아난아. 어떤 불국토에서는

　　　　여시　여시　아난　혹유불토
如是　如是　阿難　或有佛土

① 부처님의 광명으로 불사를 짓고 　이불광명　이작불사
以佛光明　而作佛事
② 보살들로써 불사를 짓고 　유이제보살　이작불사
有以諸菩薩　而作佛事
③ 부처님이 만든 화인化人(변화하여 온 사람)으로써 불사를 짓고

　　유이불소화인　이작불사
有以佛所化人　而作佛事
④ 보리수로써 불사를 짓고 　유이보살수　이작불사
有以菩提樹　而作佛事
⑤ 부처님의 의복과 와구臥具로써 불사를 짓고

　　유이불의복와구　이작불사
有以佛衣服臥具　而作佛事
⑥ 음식으로 불사를 짓고 　유이반식　이작불사
有以飯食　而作佛事
⑦ 원림園林(수행처)과 대관臺觀(높고 큰 전각)으로써 불사를 짓고

　　유이원림대관　이작불사
有以園林臺觀　而作佛事

⑧ 삼십이상 팔십종호로써 불사를 짓고

유 이 삼 천 이 상 십 팔 수 형 호 　이 작 불 사
有以三十二相八十隨形好 而作佛事

⑨ 부처님 몸으로써 불사를 짓고

유 이 불 신 　이 작 불 사
有以佛身 而作佛事

⑩ 허공으로써 불사를 짓나니

유 이 허 공 　이 작 불 사
有以虛空 而作佛事

중생들은 이런 인연으로 율행(律行)에 들어가느니라.

중 생 　응 이 차 연 　득 입 율 행
衆生 應以此緣 得入律行

⑪ 꿈·허깨비·그림자·산울림, 거울 속의 영상, 물에 비친 달, 더운 땅의 아지랑이 등의 비유를 들어 불사를 짓고

유 이 몽 　환 　영 　향 　경 중 상 　수 중 월 　열 시 염 　여 시 등 유 　이 작 불 사
有以夢 幻 影 響 鏡中像 水中月 熱時炎 如是等喩 而作佛事

⑫ 음성·언어·문자로써 불사를 짓고

유 이 음 성 어 언 문 자 　이 작 불 사
有以音聲語言文字 而作佛事

⑬ 어떤 청정한 불국토에서는 적막하여 말이 없고〔無言(무언)〕 설함이 없고〔無說(무설)〕 보여줌이 없고〔無示(무시)〕 식별함이 없고〔無識(무식)〕 지음이 없고〔無作(무작)〕 함이 없는〔無爲(무위)〕 것으로써 불사를 짓느니라.

혹 유 청 정 불 토 　적 막 무 언 　무 설 　무 시 　무 식 　무 작 　무 위 　이 작 불 사
或有淸淨佛土 寂寞無言 無說 無示 無識 無作 無爲 而作佛事

이와 같이 아난아, 부처님들의 위의(威儀)와 나아가고 멈추고 베푸는 모두가 불사 아님이 없느니라.

여 시 　아 난 　제 불 위 의 진 지 　제 소 시 위 　무 비 불 사
如是 阿難 諸佛威儀進止 諸所施爲 無非佛事

아난아, 이곳에는 사마(四魔)(음마·번뇌마 사마·천마)가 일으키는 8만4천 가

지 번뇌문(煩惱門)이 있기 때문에 중생은 피곤함을 느끼지만

아난 유차사마 팔만사천제번뇌문 이제중생 위지피로
阿難 有此四魔 八萬四千諸煩惱門 而諸衆生 爲之疲勞

부처님들은 이 법으로써 불사를 짓나니 이를 일러 입(入) 일체제불법문(一切諸佛法門)이라고 하느니라.

제불 즉이차법 이작불사 시명입일체제불법문
諸佛 卽以此法 而作佛事 是名入一切諸佛法門

보살로서 이 법의 문에 들어간 이는 일체 청정하고 좋은 불국토를 보아도 기뻐하거나 탐내거나 교만해지지 않고

보살입차문자 약견일체정호불토 불이위희 불식불고
菩薩入此門者 若見一切淨好佛土 不以爲喜 不貪不高

일체 부정(不淨)한 불국토를 보아도 걱정을 하거나 마음에 걸리거나 의기소침하는 일이 없나니

약견일체부정불토 불이위우 불애불몰
若見一切不淨佛土 不以爲憂 不碍不沒

오로지 모든 부처님에 대해 청정심을 일으켜 환희공경하고 미증유한 일이라고 할 뿐이니라.

단어제불 생청정심 환희공경 미증유야
但於諸佛 生淸淨心 歡喜恭敬 未曾有也

제불여래의 공덕은 평등하지만 근기가 다른 중생들을 교화하기 위해 불국토가 같지 않음을 보이는 것이니라.

제불여래 공덕평등 위화중생고 이현불토부동
諸佛如來 功德平等 爲化衆生故 而現佛土不同

아난아, 네가 본 불국토의 땅들이 제각기 다른 차이를 보이지만 허공은 차이를 보이지 않듯이

아난 여견제불국토 지유약간 이허공 무약간야
阿難 汝見諸佛國土 地有若干 而虛空 無若干也

부처님들의 색신을 보면 다소 차이가 있지만 무애한

지혜는 차이가 없느니라.

여시 견제불색신 유약간이 기무애혜 무약간야

如是 見諸佛色身 有若干耳 其無碍慧 無若干也

4) 부처님의 평등과 불가사의

아난아, 모든 부처님은 색신·위상·종성·계·정·지혜·해탈·해탈지견 阿難 諸佛 色身威相種性 戒定智慧解脫解脫知見 십력·사무소외·십팔불공법·대자대비·위의소행과 수명·설법교화·성취중생
十力 四無所畏 十八不共法 大慈大悲 威儀所行

力無所畏不共之法 大慈大悲 威儀所行 及其壽命 說法敎化 成就衆生

불국토를 청정하게 하는 일과 모든 불법을 갖추고 있는 점 등이 다 동등하기 때문에 淨佛國土 具諸佛法 悉皆平等

정불국토 구제불법 실개평등

삼먁삼불타(정변지)라 하고 다타아가탁(여래)이라 하고 불타라고 이름하느니라.

시고 명위삼먁삼불타 명위다타아가탁 명위불타

是故 名爲三藐三佛陀 名爲多陀阿伽度 名爲佛陀

아난아, 내가 이 세 가지 명칭의 뜻을 자세히 설명하게 되면, 네가 아주 오랫동안 산다 할지라도 다 받아들이지 못하고 阿難 若我廣說 此三句義 汝以劫壽 不能盡受

아 난 약아광설 차삼구의 여이겁수 불능진수

삼천대천세계에 가득한 중생들 모두가 아난과 같이 다문제일이요 좋은 기억력을 지니고 있고 그들이 아

주 오래 산다고 할지라도 다 받아들이지 못하느니라.

정사삼천대천세계
正使三千大千世界

만중중생 개여아난다문제일 득념총지 차제인등 이겁지수 역불능수
滿中衆生 皆如阿難多聞第一 得念總持 此諸人等 以劫之壽 亦不能受

이와 같이 아난아

여시 아난
如是 阿難

제불의 아뇩다라삼먁삼보리는 한량이 없고 그 지혜와 변재는 불가사의한 것이니라."

제불아뇩다라삼먁삼보리 무유한량 지혜변재 불가사의
諸佛阿耨多羅三藐三菩提 無有限量 智慧辯才 不可思議

5) 성문과 보살의 차이

아난이 부처님께 아뢰었다.

아난백불언
阿難白佛言

"저는 이제부터 감히 스스로 '다문(多聞, 많이 들었다)'이라 말하지 않겠나이다."

아종금이왕 불감자위이위다문
我從今已往 不敢自謂以爲多聞

부처님께서 아난에게 이르셨다.

불고아난
佛告阿難

"그렇게 물러나겠다는 생각을 일으키지 말아라.

물기퇴의
勿起退意

무슨 까닭인가?

소이자하
所以者何

내가 너를 성문들 가운데에서 다문제일이라 한 것이지, 보살까지 일컬어 그렇다는 것이 아니었기 때문이다

아설여어성문중위최다문 비위보살
我說汝於聲聞中爲最多聞 非謂菩薩

아서라, 아난아.

<ruby>且止<rt>저 지</rt></ruby> <ruby>阿難<rt>아 난</rt></ruby>

지혜 있는 사람은 보살의 능력을 함부로 헤아리지 않나니

<ruby>其有智者<rt>기 유 지 자</rt></ruby> <ruby>不應限量諸菩薩也<rt>불 응 한 량 제 보 살 야</rt></ruby>

모든 바다의 깊이는 측량할지라도 보살의 선정과 지혜와 총지와 변재와 일체 공덕은 가히 측량할 수 없느니라.

<ruby>一切海淵<rt>일 체 해 연</rt></ruby> <ruby>尙可測量<rt>상 가 측 량</rt></ruby> <ruby>菩薩<rt>보 살</rt></ruby> <ruby>禪定智慧<rt>선 정 지 혜</rt></ruby> <ruby>總持辨才<rt>총 지 변 재</rt></ruby> <ruby>一切功德<rt>일 체 공 덕</rt></ruby> <ruby>不可量也<rt>불 가 량 야</rt></ruby>

아난아, 너희는 보살들의 하는 일은 그만두고라도

<ruby>阿難<rt>아 난</rt></ruby> <ruby>汝等<rt>여 등</rt></ruby> <ruby>捨置菩薩所行<rt>사 치 보 살 소 행</rt></ruby>

이 유마힐이 한 번에 나타내는 신통력을 모든 성문과 벽지불이 백천 겁 동안 힘을 다해 변화시키려 할지라도 결코 이룰 수가 없느니라."

<ruby>是維<rt>시 유</rt></ruby>

<ruby>摩詰<rt>마 힐</rt></ruby> <ruby>一時所現<rt>일 시 소 현</rt></ruby> <ruby>神通之力<rt>신 통 지 력</rt></ruby> <ruby>一切聲聞辟支佛<rt>일 체 성 문 벽 지 불</rt></ruby> <ruby>於百千劫<rt>어 백 천 겁</rt></ruby> <ruby>盡力變化<rt>진 력 변 화</rt></ruby> <ruby>所不能作<rt>소 불 능 작</rt></ruby>

6) 다함과 다함 없는 해탈법문

그때 중향세계에서 온 보살들이 합장하고 부처님께 아뢰었다.

<ruby>爾時<rt>이 시</rt></ruby> <ruby>衆香世界<rt>중 향 세 계</rt></ruby> <ruby>菩薩來者<rt>보 살 내 자</rt></ruby> <ruby>合掌白佛言<rt>합 장 백 불 언</rt></ruby>

"세존이시여, 저희들은 처음 사바세계를 보았을 때 이 세계에 대해 보잘것없다는 생각을 하였는데

세존 아등초견차토 생하열상
世尊 我等初見此土 生下劣想

지금은 자책하고 뉘우치면서 그와 같은 생각을 버렸나이다.

금자회책 사이시심
今自悔責 捨離是心

그 까닭이 무엇인가?

소이자하
所以者何

부처님들의 방편은 불가사의하여

제불방편 불가사의
諸佛方便 不可思議

중생을 제도하기 위해 그들에게 맞추어서 여러 가지 불국토를 나타낸다는 것을 알았기 때문입니다.

위도중생고 수기소응 현불국이
爲度衆生故 隨其所應 現佛國異

오직 바라옵건대 세존이시여.

유연 세존
唯然 世尊

저희들에게 조그마한 가르침을 내려 주시어, 저희 나라로 돌아가서도 여래를 항상 기억할 수 있게 하옵소서."

원사소법 환어피토 당념여래
願賜小法 還於彼土 當念如來

부처님께서 보살들에게 이르셨다.

불고제보살
佛告諸菩薩

"다함(盡, 진)과 다함이 없는(無盡, 무진) 해탈법문이 있나니 그대들이 배워야 한다.

유진무진해탈법문 여등당학
有盡無盡解脫法門 汝等當學

무엇이 다함의 법인가? 유위법(有爲法, 함이 있는 법)이 그것이요

하위위진 위유위법
何謂爲盡 謂有爲法

무엇이 다함없는 법인가? 무위법(無爲法, 함이 없는 법)이 그것이니

하위무진 위무위법
何謂無盡 謂無爲法

보살은 유위법을 없애어서도 안 되고 무위법에 머물

러서도 안 되느니라. 如菩薩者 不盡有爲 不住無爲

여 보 살 자　불 진 유 위　불 주 무 위

유위법을 없애어서도 안 된다는 것은 무엇을 말함인가? 何謂不盡有爲

① 대자(大慈)를 떠나지 않고 대비(大悲)를 버리지 않는 것이요 謂不離大慈 不捨大悲

② 모든 지혜를 얻겠다는 마음을 깊이 낸 다음에 잊지를 않으며 深發一切智心 而不忽忘

③ 중생을 교화하되 끝까지 싫증을 내거나 게을리 하지 않으며 教化衆生 終不厭倦

④ 사섭법(四攝法)을 늘 잊지 않고 실천하며 於四攝法 常念順行

⑤ 정법(正法)을 지킴에 있어 목숨도 아끼지 않으며 護持正法 不惜身命

⑥ 선근들을 심을 때 피로함이나 싫증을 느끼지 않으며 種諸善根 無有疲厭

⑦ 항상 뜻을 방편과 회향에 두며 志常安住 方便廻向

⑧ 법을 구하는 데 태만하지 않고 법을 설하는 데 인색하지 않으며 求法不懈 說法無悋

⑨ 부지런히 부처님들께 공양하는 것이니라. 勤供諸佛

⑩ 그러므로 생사 속에 들어가도 두려워함이 없으며 故入生死 而無所畏

⑪ 영화로움과 욕됨에 대해 근심하거나 기뻐함이 없으며

어제영욕 심무우희
於諸榮辱 心無憂喜

⑫ 못배운 이를 업신여기지 않고 배운 이를 부처님 같이 존경하며

불경미학 경학여불
不輕未學 敬學如佛

⑬ 번뇌 속에 빠져 있는 이에게 바른 생각을 가지게 하며

타번뇌자 영발정념
墮煩惱者 令發正念

⑭ 번뇌에서 멀리 떠나는 즐거움을 귀하게 여기지 않으며

어원이악 불이위귀
於遠離樂 不以爲貴

⑮ 나의 즐거움에는 집착하지 않고 다른 이의 즐거움은 좋아하느니라.

불착기락 경어피락
不着己樂 慶於彼樂

⑯ 형식적인 선정에 빠지는 것을 지옥에 있는 것처럼 생각하며

재제선정 여지옥상
在諸禪定 如地獄想

⑰ 생사 속에 있는 것을 꽃동산에서 노니는 것처럼 생각하며

어생사중 여원관상
於生死中 如園觀想

⑱ 와서 구하는 이를 보면 그를 선지식처럼 생각하며

견래구자 위선사상
見來求者 爲善師想

⑲ 가진 것들을 놓아버려서 일체지(一切智)를 갖추겠다고 생각하며

사제소유 구일체지상
捨諸所有 具一切智想

⑳ 계율 어기는 이를 보면 구호하겠다고 생각하며

견훼계자 기구호상
見毁戒者 起救護想

㉑ 바라밀들을 부모님과 같이 생각하며

제바라밀 위부모상
諸波羅蜜 爲父母想

三十七道品
㉒ 삼십칠도품을 한 집안 식구 같이 생각해야 하느니라.

도품지법 위권속상
道品之法 爲眷屬想

㉓ 선근을 발하고 행함에는 제한이 없고

발행선근 무유제한
發行善根 無有齊限

㉔ 모든 정토에 장엄되어 있는 것을 자기 불국토에도 완성하며

이제정국 엄식지사 성기불토
以諸淨國 嚴飾之事 成己佛土

㉕ 무한한 보시를 행하여 32상 80종호를 구족하며

행무한시 구족상호
行無限施 具足相好

㉖ 모든 악을 제거하여 신·구·의 삼업을 청정하게 하며

제일체악 정신구의
除一切惡 淨身口意

㉗ 생사가 한이 없더라도 용맹한 뜻을 잃지 않으며

생사무수겁 의이유용
生死無數劫 意而有勇

㉘ 한량없는 부처님의 공덕을 듣고 의지를 더욱 굳게 가지며

문불무량덕 지이불권
聞佛無量德 志而不倦

㉙ 지혜의 칼로써 번뇌의 적을 무찌르며

이지혜검 파번뇌적
以智慧劍 破煩惱賊

五陰 十八界 十二入
㉚ 오음·십팔계·십이입에서 중생을 업고 나와 영원히 해탈케 하며

출음계입 하부중생 영사해탈
出陰界入 荷負衆生 永使解脫

魔軍
㉛ 대정진으로 마군을 꺾어 항복받으며

이대정진 최복마군
以大精進 摧伏魔軍

㉜ 항상 무념으로 실상의 지혜를 구해야 하느니라

상구무념 실상지혜
常求無念 實相智慧

㉝ 세간법을 행할 때는 욕심을 적게 하고 만족을 알며

행어세간법 소욕지족
行於世間法 少欲知足

㉞ 출세간법을 구할 때는 싫증냄이 없고 세간법을 버리지 않으며

어출세간 구지무염 이불사세간법
於出世間 求之無厭 而不捨世間法

㉟ 위의법(威儀法)을 손상함이 없이 세속을 잘 따르며

불괴위의법 이능수속
不壞威儀法 而能隨俗

㊱ 신통력과 지혜를 일으켜 중생을 인도하며

기신통혜 인도중생
起神通慧 引導衆生

㊲ 총지(總持)(다라니)를 얻어 들은 바를 잊지 않으며

득념총지 소문불망
得念總持 所聞不忘

㊳ 근기(根機)들을 잘 분별하여 중생의 의심을 끊어주며

선별제근 단중생의
善別諸根 斷衆生疑

㊴ 요설변재(樂說辯才)(이익을 주고 진리를 깨우쳐 주는 빼어난 말솜씨)로 법을 걸림없이 설하며

이요설변 연법무애
以樂說辯 演法無碍

㊵ 십선도(十善道)를 잘 닦아 천인의 복을 누리며

정십선도 수천인복
淨十善道 受天人福

㊶ 사무량심(四無量心)을 닦아 범천의 길을 열며

수사무량 개범천도
修四無量 開梵天道

㊷ 부처님께 설법을 청하고 선행을 수희하고 찬탄하여 부처님의 음성 얻으며

권청설법 수희찬선 득불음성
勸請說法 隨喜讚善 得佛音聲

㊸ 신·구·의 삼업의 선행으로 부처님의 위의를 얻으며
身口意善 得佛威儀

㊹ 선한 법을 깊이 닦아 수승한 덕행을 이루며
深修善法 所行轉勝

㊺ 대승의 가르침으로써 보살승가(菩薩僧伽)를 이루며
以大乘敎 成菩薩僧

㊻ 마음에 방일함이 없고 모든 선을 잃지 않나니
心無放逸 不失衆善

이러한 법의 행함을 이름하여 보살의 부진유위(不盡有爲)(유위법을 없애지 않음)라 하느니라.
行如此法 是名菩薩 不盡有爲

보살이 '무위법에 머무르지 않는다(不住無爲)' 함은 무엇인가?
何謂菩薩不住無爲

① 보살은 공(空)을 배우고 닦으면서도 공을 증득해야 할 것으로 삼지 않으며
謂修學空 不以空爲證

② 무상(無相)과 무작(無作)을 닦으면서도 무상과 무작을 증득해야 할 것으로 삼지 않으며
修學無相無作 不以無相無作爲證

③ 무기(無起)(일어남이 없음)를 닦으면서도 무기를 증득해야 할 것으로 삼지 않는다.
修學無起 不以無起爲證

④ 무상(無常)함을 관하면서도 선(善)의 뿌리를 마다하지 않으

며

관어무상 이불염선본
觀於無常 而不厭善本

⑤ 세간을 고(苦)로 관하면서도 생사를 싫어하지 않으며

관세간고 이불오생사
觀世間苦 而不惡生死

⑥ 무아(無我)를 관하면서도 사람들을 저버리지 않으며

관어무아 이회인불권
觀於無我 而誨人不倦

⑦ 적멸(寂滅)을 관하면서도 그 적멸 속에 영영 떨어지지 않으며

관어적멸 이불영적멸
觀於寂滅 而不永寂滅

⑧ 멀리 떠남〔원리(遠離)〕을 관하면서도 몸과 마음으로 선을 닦으며

관어원리 이신심수선
觀於遠離 而身心修善

⑨ 돌아갈 바 없음〔무소귀(無所歸)〕을 관하면서도 선법으로 돌아가며

관무소귀 이귀취선법
觀無所歸 而歸趣善法

⑩ 생함이 없음〔무생(無生)〕을 관하면서도 생(生)의 법으로 일체 중생을 짊어지며

관어무생 이이생법 하부일체
觀於無生 而以生法 荷負一切

⑪ 무루(無漏)임을 관하면서도 누(漏)(번뇌)를 끊지 않으며

관어무루 이부단제루
觀於無漏 而不斷諸漏

⑫ 행하는 바 없음을 관하면서도 행함의 법〔행법(行法)〕으로 중생을 교화하며

관무소행 이이행법 교화중생
觀無所行 而以行法 敎化衆生

⑬ 공(空)이요 무(無)임을 관하면서도 대비심을 버리지 않으며

관어공무 이불사대비
觀於空無 而不捨大悲

⑭ 정법의 자리를 관하면서도 소승을 따라가지 않으며

관정법위 이불수소승
觀正法位 而不隨小乘

⑮ 모든 것이 허망하여 견고함이 없고 인(人)도 없고 주(主)도 없고 상(相)도 없음을 관하면서도 본원(本願)이 만족되지 못하였기에 복덕과 선정과 지혜를 허망하게 여기지 않나니

觀諸法虛妄 無牢無人無主無相 本願未滿 而不虛福德禪定智慧

이와 같은 법을 닦는 것을 보살의 '무위법에 주하지 않음〔不住無爲〕'이라고 하느니라. 修如此法 是名菩薩不住無爲

① 또 보살은 복덕을 갖추었기 때문에 무위법에 머무르지 아니하며 又具福德故 不住無爲

② 지혜를 갖추었기 때문에 유위법을 없애지 않으며

具智慧故 不盡有爲

③ 대자대비하기 때문에 무위법에 머무르지 않으며

大慈悲故 不住無爲

④ 본원에 만족하기 때문에 유위법을 파괴하지 않으며

滿本願故 不盡有爲

⑤ 법약(法藥)을 모으기 때문에 무위법에 머무르지 않으며

集法藥故 不住無爲

⑥ 법약(法藥)을 나누어주기 때문에 유위법을 파괴하지 않으며 隨授藥故 不盡有爲

⑦ 중생의 병을 알기 때문에 무위법에 머무르지 않으

며

지 중 생 병 고 부 주 무 위
知衆生病故 不住無爲

⑧ 중생의 병을 없애 주기 때문에 유위법을 파괴하지 않느니라.

멸 중 생 병 고 부 진 유 위
滅衆生病故 不盡有爲

올바른 보살들은 이러한 법을 실천함으로써 유위법을 파괴하지도 않고 무위법에 머무르지도 아니하나니

제 정 사 보 살 이 수 차 법 부 진 유 위 부 주 무 위
諸正士菩薩 已修此法 不盡有爲 不住無爲

盡 無盡解脫法門
이를 일러 진·무진해탈법문이라고 이름하노라.

시 명 진 무 진 해 탈 법 문
是名盡無盡解脫法門

너희는 마땅히 이 법을 배울지어다."

여 등 당 학
汝等當學

그때 중향국 보살들은 이 법문을 듣고 크게 환희하여

이 시 피 제 보 살 문 설 시 법 개 대 환 희
爾時 彼諸菩薩 聞說是法 皆大歡喜

아름다운 빛깔과 향기가 있는 갖가지 꽃들을 삼천대천세계에 두루 뿌려

이 중 묘 화 약 간 종 색 약 간 종 향 변 산 삼 천 대 천 세 계
以衆妙華 若干種色 若干種香 遍散三千大千世界

經法
부처님과 이 경법과 보살들에게 공양한 다음

공 양 어 불 급 차 경 법 병 제 보 살 이
供養於佛及此經法 幷諸菩薩已

부처님 발에 머리 숙여 예배하고 '일찍이 듣지 못한 바'라고 하면서 찬탄하였다.

계 수 불 족 탄 미 증 유 언
稽首佛足 歎未曾有言

"석가모니불께서 참으로 훌륭한 선행방편을 보여주셨도다."

석 가 모 니 불 내 능 어 차 선 행 방 편
釋迦牟尼佛 乃能於此善行方便

말을 마친 중향국 보살들은 홀연히 사라져 그들의
나라로 돌아갔다.

언이 홀연불현 환도본국
言已 忽然不現 還到本國

제12 견아촉불품 見阿閦佛品

아촉불을 친견함

※제목에는 아촉불이라 하였는데 본문에는 무동여래無動如來라 하여 혼돈을 일으킬 수 있으나, 아촉불은 범어 Aksobhya를 음역한 것이고, '움직이지 않는다'는 뜻을 지닌 무동은 뜻으로 번역한 것이므로 다른 분이 아님을 밝혀둔다.

1) 여래를 어떻게 관할 것인가

그때 세존께서 유마힐에게 물었다. 爾時 世尊問維摩詰(이시 세존문유마힐)

"그대는 여래를 보고자 하였다. 汝欲見如來(여욕견여래)

어떻게 여래를 관하고 있느냐?" 爲以何等觀如來乎(위이하등관여래호)

유마힐이 아뢰었다. 維摩詰言(유마힐언)

"마치 제 몸의 실상實相을 보듯이 부처님을 관합니다.

如自觀身實相 觀佛亦然(여자관신실상 관불역연)

① 저는 여래가 과거로부터 온 것도 아니요 미래로 가는 것도 아니며 현재에 머물지도 않음을 관합니다.

我觀如來 前際不來 後際不去 今則不住(아관여래 전제불래 후제불거 금칙부주)

② 저는 여래를 색으로 보지도 않고 색과 다르지 않은 것으로 보지도 않으며 색의 본성이라고 관하지 않습니다. 不觀色 不觀色如 不觀色性(불관색 불관색여 불관색성)

③ 여래를 수·상·행·식으로도 관하지 않고 수상행식과 다르지 않은 것으로도 관하지 않으며, 수상행식의 본성으로도 관하지 않습니다.

불관수상행식 불관식여 불관식성
不觀受想行識 不觀識如 不觀識性

④ 여래의 사대(四大)는 생기한 것이 아니라 허공과 같으며

비사대기 동어허공
非四大起 同於虛空

⑤ 육입(六入)의 모임이 아니라 안(眼)·이(耳)·비(鼻)·설(舌)·신(身)·의(意)(심(心))를 이미 넘어서 있으며

육입무적 안이비설신심이과
六入無積 眼耳鼻舌身心已過

⑥ 여래는 삼계(三界)에 계시지 않고

부재삼계
不在三界

⑦ 삼구(三垢)(세 가지 때. 탐·진·치)를 떠났고

삼구이이
三垢已離

⑧ 삼해탈문(三解脫門)(공·무상·무작 해탈문)을 따르며

순삼탈문
順三脫門

⑨ 삼명(三明)(천안통·숙명통·누진통)을 갖추었으면서도 무명과 같이 있음을 관합니다.

구족삼명 여무명등
具足三明 與無明等

⑩ 여래는 하나의 모습도 아니요 다양한 모습도 아니며

불일상불이상
不一相不異相

⑪ 제 모습도 아니요 다른 모습도 아니며

부자상 불타상
不自相 不他相

⑫ 모습 없음도 아니요 모습을 취함도 아님을 관합니다.

비무상 비취상
非無相 非取相

⑬ 여래는 이 언덕도 아니요 저 언덕도 아니요 건너가는 중간도 아니지만 늘 중생을 교화하며

불차안 불피안 부중류 이화중생
不此岸 不彼岸 不中流 而化衆生

寂滅
⑭ 적멸을 관하면서도 영원히 적멸하지 않고

관어적멸 역불영멸
觀於寂滅 亦不永滅

⑮ 여기도 아니요 저기도 아니며

불차불피
不此不彼

⑯ 이것을 하지도 않고 저것을 하지도 않으며

불이차 불이피
不以此 不以彼

識
⑰ 지혜로도 알지 못하고 식으로도 알지 못함을 관합니다.

불가이지지 불가이식식
不可以智知 不可以識識

⑱ 여래는 어둠도 없고 밝음도 없으며

무회무명
無晦無明

⑲ 이름도 없고 형상도 없으며

무명무상
無名無相

⑳ 강함도 없고 약함도 없으며

무강무약
無强無弱

㉑ 깨끗한 것도 아니요 더러운 것도 아니며

비정비예
非淨非穢

㉒ 정해진 장소가 있지도 않고 장소를 떠나지도 않으며

부재방 불리방
不在方 不離方

㉓ 유위도 아니고 무위도 아니며

비유위 비무위
非有爲 非無爲

㉔ 보임도 없고 설함도 없습니다.

무시무설
無示無說

㉕ 여래는 보시도 아니요 간탐도 아니며

불시불간
不施不慳

㉖ 지계도 아니요 파계도 아니며

불계불범
不戒不犯

㉗ 인욕도 아니요 성냄도 아니며

불인불에
不忍不恚

㉘ 정진도 아니요 게으름도 아니며

부진불태
不進不怠

㉙ 선정도 아니요 산란함도 아니며

부정불란
不定不亂

愚癡
㉚ 지혜도 아니요 우치도 아닙니다.

부지불우
不智不愚

㉛ 여래는 사실도 아니요 거짓도 아니며 — 不誠不欺(불성불기)

㉜ 오지도 않고 가지도 않으며 — 不來不去(불래불거)

㉝ 나가지도 않고 들어오지도 않으며 — 不出不入(불출불입)

㉞ 모든 언어의 길이 끊어졌습니다. — 一切言語道斷(일체언어도단)

㉟ 여래는 복전도 아니요 복전 아닌 것도 아니며 — 非福田(비복전) 非不福田(비불복전)

㊱ 마땅히 공양할 이도 아니요 공양 받지 못할 이도 아니며 — 非應供養(비응공양) 非不應供養(비불응공양)

㊲ 취할 것도 아니요 버릴 것도 아니며 — 非取非捨(비취비사)

㊳ 상이 있는 것도 아니요 상이 없는 것도 아닙니다. — 非有相(비유상) 非無相(비무상)

㊴ 여래는 진제(眞際)(궁극의 진리)와 동등하고 법성(法性)(모든 것의 바탕)과도 동등하여 — 同眞際(동진제) 等法性(등법성)

㊵ 저울질하지도 측량하지 못하고 모든 측량을 초월하여 있으며 — 不可稱(불가칭) 不可量(불가량) 過諸稱量(과제칭량)

㊶ 큰 것도 아니요 작은 것도 아니며 — 非大非小(비대비소)

㊷ 보고〔見(견)〕 듣고〔聞(문)〕 느끼고〔覺(각)〕 알 수 있는〔知(지)〕 것이 아니며 — 非見非聞(비견비문) 非覺非知(비각비지)

㊸ 모든 결박을 벗어나 있고 — 離衆結縛(이중결박)

㊹ 지혜들과 같고 중생과 같으며 — 等諸智(등제지) 同衆生(동중생)

㊺ 제법에 대해 분별함이 없습니다. — 於諸法(어제법) 無分別(무분별)

㊻ 여래는 일체 잃음이 없고 탁함이 없고 고뇌가 없으며

일체무실 무탁무뇌
一切無失 無濁無惱

㊼ 지음이 없고 일으킴이 없으며

무작무기
無作無起

㊽ 남이 없고 멸함이 없으며

무생무멸
無生無滅

㊾ 두려움이 없고 근심이 없으며

무외무우
無畏無憂

㊿ 기쁨이 없고 싫어함이 없고 집착이 없으며

무희무염무착
無喜無厭無着

51 과거와 미래와 현재가 없으며

무이유 무당유 무금유
無已有 無當有 無今有

52 일체의 언설로써 분별하거나 나타내어 보일 수 없습니다.

불가이일체언설 분별현시
不可以一切言說 分別顯示

세존이시여, 여래의 몸은 이러하오니 이와 같이 관하여야 합니다.

세존 여래신위약차 작여시관
世尊 如來身爲若此 作如是觀

이렇게 관하면 정관(正觀)이라 하고, 만약 이렇게 관하지 않으면 사관(邪觀)이라고 합니다."

이사관자 명위정관 약타관자 명위사관
以斯觀者 名爲正觀 若他觀者 名爲邪觀

2) 유마힐은 어디에서 왔는가

그때 사리불이 유마힐에게 물었다.

이시 사리불문유마힐
爾時 舍利弗問維摩詰

"그대는 어디에서 죽은 다음 이곳에 와서 태어났습니까?"

汝於何沒(여어하몰) 而來生此(이래생차)

유마힐이 말하였다.

維摩詰言(유마힐언)

"스님이 얻은 법 가운데에는 죽고 태어나는 것이 있습니까?"

汝所得法(여소득법) 有沒生乎(유몰생호)

"죽거나 태어남이 없습니다."

舍利弗言(사리불언) 無沒生也(무몰생야)

"만약 그 법에 죽고 태어남이 없다면, 어찌하여 나에게 어디에서 죽은 다음 이곳에 태어났느냐고 묻는 것입니까?

若諸法無沒生相(약제법무몰생상) 云何問言(운하문언) 汝於何沒(여어하몰) 而來生此(이래생차)

그대의 생각은 어떠합니까?

於意云何(어의운하)

마술사가 만들어 낸 허깨비 남녀가 실제로 죽거나 태어남이 있습니까?"

譬如幻師(비여환사) 幻作男女(환작남녀) 寧沒生耶(녕몰생야)

사리불이 말하였다.

舍利弗言(사리불언)

"죽거나 태어남이 없습니다."

無沒生也(무몰생야)

"그대는 부처님께서 '제법은 환상(幻相)(허깨비)과 같다'고 하시는 것을 듣지 못했습니까?"

汝豈不聞(여기불문) 佛說諸法(불설제법) 如幻相乎(여환상호)

"들었습니다."

答曰(답왈) 如是(여시)

"만약 일체법이 환상과 같은 것이라면, 어찌하여 나에게 어디서 죽어 여기로 태어났느냐고 묻는 것입니까?

若一切法(약일체법) 如幻相者(여환상자) 云何問言(운하문언) 汝於何沒(여어하몰) 而來生此(이래생차)

사리불이여

舍利弗(사리불)

죽음이란 허망한 법의 무너지는 모습이요
<p style="text-align:right">몰 자 위 허 광 법 괴 패 지 상

沒者 爲虛誑法 壞敗之相

생이란 허망한 법이 계속되는 모습입니다.
<p style="text-align:right">생 자 위 허 광 법 상 속 지 상

生者 爲虛誑法 相續之相

보살은 비록 죽는다 할지라도 선의 행위들을 멈추지 않고, 다시 태어난다 할지라도 악한 행위들을 자라나게 하지 않습니다."
<p style="text-align:right">보 살 수 몰 부 진 선 본 수 생 부 장 제 악

菩薩 雖沒不盡善本 雖生不長諸惡

그때 부처님께서 사리불에게 이르셨다. 是時 佛告舍利弗

"묘희라는 불국토에 무동(아촉불)이라는 부처님이 계시나니
<p style="text-align:right">유 국 명 묘 희 불 호 무 동

有國名妙喜 佛號無動

이 유마힐은 그 나라에서 죽어 여기로 와서 태어났느니라."
<p style="text-align:right">시 유 마 힐 어 피 국 몰 이 래 생 차

是維摩詰 於彼國沒 而來生此

사리불이 말하였다.

舍利弗言

"일찍이 없었던 일이옵니다, 세존이시여. 未曾有也 世尊

이 사람이 그 청정한 나라를 버리고 분노와 해로움이 많은 이곳으로 즐겨 찾아 오셨으니!"
<p style="text-align:right">시 인 내 사 청 정 토 이 래 낙 차 다 노 해 처

是人 乃捨清淨土 而來樂此多怒害處

유마힐이 사리불에게 말하였다.

維摩詰語舍利弗

<p style="text-align:right">어 의 운 하 일 광 출 시 여 명 합 호

"그대는 어떻게 생각하십니까? 햇빛이 날 때 어둠이 함께 있는 것을 보았습니까?" 於意云何 日光出時 與冥合乎

"아닙니다. 햇빛이 나면 어둠이 전혀 없습니다."

답왈 불야 일광출시 즉무중명
答曰 不也 日光出時 則無衆冥

"해가 무슨 까닭으로 염부제로 옵니까?"

유마힐언 부일하고 행염부제
維摩詰言 夫日何故 行閻浮提

"밝게 비침으로써 어둠을 없애고자 함입니다."

답왈 욕이명조 위지제명
答曰 欲以明照 爲之除冥

유마힐이 말하였다.

유마힐언
維摩詰言

"보살도 이와 같아서, 비록 깨끗하지 못한 불국토에 태어날지라도 중생을 교화하고자 하는 까닭에

보살 여시 수생불정불토 위화중생고
菩薩 如是 雖生不淨佛土 爲化衆生故

어리석고 어두운 사람들과 야합하지 않고 오로지 중생들의 번뇌와 어둠을 없앨 따름입니다."

불여우암 이공합야 단멸중생 번뇌암이
不與愚暗 而共合也 但滅衆生 煩惱暗耳

3) 묘희국과 무동여래

그때 대중들이 묘희세계와 무동여래와 그곳의 보살·성문들을 보고자 하였다.

시시대중 갈앙욕견 묘희세계 무동여래 급기보살성문지중
是時大衆 渴仰欲見 妙喜世界 無動如來 及其菩薩聲聞之衆

부처님께서는 대중들의 생각을 아시고 유마힐에게 이

르셨다.

불지일체중회소념 고유마힐언
佛知一切衆會所念 告維摩詰言

"선남자야, 이 대중들을 위해 묘희국과 무동여래와 보살·성문의 무리들을 나타내 보여라.

선남자 위차중회 현묘희국 무동여래 급제보살 성문지중
善男子 爲此衆會 現妙喜國 無動如來 及諸菩薩 聲聞之衆

모두가 보고 싶어하는구나."

중개욕견
衆皆欲見

그때 유마힐이 생각하였다.

어시 유마힐심념
於是 維摩詰心念

'내가 자리에서 일어나지 않고

오당불기우좌
吾當不起于座

묘희국의 철위산과 천·계곡·강·바다·샘

접묘희국 철위산천 계곡강하 대해천원
接妙喜國 鐵圍山川 溪谷江河 大海泉源

수미산과 해·달·별, 천·용·귀신·범천 등의 궁전

수미제산 급일월성숙 천룡귀신 범천등궁
須彌諸山 及日月星宿 天龍鬼神 梵天等宮

보살과 성문의 무리들, 성읍과 취락, 남녀노소

병제보살 성문지중 성읍취락 남녀대소
並諸菩薩 聲聞之衆 城邑聚落 男女大小

나아가 무동여래와 그 보리수와 갖가지 아름다운 연꽃, 시방에서 불사를 하고 있는 것들

내지 무동여래 급보리수 제묘연화 능여시방작불사자
乃至 無動如來 及菩提樹 諸妙蓮華 能與十方作佛事者

세 개의 사다리가 염부제에서 도리천까지 이어져 있어 이 사다리를 따라 제천들이 내려와서 무동여래께 예경을 드리고 경법을 설하심을 듣는 것

삼도보계
三道寶階

종염부제 지도리천 이차보계 제천래하 실위예경무동여래 청수경법
從閻浮提 至忉利天 以此寶階 諸天來下 悉爲禮敬無動如來 聽受經法

염부제의 사람들이 그 사다리로 도리천에 올라가 천

인들을 보는 것 등 ^{염부제인} 閻浮提人 ^{역등기계} 亦登其階 ^{상승도리} 上昇忉利 ^{견피제천} 見彼諸天

위로 아가니타천〔^{색구경천}色究竟天〕에 이르고 아래로 수제^{水際}(^{바다와}
접한 물가)

에 이르는 무량 공덕의 이 묘희세계를

^{묘희세계} 妙喜世界 ^{성취여시} 成就如是 ^{무량공덕} 無量功德 ^{상지아가니타천} 上至阿迦尼吒天 ^{하지수제} 下至水際

도공이 물레 위의 흙을 쥐듯이 오른손으로 취하여 이

세계로 와서, 모든 대중에게 손에 쥔 꽃다발처럼 보여

주리라.' ^{이우수단취} 以右手斷取 ^{여도가륜} 如陶家輪 ^{입차세계} 入此世界 ^{유지화만} 猶持華鬘 ^{시일체중} 示一切衆

이렇게 생각하고 삼매에 들어, 신통력으로 묘희세계를

오른손으로 쥐어 이 세계에 옮겨 놓으니

^{작시념이} 作是念已 ^{입어삼매} 入於三昧 ^{현신통력} 現神通力 ^{이기우수} 以其右手 ^{단취묘희세계} 斷取妙喜世界 ^{치어차토} 置於此土

신통력을 갖춘 묘희세계의 보살과 성문과 천인들이

함께 외쳤다. ^{피득신통} 彼得神通 ^{보살급성문중} 菩薩及聲聞衆 ^{병여천인} 並餘天人 ^{구발성언} 俱發聲言

"세존이시여, 누가 우리를 취하여 가고 있습니다. 구

하여 주십시오." ^{유연} 唯然 ^{세존} 世尊 ^{수취아거} 誰取我去 ^{원견구호} 願見救護

무동불께서 이르셨다. ^{무동불언} 無動佛言

"내가 하고 있는 것이 아니다. 이것은 유마힐의 신통

력이다." ^{비아소위} 非我所爲 ^{시유마힐} 是維摩詰 ^{신력소작} 神力所作

그러나 신통력을 갖추지 못한 이들은 자기가 어디로

가는지를 알지 못하였다. ^{기여미득신통자} 其餘未得神通者 ^{불각불지} 不覺不知 ^{기지소왕} 己之所往

그리고 묘희세계가 이 세계 속으로 들어왔지만 이 세

계는 증감도 없고 비좁아지지도 않아 본래와 다름이

없었다.

묘 희 세 계 수 입 차 토 이 부 증 감 어 시 세 계 역 불 박 애 여 본 무 이
妙喜世界 雖入此土 而不增減 於是世界 亦不迫隘 如本無異

그때 석가모니불께서 대중들에게 이르셨다.

이 시 석 가 모 니 불 고 제 대 중
爾時 釋迦牟尼佛告諸大衆

"너희는 잠시 묘희세계와 무동여래와 그 국토의 장엄
淸白
함과 보살의 청정행과 제자들의 청백함을 보았느냐?"

여 등 차 관 묘 희 세 계 무 동 여 래 기 국 엄 식 보 살 행 정 제 자 청 백
汝等 且觀 妙喜世界 無動如來 其國嚴飾 菩薩行淨 弟子淸白

모두가 대답했다.
개 왈
皆曰

"예, 보았나이다."
유 연 이 견
唯然已見

부처님께서 이르셨다.
불 언
佛言

"만약 보살이 이와 같은 청정한 불국토를 얻고자 한다면 마땅히 무동여래께서 행하신 도를 배워야 하느니라."

약 보 살 욕 득 여 시 청 정 불 토 당 학 무 동 여 래 소 행 지 도
若菩薩 欲得如是淸淨佛土 當學無動如來所行之道

유마거사가 이와 같이 묘희국을 보여주었을 때 사바세계의 14나유타 사람들이 아뇩다라삼먁삼보리심을 발하였고

현 차 묘 희 국 시 사 바 세 계 십 사 나 유 타 인 발 아 뇩 다 라 삼 먁 삼 보 리 심
現此妙喜國時 娑婆世界 十四那由他人 發阿耨多羅三藐三菩提心

다 같이 묘희불국토에 태어나기를 발원하자 석가모니불께서 그들에게 수기를 주셨다.

개 원 생 어 묘 희 불 토 석 가 모 니 불 즉 기 지 왈
皆願生於妙喜佛土 釋迦牟尼佛 卽記之曰

"마땅히 저 국토에 태어나리라."
당 생 피 국
當生彼國

이 세계에서 중생을 이롭게 하는 일을 다 마친 묘희세계는 다시 본래의 자리로 되돌아 갔고 대중들 모두는 이 광경을 보았다.

시묘희세계 어차국토 소응요익 기사흘이 환부본처 거중개견
時妙喜世界 於此國土 所應饒益 其事訖已 還復本處 擧衆皆見

부처님께서 사리불에게 이르셨다.

불고사리불
佛告舍利弗

"그대는 이 묘희세계의 무동불을 보았느냐?"

여견 차묘희세계 급무동불불
汝見 此妙喜世界 及無動佛不

"보았나이다, 세존이시여.

유연이견 세존
唯然已見 世尊

일체 중생이 무동불과 같은 청정한 불국토와 유마힐과 같은 신통력을 얻게 되기를 원하옵니다.

원사일체중생 득청정토 여무동불 획신통력 여유마힐
願使一切衆生 得淸淨土 如無動佛 獲神通力 如維摩詰

세존이시여, 저희는 좋은 이익을 얻었으며, 유마힐을 가까이에서 보고 공양할 수 있었나이다.

세존 아등 쾌득선리 득견시인 친근공양
世尊 我等 快得善利 得見是人 親近供養

그리고 부처님께서 계신 현생이나 훗날 열반에 드신 뒤에도 이 경을 듣는 모든 중생은 큰 복을 얻을 것입니다.

기제중생 약금현재 약불멸후 문차경자 역득선리
其諸衆生 若今現在 若佛滅後 聞此經者 亦得善利

하물며 이 경을 듣기만 하는 것이 아니라, 믿고 이해하고 수지(受持)하고 독송하고 해설하고 여법(如法)하게 수행하는 이야 말할 필요가 있겠습니까?

황복문이 신해수지 독송해설 여법수행
況復聞已 信解受持 讀誦解說 如法修行

이 경전을 손에 쥐고 다니는 이는 이미 법보장(法寶藏)을 얻었음이요

약유수득시경전자 변위이득 법보지장
若有手得是經典者 便爲已得 法寶之藏

이 경을 독송하고 그 뜻을 해서하고 설한 대로 수행하는 이는 부처님들께서 늘 지키고 보살펴 주시느니라.

약유독송 해석기의 여설수행 즉위제불지소호념
若有讀誦 解釋其義 如說修行 則爲諸佛之所護念

이와 같은 이에게 공양을 하면 부처님께 공양하는 것이 됨을 마땅히 알아야 하며

기유공양 여시인자 당지 즉위공양어불
其有供養 如是人者 當知 卽爲供養於佛

이 경전을 써서 지니는 이는 그 집에 여래가 계신다는 것을 마땅히 알아야 하며

기유서지 차권경자 당지 기실즉유여래
其有書持 此卷經者 當知 其室卽有如來

이 경을 듣고 수희(隨喜)하는 이는 일체지(一切智)를 얻는 대로 나아가게 되고

약문시경 능수희자 사인즉위취일체지
若聞是經 能隨喜者 斯人則爲趣一切智

이 경을 믿고 이해하여(信解 신해)하여 하나의 사구게(四句偈)만이라도 남에게 설해 주는 이는 아뇩다라삼먁삼보리를 얻는다는 수기를 받게 된다는 것을 마땅히 알아야 합니다."

약능신해
若能信解

차경 내지일사구게 위타설자 당지 차인즉시 수아뇩다라삼먁삼보리기
此經 乃至一四句偈 爲他說者 當知 此人卽是 受阿耨多羅三藐三菩提記

제13 법공양품 法供養品

유마경을 법공양하면

1) 석제환인의 발원

그때 석제환인(釋提桓因)(제석천)이 대중들 가운데 있다가 부처님께 아뢰었다.

爾時 釋提桓因 於大衆中 白佛言
(이시 석제환인 어대중중 백불언)

"세존이시여, 제가 부처님과 문수사리로부터 백천의 경전을 들었사오나

世尊 我雖從佛及文殊師利 聞百千經
(세존 아수종불급문수사리 문백천경)

일찍이 이처럼 불가사의하고 자재신통하고 결정적인 실상경전(實相經典)은 듣지 못하였나이다.

未曾聞 此不可思議 自在神通 決定實相經典
(미증문 차불가사의 자재신통 결정실상경전)

제가 부처님께서 설하신 뜻을 헤아려 볼 때, 중생 중에 이 경법(經法)을 듣고 믿고 이해하고 독송하는 이는 반드시 이 법을 얻을 것임을 의심하지 않나이다.

如我 解佛所說義趣 若有衆生 聞是經法 信解受持 讀誦之者 必得是法不疑
(여아 해불소설의취 약유중생 문시경법 신해수지 독송지자 필득시법불의)

하물며 설하신 바와 같이 수행하는 사람이야 말할 것

이 있겠습니까?

하황여설수행
何況如說修行

그 사람은 즉시 모든 악취(惡趣)(삼악도 등의 나쁜 세상)를 닫고 좋은 문들을 열게 되며

사인 즉위폐중악취 개제선문
斯人 則爲閉衆惡趣 開諸善門

항상 제불께서 보호하고 염려해 주시며

상위제불지소호념
常爲諸佛之所護念

외도들을 항복시키고 마구니와 원수를 굴복시키며

항복외학 최멸마원
降伏外學 摧滅魔怨

보리를 닦고 도량에 편안히 머무르며

수치보리 안처도량
修治菩提 安處道場

여래께서 행하신 자취를 따라 실천할 것이옵니다.

이천여래소행지적
履踐如來所行之跡

세존이시여, 만약 이 경을 수지 독송하고 설하신 대로 수행하는 이가 있으면 제 권속들과 함께 찾아가 마땅히 공양을 베풀고 받들겠나이다.

세존 약유수지독송 여설수행자 아당여제권속 공양급사
世尊 若有受持讀誦 如說修行者 我當與諸眷屬 供養給事

거기가 마을이든 성읍이든 산림이든 광야든 이 경이 있는 곳이면 제 권속들과 함께 법문을 듣기 위해 찾아가겠나이다.

소재취락성읍 산림광야 유시경처 아역여제권속 청수법고 동도기소
所在聚落城邑 山林曠野 有是經處 我亦與諸眷屬 聽受法故 同到其所

그리고 아직 믿지 않는 이는 믿게끔 하고 이미 믿고 있는 이는 보호하겠나이다.

기미신자 당령생신 기이신자 당위작호
其未信者 當令生信 其已信者 當爲作護

2) 부처님의 유마경 찬탄

부처님께서 이르셨다.

佛言

“장하고 훌륭하도다, 천제여.

善哉 善哉 天帝

그대는 말한 대로 할 것이요, 나는 기쁜 마음으로 그대를 도우리라.

如汝所說 我助爾喜

이 경은 과거·미래·현재 부처님들의 불가사의한 아뇩다라삼먁삼보리에 대해 널리 설한 것이다.

此經廣說 過去未來現在諸佛 不可思議阿耨多羅三藐三菩提

그러므로 천제여, 선남자선여인이 이 경을 수지 독송하고 공양하는 것은 곧 과거·미래·현재의 부처님들께 공양하는 것이 되느니라.

是故天帝 若善男子善女人 受持讀誦 供養是經者 則爲供養去來今佛

천제여, 삼천대천세계에 여래가 가득하기가 마치 사탕수수·대나무·갈대·벼·삼의 숲과 같나니

天帝 正使三千大千世界 如來滿中 譬如 甘蔗竹葦稻麻叢林

만약 선남자선여인이 1겁 또는 그보다 조금 적은 기간 동안 여래들을 공경하고 존중하고 찬탄하고 공양하고 편안하게 봉양하였고

若有善男子善女人 或一劫 或減一劫 恭敬尊重 讚歎供養 奉諸所安

그 부처님들이 돌아가시고 난 다음에는 하나하나의

전신사리로 칠보탑을 세우되

지 제 불 멸 후 이 일 일 전 신 사 리 기 칠 보 탑
至諸佛滅後 以一一全身舍利 起七寶塔

크기는 종횡으로 사천하를 다 망라할 정도요 높이는 범천에 이를 정도이며

종 광 일 사 천 하 고 지 범 천
縱廣一四天下 高至梵天

표찰을 갖가지 꽃과 향과 영락과 깃발과 음악으로 미묘하기 그지없게 장엄했고

표 찰 장 엄 이 일 체 화 향 영 락 당 번 기 악 미 묘 제 일
表刹莊嚴 以一切華香瓔珞 幢幡伎樂 微妙第一

또 다시 1겁이나 그보다 조금 적은 기간 동안 이 탑에 공양을 올렸다면

약 일 겁 약 감 일 겁 이 공 양 지
若一劫 若減一劫 而供養之

천제여, 네 생각이 어떠하냐? 그 사람의 심은 복이 많다고 하겠느냐?”

천 제 어 의 운 하 기 인 식 복 영 위 다 부
天帝 於意云何 其人植福 寧爲多不

석제환인이 아뢰었다.

석 제 환 인 언
釋提桓因言

“매우 많겠나이다, 세존이시여. 그의 복덕은 백천억 겁을 설하더라도 다할 수 없겠나이다.”

심 다 세 존 피 지 복 덕 약 이 백 천 억 겁 설 불 능 진
甚多 世尊 彼之福德 若以百千億劫 說不能盡

부처님께서 천제에게 이르셨다.

불 고 천 제
佛告天帝

“마땅히 알라. 선남자선여인이 이 불가사의한 해탈경전을 듣고서 믿고 이해하고 수지하고 독송하고 수행하면 그 복은 앞서 말한 사람보다 더 많으니라.

당 지
當知

시 선 남 자 선 녀 인 문 시 불 가 사 의 해 탈 경 전 신 해 수 지 독 송 수 행 복 다 어 피
是善男子善女人 聞是不可思議解脫經典 信解受持讀誦修行 福多於彼

왜나하면 제불의 보리가 다 이 경으로부터 나오고,

그 보리의 상(相)을 측량할 수 없기 때문이니

소이자하 제불보리 개종차생 보리지상 불가한량
所以者何 諸佛菩提 皆從此生 菩提之相 不可限量

이와 같은 인연으로 그 복도 헤아릴 수가 없느니라.

이시인연 복불가량
以是因緣 福不可量

3) 참된 법공양

부처님께서 천제에게 이르셨다.

불고천제
佛告天帝

"과거 무량아승지겁 전에 약왕여래·응공·정변지·명행족·선서·세간해·무상사·조어장부·천인사·불세존이 계셨나니

과거무량아승지겁시 세유불 호왈약왕여래
過去無量阿僧祇劫時 世有佛 號曰藥王如來

응공 정변지 명행족 선서 세간해 무상사 조어장부 천인사 불세존
應供 正遍知 明行足 善逝 世間解 無上士 調御丈夫 天人師 佛世尊

세계의 이름은 대장엄이요 겁의 이름은 장엄이며

세계명대장엄 겁명장엄
世界名大莊嚴 劫名莊嚴

부처님의 수명은 20소겁이요, 성문승(聲聞僧)의 수는 36억 나유타나 되었고, 보살승(菩薩僧)의 수는 12억이나 되었느니라.

불수이십소겁 기성문승 삼십육억나유타 보살승 유십이억
佛壽二十小劫 其聲聞僧 三十六億那由他 菩薩僧 有十二億

천제여, 그때 보개(寶蓋)라는 전륜성왕이 있었나니, 칠보(七寶)를 모두 갖춘 사천하(四天下)의 주인이었으며

천제 시시유전륜성왕 명왈보개 칠보구족 주사천하
天帝 是時有轉輪聖王 名曰寶蓋 七寶具足 主四天下

그 왕에게 천 명의 왕자가 있었나니 모두가 단정하고 용맹스러워 능히 원적(怨敵)을 항복시켰느니라.

왕유천자 단정용건 능복원적
王有千子 端正勇健 能伏怨敵

그때 보개왕은 그 권속과 더불어 약왕여래께 여러 가지 좋은 물건들을 공양하고 베풀면서 5겁(劫)을 채웠고

이시 보개여기권속 공양약왕여래 시제소안 지만오겁
爾時 寶蓋與其眷屬 供養藥王如來 施諸所安 至滿五劫

5겁이 지난 다음 왕은 1천 왕자에게 말하였느니라.

과오겁이 고기천자
過五劫已 告其千子

'너희도 나와 같이 깊고 정중한 마음으로 부처님을 공양하여라.'

여등 역당여아 이심심공양어불
汝等 亦當如我 以深心供養於佛

이에 1천 왕자들은 부왕의 명을 받들어 약왕여래께 공양하고 베풀면서 역시 5겁을 채웠느니라.

어시 천자수부왕명 공양약왕여래 부만오겁 일체시안
於是 千子受父王命 供養藥王如來 復滿五劫 一切施安

그때 왕의 아들 중 한 사람인 월개(月蓋)는 혼자 앉아 '이보다 더 수승한 공양은 없을까?' 생각을 하였는데

기왕일자 명왈월개 독좌사유 영유공양 수과차자
其王一子 名曰月蓋 獨坐思惟 寧有供養 殊過此者

부처님께서 신통력으로 공중에 천인의 모습을 나타내어 말하였느니라.

이불신력 공중유천왈
以佛神力 空中有天曰

'선남자여, 모든 공양 중에서 법공양이 가장 훌륭하다.'

선남자 법지공양 승제공양
善男子 法之供養 勝諸供養

'어떻게 하는 것이 법공양입니까?'

즉문 하위법지공양
卽問 何謂法之供養

'약왕여래께 가서 여쭈어 보아라. 너를 위해 법의 공양을 어떻게 하는지를 자세히 말씀해 주실 것이다.'

천왈 여가왕문약왕여래 당광위여설 법지공양
天曰 汝可往問藥王如來 當廣爲汝說 法之供養

월개왕자는 즉시 약왕여래가 계신 곳으로 가서 그 발에 머리를 대고 절한 다음 한쪽으로 물러나 부처님께 아뢰었느니라.

즉시 월개왕자 행예약왕여래 계수불족 각주일면 백불언
卽時 月蓋王子 行詣藥王如來 稽首佛足 却住一面 白佛言

'세존이시여, 여러 공양 중에 법공양이 제일이라 하는데, 어떻게 하는 것이 법공양이옵니까?'

세존 제공양중 법공양승 운하위법공양
世尊 諸供養中 法供養勝 云何爲法供養

'선남자여, 법공양은 제불께서 설하신 심오한 경에 대한 공양이니라.

불언 선남자 법공양자 제불소설심경
佛言 善男子 法供養者 諸佛所說深經

심오한 경은 일체 세간 사람들이 믿기 어렵고(難信), 받아들이기 어렵고(難受), 미묘하여 보기 어렵고(難見), 청정하여 물듦이 없어서(無染)

일체세간 난신난수 미묘난견 청정무염
一切世間 難信難受 微妙難見 清淨無染

분별사유로는 알 수 있는 것이 아닐뿐더러

비단 분별사유지소능득
非但 分別思惟之所能得

보살의 법장(法藏) 속에 포함되어 있고

보살법장소섭
菩薩法藏所攝

모든 것을 간직한 다라니의 인(印)(도장)이 찍혀 있는 것으로

다라니인인지
陀羅尼印印之

① 불퇴전에 이르게 하며 지불퇴전 至不退轉

② 육바라밀을 성취하며 성취육도 成就六度

③ 의미를 잘 분별하며 선분별의 善分別義

④ 보리의 법을 잘 따르며 순보리법 順菩提法

⑤ 모든 경들 중에 으뜸이며 중경지상 衆經之上

⑥ 대자비 속에 들어가며 입대자비 入大慈悲

⑦ 마구니의 일들과 사견들을 떠나며 이중마사 급제사견 離衆魔事 及諸邪見

⑧ 인연법에 순응하며 순인연법 順因緣法

⑨ 아상·인상·중생상·수명상이 없으며

무아 무인 무중생 무수명 無我 無人 無衆生 無壽命

⑩ 공·무상·무작·무기이며 공 무상 무작 무기 空 無相 無作 無起

⑪ 중생들로 하여금 도량에 앉아 법륜을 굴리게 하며

능령중생 좌어도량 이전법륜 能令衆生 坐於道場 而轉法輪

⑫ 천신·용신·건달바 등이 다 함께 찬탄하며

제천용신 건달바등 소공탄예 諸天龍神 乾闥婆等 所共歎譽

⑬ 중생들로 하여금 능히 불법장(佛法藏)에 들게 하며

능령중생 입불법장 能令衆生 入佛法藏

⑭ 현성(賢聖)들의 일체 지혜를 얻게 하며 섭제현성 일체지혜 攝諸賢聖 一切智慧

⑮ 보살이 행해야 할 도를 가르치며 설제보살 소행지도 說諸菩薩 所行之道

⑯ 제법실상(諸法實相)의 뜻에 의거하여 무상과 고와 공과 무아와 적멸의 법을 분명히 밝혀 주며

의어제법실상지의 선명무상고공무아적멸지법
依於諸法實相之義 宣明無常苦空無我寂滅之法

⑰ 파계를 한 모든 중생을 구제하며 능구일절훼금중생
能救一切毁禁衆生

⑱ 마구니와 외도와 탐착하는 자들을 공포에 떨게 하며
제마외도급탐착자 능사포외
諸魔外道及貪着者 能使怖畏

⑲ 부처님과 현성들이 함께 칭찬하며 제불현성 소공칭탄
諸佛賢聖 所共稱歎

⑳ 생사고(生死苦)를 등지고 열반락(涅槃樂)을 보여주나니
배생사고 시열반락
背生死苦 示涅槃樂

시방삼세 제불께서 설하신 이와 같은 경을 듣고서 믿고 이해하고 수지하고 독송하며
시방삼세제불소설 약문여시등경 신해수지독송
十方三世諸佛所說 若聞如是等經 信解受持讀誦

방편력으로 중생들에게 분별·해설하여 분명하게 알게 하면 법을 수호하는 것이 되나니
이방편력 위제중생 분별해설 현시분명 수호법고
以方便力 爲諸衆生 分別解說 顯示分明 守護法故

이를 일컬어 법공양이라고 하느니라. 시명 법지공양
是名 法之供養

또 법들을 설한 대로 수행을 하여 십이인연에 수순하여
우어제법 여설수행 수순십이인연
又於諸法 如說修行 隨順十二因緣

① 삿된 견해들을 떠나며 이제사견
離諸邪見

② 무생법인을 얻어 나도 없고 중생도 없음을 확실히 깨달으며
득무생인 결정무아 무유중생
得無生忍 決定無我 無有衆生

③ 인연과 과보에 대해 거역하거나 다툼이 없고 내 것이라는 생각을 떠나며
이어인연과보 무위무쟁 이제아소
而於因緣果報 無違無諍 離諸我所

④ 뜻에 의지할 뿐 말에 의지하지 않으며 依於義 不依語

⑤ 지혜에 의지할 뿐 식(識)에 의지하지 않으며 依於智 不依識

⑥ 요의경에 의지할 뿐 불요의경에 의지하지 않으며 依了義經 不依不了義經

⑦ 법에 의지할 뿐 사람에 의지하지 않으며 依於法 不依人

⑧ 법상(法相)에 수순할 뿐 들어가는 바도 돌아가는 바도 없으며 隨順法相 無所入 無所歸

⑨ 무명(無明)이 사라졌으므로 행(行)들도 다 사라지고 無明畢竟滅故 諸行畢竟滅

⑩ 마침내 생(生)이 사라졌으므로 노사(老死)(늙고 죽음)도 다 사라지나니 乃至 生畢竟滅故 老死亦畢竟滅

이와 같이 십이인연을 관하되 다 했다는 상도 없고 다시 상(相)도 일으키지 않으면 作如是觀十二因緣 無有盡相 不復起見

이것을 최상의 법공양이라고 하느니라.'" 是名最上法之供養

석가모니불이 천제에게 이르셨다. 佛告天帝

"왕자 월개는 약왕불로부터 이와 같은 법을 듣고 유(柔)

순인(順忍)(실상을 잘 따르는 경지)을 얻게 되어
왕자월개 종약왕불 문여시법 득유순인
王子月蓋 從藥王佛 聞如是法 得柔順忍

곧바로 보배 옷과 장신구들을 벗어 부처님께 공양하고 부처님께 아뢰었느니라.

즉해보의 엄신지구 이공양불 백불언
卽解寶衣 嚴身之具 以供養佛 白佛言

'세존이시여, 여래께서 입멸하신 뒤에 저는 반드시 법 공양을 행하면서 정법을 수호하겠나이다.

세존 여래멸후 아당행법공양 수호정법
世尊 如來滅後 我當行法供養 守護正法

원하옵건대 여래의 위신력으로 가피를 내려, 저로 하여금 마구니와 원수들을 항복시키고 보살행을 잘 닦을 수 있게 하옵소서.'

원이위신 가애건립 영아득강복마원 수보살행
願以威神 加哀建立 令我得降伏魔怨 修菩薩行

약왕여래는 그의 깊은 마음을 들여다보시고 수기를 하셨느니라.

불지기심심소념 이기지왈
佛知其深心所念 而記之曰

'그대는 먼 훗날까지 법의 성(城)을 수호할 것이니라.'

여어말후 수호법성
汝於末後 守護法城

천제여, 그때 왕자 월개는 법의 청정함을 보았고 부처님의 수기를 들었기에

천제 시왕자월개 견법청정 문불수기
天帝 時王子月蓋 見法淸淨 聞佛授記

믿고 출가하여 선법을 닦으며 정진한 지 얼마 지나지 않아 오신통을 얻었으며

이신출가 수습선법 정진불구 득오신통
以信出家 修習善法 精進不久 得五神通

보살도에 통달하여 다라니를 얻고 걸림없는 변재를 얻었느니라.

체보살도 득다라니 무단변재
逮菩薩道 得陀羅尼 無斷辯才

그리고 약왕여래께서 열반에 든 뒤에는 그가 얻은 신통력과 다라니와 변재의 힘으로

어불멸후 이기소득신통 총지변재지력
於佛滅後 以其所得神通 總持辯才之力

10소겁이 가득하도록 약왕여래께서 굴리시던 법륜을 널리 퍼뜨렸느니라.

만십소겁 약왕여래 소전법륜 수순분포
滿十小劫 藥王如來 所轉法輪 隨順分布

월개비구는 법을 수호하고 부지런히 정진하여

월개비구 이수호법 근행정진
月蓋比丘 以守護法 勤行精進

그의 생에서 백만억 인을 교화하여 모두가 아뇩다라삼먁삼보리에 굳건히 서서 물러나지 않게 하였느니라.

즉어차신 화백만억인 어아뇩다라삼막삼보리 입불퇴전
卽於此身 化百萬億人 於阿耨多羅三藐三菩提 立不退轉

또 14나유타의 사람들은 성문과 벽지불이 되고자 깊이 발심하였고

십사나유타인 심발성문벽지불심
十四那由他人 深發聲聞辟支佛心

무량한 중생은 천상에 태어났느니라.

무량중생 득생천상
無量衆生 得生天上

천제여, 그때의 왕 보개가 어찌 다른 사람이겠느냐?

천제 시왕보개 기이인호
天帝 時王寶蓋 豈異人乎

지금 부처가 되어 계신 보염(寶炎如來)여래요

금현득불 호보염여래
今現得佛 號寶炎如來

그 왕의 1천 왕자는 바로 현겁(賢劫)에 출현하는 천불이시니

기왕천자 즉현겁중 천불시야
其王千子 卽賢劫中 千佛是也

처음 성불한 가라구손타불(迦羅鳩孫駄佛)부터 마지막 누지불(樓至佛)까지이

며

종 가라구손타 위시득불 최후여래 호왈누지
從 迦羅鳩孫馱 爲始得佛 最後如來 號曰樓至

월개비구는 바로 나이니라.

월개비구 즉아신시
月蓋比丘 則我身是

이와 같이 천제여, 마땅히 요점을 잘 알지니

여시 천제 당지차요
如是 天帝 當知此要

법공양은 모든 공양 중에 최상이요 제일이요 비길 데가 없느니라.

이법공양 어제공양 위상위최 제일무비
以法供養 於諸供養 爲上爲最 第一無比

그러므로 천제여, 마땅히 법공양으로 부처님께 공양해야 하느니라."

시고 천제 당이법지공양 공양어불
是故 天帝 當以法之供養 供養於佛

제14 촉루품 囑累品

유통을 당부하다

1) 미륵에게 당부함

그때 부처님께서 미륵보살에게 이르셨다.

어시 불고미륵보살언
於是 佛告彌勒菩薩言

"미륵이여, 내 이제 이 무량억 아승지겁에 걸쳐 모아 온 아뇩다라삼먁삼보리의 법을 그대에게 부촉하노니

미륵 아금 이시무량억아승지겁 소집아뇩다라삼막삼보리법 부촉어여
彌勒 我今 以是無量億阿僧祇劫 所集阿耨多羅三藐三菩提法 付囑於汝

이 경들을 불멸 후의 말세에까지 마땅히 너희의 신력으로 널리 유포시켜

여시배경 어불멸후 말세지중 여등 당이신력 광선유포
如是輩經 於佛滅後 末世之中 汝等 當以神力 廣宣流布

염부제에서 단절됨이 없게 할지니라. 어염부제 무령단절 於閻浮提 無令斷絶

왜냐하면 미래세의 선남자선여인과 천·용·귀신·건달바·나찰 등 가운데

소이자하 미래세중 약유선남자선녀인 급천용귀신건달바나찰등
所以者何 未來世中 若有善男子善女人 及天龍鬼神乾闥婆羅刹等

아뇩다라삼먁삼보리심을 발하고 대법(大法)을 좋아하는 자가 있기 때문이니라.

발아뇩다라삼막삼보리심 낙우대법
發阿耨多羅三藐三菩提心 樂于大法

만약 그런 이가 이 경을 듣지 못한다면 좋은 이익을 잃게 되지만

약사불문 여시등경 즉실선리
若使不聞 如是等經 則失善利

그들이 이 경을 듣게 되면 반드시 크게 믿고 기뻐하고 희유(希有)하다는 마음을 내어 마땅히 정수리에 모시고

여차배인 문시등경 필다신락 발희유심 당이정수
如此輩人 聞是等經 必多信樂 發希有心 當以頂受

중생들의 이익됨에 맞추어 널리 설할 것이니라.

수제중생 소응득리 이위광설
隨諸衆生 所應得利 而爲廣說

미륵이여, 마땅히 알라.

미륵 당지
彌勒 當知

보살에는 두 종류가 있나니 그 둘이 무엇인가?

보살유이상 하위위이
菩薩有二相 何謂爲二

첫째는 잡다한 문구나 화려한 문장을 좋아하는 이요

일자 호어잡구 문식지사
一者 好於雜句 文飾之事

둘째는 깊은 뜻을 두려워 하지 않고 진실 속으로 깊이 들어가는 이이니라.

이자 불외심의 여실능입
二者 不畏深義 如實能入

잡다한 문구나 화려한 문장을 좋아하는 이는 새로 공부를 시작한 보살이요

약호잡구 문식사자 당지시위신학보살
若好雜句 文飾事者 當知是爲新學菩薩

물듦이 없고 집착을 버리게 하는 이 심오한 경전을 대하였을 때 두려움 없이 그 속으로 들어가고

약어여시 무염무착 심심경전 무유공외 능입기중
若於如是 無染無着 甚深經典 無有恐畏 能入其中

듣고는 마음이 맑아져 수지독송하고 설한 대로 수행하는 이는

문이심정 수지독송 여설수행
聞已心淨 受持讀誦 如說修行

오래오래 도를 닦은 보살임을 알아야 하느니라.'

당지시위구수도행
當知是爲久修道行

미륵아, 또 신학자(新學者)에게는 이 심오한 법을 결정적으로 소화시키지 못하는 두 가지가 있으니

미륵 복유이법 명신학자 불능결정 어심심법
彌勒 復有二法 名新學者 不能決定 於甚深法

무엇이 두 가지인가?

하등위이
何等爲二

첫째는 이제까지 듣지 못했던 심오한 경을 듣고 놀라고 의심하고 수순(隨順)하지 못하여 훼방하고 불신하는 것이니

일자 소미문심경문지 경포생의 불능수순 훼방불신
一者 所未聞深經聞之 驚怖生疑 不能隨順 毁謗不信

'내 애초 들어보지도 못한 이 경은 도대체 어디에서 온 거냐?'라고 말하느니라.

이작시언 아초불문 종하소래
而作是言 我初不聞 從何所來

둘째는 이 경을 보호하고 지니고(護持) 해설하는 이에게 친근하게 공양도 공경도 하지 않으면서, 간간이 그에 대해 좋지 않은 소리를 하는 것이니라.

이자
二者

약유호지해설 여시심경자 불긍친근 공양공경 혹시어중 설기과오
若有護持解說 如是深經者 不肯親近 供養恭敬 或時於中 說其過惡

이 두 가지가 있으면 마땅히 알아라.

유차이법 당지
有此二法 當知

이 신학보살이 스스로를 헐뜯고 손상시키고 있으며

시신학보살 위자훼상
是新學菩薩 爲自毁傷

깊은 법문으로 마음을 다스리지 못하고 있음이니라.

불능어심법중 조복기심
不能於深法中 調伏其心

미륵이여, 또 보살이 깊은 법을 믿고 잘 이해하고도 스스로를 손상시키고 무생법인을 얻지 못하게 되는 두 가지 경우가 있나니

미륵 복유이법 보살수신해심법 유자훼상 이불능득 무생법인
彌勒 復有二法 菩薩雖信解深法 猶自毀傷 而不能得 無生法忍

무엇이 두 가지인가?

하등위이
何等爲二

첫째는 새로 배우는 보살을 경멸하고 교만하게 굴면서 잘 가르쳐 주지 않는 것이요

일자 경만신학보살 이불교회
一者 輕慢新學菩薩 而不教誨

둘째는 비록 깊은 법을 믿고 알았을지라도 취상분별(取相分別)(상을 취해서 자꾸 분별함)하는 것이니

이자 수신해심법 이취상분별
二者 雖信解深法 而取相分別

이것이 두 가지 경우이니라."

시위이법
是爲二法

2) 유통을 약속하다

미륵보살이 이 말씀을 듣고 부처님께 아뢰었다.

미륵보살 문설시이 백불언
彌勒菩薩 聞說是已 白佛言

"세존이시여, 일찍이 들어보지 못한 좋은 법문이옵니다.

세존 미증유야
世尊 未曾有也

부처님께서 설하신 대로 마땅히 이와 같은 나쁜 것들을 멀리하고

여불소설 아당원리 여사지악
如佛所說 我當遠離 如斯之惡

여래께서 무수한 아승지겁 동안 모이 오신 아뇩다라삼먁삼보리의 법을 받들어 간직하겠나이다.

봉지여래 무수아승지겁소집 아뇩다라삼막삼보리법
奉持如來 無數阿僧祇劫所集 阿耨多羅三藐三菩提法

만약 미래세의 선남자선여인이 대승을 구하면

약미래세 선남자선녀인 구대승자
若未來世 善男子善女人 求大乘者

마땅히 이 경전을 그의 손에 쥐어주어 기억하고 수지독송하고 남을 위해 널리 설할 수 있도록 하겠나이다.

당령수득 여시등경 여기념력 사수지독송 위타광설
當令手得 如是等經 與其念力 使受持讀誦 爲他廣說

세존이시여, 만약 말세에 이 경을 수지독송하고 남을 위해 널리 설하는 자가 있으면 모두가 이 미륵의 신력이 이룩한 것이라고 생각하소서."

세존 약후말세 유능수지독송 위타설자 당지 시미륵신력지소건립
世尊 若後末世 有能受持讀誦 爲他說者 當知 是彌勒神力之所建立

부처님께서 이르셨다.

불언
佛言

"착하고 훌륭하도다, 미륵이여.

선재 선재 미륵
善哉 善哉 彌勒

그대가 말한 바와 같게 되리니 부처님도 그대를 돕고 기뻐하리라."

여여소설 불조이희
如汝所說 佛助爾喜

이에 일체 보살이 합장하고 부처님께 아뢰었다.

어시 일체보살 합장백불
於是 一切菩薩 合掌白佛

“저희들도 여래께서 멸도하신 뒤에 시방국토에서 아뇩다라삼먁삼보리의 법을 널리 유포하고

아등 역어여래멸후 시방국토 광선유포 아뇩다라삼막삼보리법
我等 亦於如來滅後 十方國土 廣宣流布 阿耨多羅三藐三菩提法

설법을 하는 이들을 잘 인도하여 이 경을 얻고 설할 수 있도록 하겠나이다.”

복당개도 제설법자 영득시경
復當開導 諸說法者 令得是經

그때 사천왕이 부처님께 아뢰었다.

이시 사천왕백불언
爾時 四天王白佛言

“세존이시여, 도시·시골·산림·광야 어디에서든지 이 경전을 독송하고 해설하는 이가 있으면

세존 재재처처 성읍취락 산림광야 유시경권 독송해설자
世尊 在在處處 城邑聚落 山林曠野 有是經卷 讀誦解說者

저희는 모든 권속을 데리고 법을 듣기 위해 갈 것이며

아당솔제관속 위청법고 왕예기소
我當率諸官屬 爲聽法故 往詣其所

그 사람을 옹호하고 주위 백 유순 내에서는 방해하는 자가 없도록 하겠나이다.”

옹호기인 면백유순 영무사구득 기편자
擁護其人 面百由旬 令無伺求得 其便者

그때 부처님께서 아난에게 이르셨다.

시시 불고아난
是時 佛告阿難

“이 경을 수지하여 널리 유포하도록 하라.”

수지시경 광선유포
受持是經 廣宣流布

아난이 아뢰었다.

아난언
阿難言

“그렇게 하고자 저는 이 요긴한 법문을 이미 잘 수지하였습니다.

유연 아이수지요자
唯然 我已受持要者

세존이시여, 이 경의 이름은 무엇이라 하옵니까?”

세존 당하명사경
世尊 當何名斯經

부처님께서 이르셨다.
불언
佛言

"아난아, 이 경의 이름은
아난 시경명
阿難 是經名

'유마힐소설경'이요
위유마힐소설
爲維摩詰所說

또 '불가사의해탈법문'이라 하나니
역명 불가사의해탈법문
亦名 不可思議解脫法門

이와 같이 받아지닐지니라."
여시수지
如是受持

부처님께서 이 경을 설하여 마치자
불설시경이
佛說是經已

장자 유마힐과 문수사리·사리불·아난 등과 여러 천인·아수라와 일체 대중이
장자유마힐 문수사리 사리불 아난등 급제천인 아수라 일체대중
長者維摩詰 文殊師利 舍利弗 阿難等 及諸天人 阿修羅 一切大衆

부처님의 말씀을 듣고 크게 환희하였다.
문불소설 개대환희
聞佛所說 皆大歡喜

〈유마경 끝〉

유마경을 읽는 분들께

유마경의 범어는 비마라킬티-니르데샤-수트라Vimalakīrti-nirdesa-Sūtra입니다. 곧 '비마라킬티(유마거사)의 입을 통해 설해진〔所說〕 수트라(경전)'로, 번역하면 『유마힐소설경維摩詰所說經』이 됩니다.

비마라킬티는 유마힐維摩詰 · 유마라힐維摩羅詰 · 유마로 음역되고, 뜻으로 번역하면 무구칭無垢稱 · 정명淨名이 됩니다. 그래서 이 경전을 『설무구칭경』 · 『정명경』이라고도 부르고 있습니다.

인도불교 초기 대승경전 중 비교적 앞쪽인 1세기 또는 2세기경에 성립된 유마경은 널리 유행되어 중국에서 총 7차례 번역이 이루어졌으며, 현재 그 중 3종류가 전해지고 있습니다.

1. 오吳나라 지겸支謙 역, 『유마힐경』(2권)
2. 요진姚秦 구마라집 역, 『유마힐소설경』(3권)
3. 당唐나라 현장玄奘 역, 『설무구칭경說無垢稱經』(6권)

우리나라에서 널리 유통되고 있는 것은 구마라집鳩摩羅什이 번역한 『유마힐소설경』으로, 저의 번역본도 이를 모본으로 삼았습니다. 총 14품으로 구성되어 있는데, 전체의 내용을 품별로 요약하면 다음과 같습니다.

제1 불국품佛國品은 전체의 서품序品에 해당하는데, 보살이 불국토佛國土를 건설하는 데 대해 부처님께서 설법을 하고 있습니다. 이 품에는 다음과 같은 유명한 구절이 있습니다.

"중생을 성취함에 따라 불국토가 맑아지고, 불국토가 맑아짐에 따라 설법이 맑아지고, 설법이 맑아짐에 따라 지혜가 맑아지고, 지혜가 맑아짐에 따라 마음이 맑아지고, 마음이 맑아짐에 따라 일체의 공덕이 맑아진다. 그러므로 보살이 정토를 얻고자 하면 마땅히 그 마음을 맑게 해야 하나니, 그 마음이 맑아짐에 따라 불국토가 청정해지나니라."

제2 방편품方便品에서부터는 유마거사가 주인공으로 등장합니다. 그는 번뇌가 일어남이 없는 무생인無生忍을 얻었고, 자유자재한 설법과 갖가지 방편으로 중생을 이익되게 합니다. 그러한 방편의 하나로서 그는 병을 앓게 되는데, 병문안을 오는 자에게 몸은 무상無常하니 항상 불신佛身을 바라볼 것과 불신이 곧 법신法身이라는 것을 일깨워주고 있습니다.

제3 제자품弟子品에서는 부처님께서 사리불 · 목건련 등의 십대 제자에게 병문안을 가도록 권하지만, 그들 모두가 지난날 유마거사에게 훈계를 받았던 경험을 말하면서 문병을 거부합니다.

제4 보살품菩薩品에서는 보살들에게 문병을 권하지만, 십대 제자와 같은 이유로 미륵보살 · 광엄동자 · 지세보살 등이 모두 문병을 사양합니다.

제5 문질품問疾品에서는 마침내 문수보살이 부처의 명을 받들어 병문안을 가서 유마거사와 대화를 하게 됩니다. 이 대화에서 강조되는 것은 반야般若에 입각한 보살행으로, 일깨워 주면서, **"중생에게 병이 있는 한 나에게도 병이 있고, 중생의 병이 나으면 나의 병도 낫는다. 보살의 병은 대자비에서 생겨난다."**는 유명한 법문을 설합니다.

제6 부사의품不思議品에서는 시간과 공간을 초월한 보살의 활동이 서술되어 있고,

제7 관중생품觀衆生品에서는 보살이 중생을 어떻게 관찰해야하

는지, 어떠한 자비를 갖추어야 하는지? 등에 대해 설하고 있습니다.

제8 불도품佛道品에서는 연꽃이 진흙 연못 속에서 피어나듯이 불도는 번뇌의 진흙 구덩이 속에서 생겨난다는 것과, '보살의 어머니는 반야의 지혜요, 아버지는 방편'임을 힘주어 설합니다.

제9 입불이법문품入不二法門品은 내용이 매우 심오합니다. 더러움과 깨끗함이 둘이 아니요〔染淨不二〕, 바름과 삿됨이 둘이 아니요〔正邪不二〕, 나와 나의 대상이 둘이 아니다〔我我所不二〕는 등, 총 31명의 보살이 상대적인 두 가지 사항이 결코 둘이 아님〔不二〕을 깨달아 해탈의 세계로 들어감을 천명합니다. 이어 32번째와 33번째로 문수보살과 유마거사가 불이법문을 설하는데, '말과 식별을 모두 떠난 것이 불이법문'이라는 문수보살의 해설에, 말 없이 묵묵히 있는 것으로 설명을 대신한 유마거사의 불이법문으로 절정에 이릅니다.

제10 향적불품香積佛品에서는 유마거사가 환인幻人을 만들어 향적불의 나라에서 음식을 가져오게 합니다. 그 나라는 문자나 언어로 설법을 하지 않고 묘한 향기〔妙香〕로 삼매三昧를 얻게 하는데 반해, 우리가 살고 있는 사바세계에서는 갖가지 방편으로 중생을 이끌어야 하는 어려움이 있음을 설하고 있습니다.

제11 보살행품菩薩行品 · **제12 견아촉불품**見阿閦佛品 · **제13 법공양품**法供養品 · **제14 촉루품**囑累品에서는 석가모니불께서 유마거사가 설한 모든 법문을 다시 한번 다른 측면에서 강조하여 설합니다.

이 『유마경』의 특색은 교리적으로 반야般若를 얻는 공관空觀과 대승불교의 실천을 깊이있게 설하는 한편, 불국정토를 이루는 방법이 무엇인지를 다양한 측면에서 설하고 있다는 것이며, 『승만경』과 함께 재가불교를 중요시하는 대승경전으로 널리 보급되었습니다.

흔히 불가사의해탈법문不可思議解脫法門으로 불리어지기도 하는 유마경은 예로부터 깨달음을 이루고자 하는 이들이 가장 많이 읽고 가장 많이 인용된 경전으로도 유명합니다. 한 예로 육조 혜능대사를 찾아와 깨달은 이들 중 유마경을 읽고 공부한 이들이 가장 많았는데, 이는 시사하는 바가 큽니다.

그야말로 읽는 이의 마음을 통쾌하게 만드는 유마경, 스스로의 경지에 대해 숙연하게 만드는 유마경이기에, 번역이 결코 쉽지가 않았습니다. 그러나 공부한다는 마음으로, 또 많은 이에게 불법을 전하겠다는 생각으로 정성을 기울이고 또 기울였습니다.

이 유마경을 번역하는 데는 저의 지도교수였던 이기영李箕永(1922~1996)교수님의 『유마경 강의』(한국불교연구원, 2000)가 크나큰 도움을 주었음을 밝힘과 동시에, 이기영 선생님의 훌륭한 저서와 명쾌한 가르침에 깊이 감사드립니다.

아울러 이 글에 이어, 저의 대학원 시절 또 한 분의 스승이셨던 서경수徐景洙(1925~1986)교수님의 유마경에 대한 글을 싣습니다. 왜냐하면 글이 쉬우면서도 유마경의 내용을 이해하는 데 큰 도움이 되기 때문입니다.

제가 번역한 이 유마경을 두 분 선생님의 영전에 바침과 아울러, 번역한 공덕을 읽는 분들의 해탈과 행복, 불교가 나날이 전파되어 불국토 성취에 한 줌의 씨가 되는 데로 회향하면서 발문에 갈음합니다.

2021년 12월 1일

경주 동남산 기슭에서 김현준 합장

기상천외한 유마경의 가르침

글 서경수

『유마경』은 상업을 주로 하는 인도 북부의 자유도시 바이샬리를 무대로 삼아, 주인공 비마라킬티〔維摩詰(유마힐)〕가 중심이 되어 벌이는 희곡 형식으로 짜여 있다. 그래서 문학적 가치도 다른 경전보다 월등하다.

더구나 주인공 유마는 당시 부처님의 측근에 있던 출가 비구가 아니라, 아내와 자식들을 가진 재가 거사의 신분 소지자라는 사실이 사람들의 흥미를 끈다. 또 계율이 형식화되어 굳어가는 기성 교단과 그 주변 제자들과 비구들을 향하여 날카로운 비판과 풍자를 던지는 극적인 장면이 희곡적인 가치를 높여 주고 있다. 그야말로 보수주의적 색채가 농후하던 교단에 진보적인 새바람을 일으킨 인물이 바이샬리의 거부巨富 유마거사였다.

(제1 불국품) 바이샬리의 교외에 위치한 정사에 부처님이 계실 때의 일이었다. 8천 명의 대비구와 3만 2천의 보살들이 부처님의 주변에 모여 있었을 때, 보적寶積이라는 장자의 아들이 5백 명의 청년들을 이끌고 예배를 하러 왔다. 그때 부처님께서는 '불국토는 마음이 맑은 사람들에 의하여 건설되어야 하며, 맑은 마음에 의하여 건설된 불국토는 항상 맑고 밝다.'고 설하신다. 여기까지는 서곡이다.

(제2 방편품) 때마침 유마거사는 병이 들어 자리에 누워있었다. 그는 돈이 많은 재가의 거사로, 평소 여러 계층의 인물들과 교제를 하여 왔다. 유흥가 출입도 하고 도박하는 무리들과도 어울리

고, 위로는 왕상귀족과 대화를 나누고, 아래로는 평민들과도 친하게 지냈다. 그러나 그는 항상 적절한 장소에서 그 분위기에 알맞도록 상대방을 교화하는 사명은 잊지 않았다. 그러한 유마거사가 앓아 병상에 눕게 되니, 사방에서 문병객이 몰려들었다.

(제3 제자품 · 제4 보살품) 유마거사의 병 소식은 곧 부처님의 정사에도 전해졌다. 그래서 부처님은 제자들 중에서 한 사람을 골라 문병차 보내려고 하였다. 부처님은 제자 중 최고의 위치에 있는 사리불에게 유마거사의 문병을 갈 것을 권하였다. 그랬더니 사리불은 즉석에서 사양하며 말하였다.

"부처님, 그에게 문병하는 일을 저는 감당할 수 없습니다. 언젠가 숲속 나무 아래 앉아 좌선하던 옛일이 생각납니다. 그때 유마힐은 저에게 말씀하였습니다.

'사리불이여, 숲속에 가만히 앉아 있는 것을 좌선이라고 할 수는 없습니다. 삼계三界에 있으면서 몸과 마음이 움직이지 않는 것을 좌선이라고 합니다. 마음과 그 작용이 쉬어버린 무심한 경지에 있으면서도 온갖 행위를 할 수 있는 것을 좌선이라고 합니다. 진리에 나아가는 길을 버리지 않으면서도 범부의 일상생활을 하는 것이 좌선입니다. 번뇌를 끊지 않고 열반에 드는 것을 좌선입니다.'

부처님, 저는 그때 이 말을 듣고 말문이 막혀 버렸습니다. 그러므로 그를 찾아가 문병하는 일을 감당할 수 없습니다."

좌선에 대한 보수적 해석을 신랄하게 비판하는 유마거사의 면모를 읽을 수 있다. 일상생활을 여의며 번뇌를 끊고 열반에 드는 것을 좌선이라고 생각하는 보수적인 견해에 반하여, 세속의 일상적인 생활을 영위하면서도 진리의 길로 나아가는 것, 또 번뇌를 끊지 않고 열반에 드는 것이 올바른 좌선이라고 하는 혁신적인 해석을 하고 있음을 볼 수 있다.

다음으로 대가섭大迦葉에게 유마거사의 문병을 권하였더니, 그 역시 사양하며 이렇게 말하였다.

"부처님, 저도 그 일은 감당할 수 없습니다. 저는 가난한 마을에서 걸식하던 일이 생각납니다. 그때 유마거사는 다가와 말씀하였습니다.

'대가섭이여, 걸식은 평등한 법에 머물러 차례대로 행하여야 합니다. 걸식은 식욕을 위한 것이 아니며 음식을 얻기 위한 것도 아닙니다. 마을에 들어갈 때는 사람이 살지 않는 빈 마을이라는 생각으로 들어가야 하며, 형상을 보더라도 장님과 같이 보고, 들리는 소리는 메아리같이 듣고, 냄새는 바람과 같이 느끼고, 맛을 분별하지 않으며, 온갖 느낌은 깨달음의 경지에서 느끼듯이 해야 합니다.'

저는 이때 한마디 대꾸도 못 하고 말았습니다."

보시와 걸식에 대한 유마거사의 새로운 견해가 피력되었다.

이와 같이 부처님은 여러 제자에게 유마거사의 문병을 권해 보았으나, 모두 옛날 그에게 비판받았던 쓰라린 경험 때문에 사양을 하고 만다.

(제5 문수사리문질품) 부처님의 청을 마지막으로 받은 문수보살은 사양할 수가 없어 유마거사의 문병을 떠난다. 이리하여 바이샬리 거부이며 현자인 유마거사의 집에서 양대 철인哲人의 대론이 벌어지게 된다.

많은 보살과 제자와 신도와 함께 문수보살이 자기 집으로 향하여 오는 것을 멀리서 바라보던 유마거사는 신통력으로 집안을 텅 비게 만든다. 집안에는 유마거사와 그가 누워 있는 침대 하나만 있을 뿐 완전히 공허했다. 이는 문수보살을 기다리는 것이 '공空'을 전제로 하고 있음을 암시한다.

먼저 문수보살은 병문안을 위해 먼저 입을 연다.

"유마거사님, 병환은 어떠십니까? 부처님이 안부를 전하셨습니다. 병은 어째서 생겼으며, 얼마나 오래됐으며, 어떻게 해야 나을 수 있습니까?"

"내 병은 무명無明으로부터 애착이 일어 생겼으며, 모든 중생이 앓으므로 나도 앓고 있습니다. 따라서 중생의 병이 없어지면 내 병도 없어집니다. 왜냐하면 보살은 중생을 위해 생사에 세계에 들어가고, 생사가 있으면 병이 있게 마련입니다. 중생이 병에서 벗어날 수 있다면 보살도 병이 없어지나니, 보살의 병은 대자비심에서 생겨났기 때문입니다."

실로 기발한 답변이다. 중생이 앓으므로 유마는 앓고, 중생이 병에서 벗어나면 유마는 앓지 않는다. 즉 중생이 앓아 고통하는 모습을 보고 유마의 자비심은 그들과 함께 앓지 않을 수 없으며, 중생이 병이 나아 고통이 없어지면 유마의 자비심도 그들과 함께 사라져 병이 낫는다는 것이다. 위대한 보살은 자비심으로 중생과 함께 고통을 느끼고, 중생과 함께 슬퍼하며, 중생과 함께 즐거워한다는 말이다.

(제6 부사의품) 그때 마침 함께 와 있던 사리불은 공허한 방안이 텅 비어 있어 앉을 의자조차 없는 것을 보고 여러 사람들의 앉을 자리를 걱정하였다.

사리불의 표정에서 그의 뜻을 알아차린 유마거사는 "**사리불이여, 그대는 법을 위하여 왔습니까, 아니면 앉을 자리를 찾아왔습**

니까?" 하고 날카로운 질문을 던졌다. 당황한 사리불은 얼른 "저는 법을 위하여 온 것이지 자리를 위하여 온 것은 아닙니다." 하면서 자기의 체면을 세운다.

이때 유마거사는 신통으로 3만 2천 개의 의자를 가져다가 거사의 좁은 방 안에 나란히 놓는다. 좁은 방은 3만 2천 개의 의자를 넣고도 아직 여유가 있다. 유마거사는 '불가사의한 힘'에 대한 설교를 하면서 시간과 공간을 초월한 대승사상의 일면을 나타내어 보인다.

(제7 관중생품) 유마거사를 향한 문수보살의 질문은 계속된다.

"보살은 중생을 어떻게 보십니까?"

"마술사가 만든 꼭두각시를 보듯이 중생을 봅니다. 또 한낮의 아지랑이 · 메아리 · 뜬구름 · 물거품 · 파초의 줄기 · 번갯불과 같이 봅니다. 또 장님이 빛을 보듯이, 공중을 나는 새의 자취와 같이, 석녀石女가 낳은 아이와 같이, 잠에서 깨어났을 때 되돌아보는 꿈과 같이, 중생을 봅니다."

모든 것에 실체가 있다는 관념을 타파하라는 것이다. 중생도 고정된 것은 아니다. 그러므로 보살은 중생에 대하여 아무런 집착도 없이 자비의 손으로 교화할 수 있다. 구제에 대하여는 성실하지만, 그의 마음은 어디까지나 냉정을 지켜야 한다.

마침 이때, 방 안에 있던 한 천녀가 꽃을 뿌린다. 그런데 보살의 옷에 떨어진 꽃잎은 미끄러져 얼른 땅 위에 떨어지지만, 성문제자들의 옷에 닿은 꽃잎은 붙어서 떨어지지를 않는다. 꽃잎을 떨어뜨리려고 허둥대는 사리불을 보고 천녀는 쏘아댄다.

"사리불 존자여, 부처님의 높은 제자 중의 한 사람이라는 분별심과 아집이 남아 있는 한에는 그 꽃잎이 옷에서 떨어지지 않을 것입니다."

부처님의 측근에서 아만에 차 있던 제자들을 비판하는 예리한 한 마디다. 제정신을 차린 사리불이 분별심을 버리자 그의 옷에 붙어있던 꽃잎이 땅 위에 떨어졌다.

(제8 불도품) 이어 유마거사는 보살의 길은 '길이 아닌 길', 곧 비도非道라고 단언한다.

소승불교는 탐 · 진 · 치의 삼독을 부정하고 없애는 것을 수행의 목표로 삼지만, 오히려 삼독의 번뇌 속에서 깨달음의 실마리를 찾는 것이 대승불교의 길이요, 메마른 땅이 아니라 흙탕물 속에서 연꽃이 피어나듯이 고뇌가 많으면 많을수록 청정한 경지에 이를 수 있다는 놀라운 법문을 한다.

(제9 입불외법문품) 이제 『유마경』 가운데 가장 멋있는 장면이 전개된다. 유마거사는 물었다.

"여러분 보살은 어떻게 불이법문不二法門에 듭니까?"

불이법문은 가장 어려운 법문이다. 대립이 아니라 이것과 저것이 일여一如인 '불이'를 설명하라는 것이다.

먼저 법자재보살이 입을 열었다.

"생生과 멸滅은 서로 대립하고 있습니다. 그러나 진리는 본래 생하는 것이 아니므로 멸하는 일도 없습니다. 따라서 생하지 않는 법을 확신하는 길이 불이법문에 이르는 길입니다."

사자보살이 말하였다.

"죄와 복은 서로 대립하고 있습니다. 만일 죄의 본성이 복과 다르지 않음을 금강석과 같은 지혜로써 분명히 알면 속박도 해탈도 없게 되어 불이법문에 들어갑니다."

또 다른 보살들은 세간과 출세간의 대립, 생사와 열반의 대립,

지혜와 무명의 대립, 나와 남의 대립 등을 주장하며, 각기 불이법문의 길을 변론한다. 30명이 넘는 보살들이 불이법문을 피력한 다음 문수보살 차례가 왔다.

"모든 것에 대하여 말도 없고 말할 것도 없으며, 가리킬 것도 식별할 것도 없으며, 일체의 질문과 대답을 떠난 것이 바로 불이법문의 길이라고 생각합니다."

이어 문수보살은 조용히 앉아 있는 유마거사에게 물었다.

"우리들은 각기 생각한 바를 말하였습니다. 이제 유마거사님의 차례입니다. 어떻게 하여 보살은 불이법문에 이를 수 있습니까?"

이때 유마거사는 침묵한 채 아무 말도 하지 않았다. 이 광경을 본 문수보살은 감탄하여 말하였다.

"훌륭합니다. 문자나 말 한마디 없는 이것이야말로 참으로 불이법문입니다."

'개구즉착開口則錯', 입을 열어 말하게 되면, 벌써 그릇됨〔錯(착)〕에 떨어진다. 미완성이며 상대적 존재인 인간이 만든 모든 것은 미완성과 상대성의 한계를 벗어날 수 없다. 언어도 인간이 만든 것이다. 따라서 언어도 미완성과 상대성의 한계를 벗어날 수 없다. 한마디 하게 되면 상대되는 다른 한마디가 대립되어 나온다. 그래서 입을 열고 말하는 것도 대립을 만드는 것이다.

대립은 둘 사이에 일어나기 마련이다. 그러므로 입을 연다는 것이 벌써 불이가 아닌 '둘'로 대립을 야기하는 것이 된다. '불이'를 주장하는 말 자체가 이미 자기모순에 빠지고 있다는 말이다. 그래서 유마거사는 마지막까지 무거운 침묵을 지킴으로써 그들에게 불이법문을 설한다. 불이를 설명하는 가장 적절한 언어가 침묵임을 그는 깨닫고 있었던 것이다.

(제10 향적불품) 불이법문으로 절정을 넘어선 이 드라마에서 유마거사는 신통력으로 점심 공양을 베푼다. 그는 향적여래로부터 얻어온 향기로운 밥 한 그릇으로 3만여 명에게 식사를 제공한다.

이 신통은 빵 몇 조각으로 수천 명을 먹였다는 예수의 이적을 연상케 한다. 시간과 공간을 초월한 대승경지에서 신통은 큰 문제가 될 수 없다. 시간과 공간을 넘어선 차원에서 펼치는 유마거사의 자유자재한 신통은 보통사람이 매일 밥을 먹는 것과 같이 평범한 일이었다.

(제11 보살행품) 공양 후 유마거사는 바이샬리 교외로 부처님을 찾아 나선다. 유마거사와 문수보살의 법문답에서 같이 깨친 무리들은 다 그의 뒤를 따라 부처님이 계신 곳으로 되돌아왔다. 모든 이의 얼굴에는 법열이 감돌고 있었다.

(제12 견아촉불품) 이때 부처님은 유마거사에게 물었다.

"부처를 어떻게 보느냐?"

"부처님을 보지 않는 것이 보는 것이 됩니다. 부처님은 이미 존재하였던 것, 현재 존재한다는 것, 장래에 사라져 버린다는 시간적 존재로 보아서는 안 됩니다."

이 유마의 대답으로 부처님의 지위는 절대자의 자리에로까지 승화되었다. 감각과 사유의 대상을 넘어선 것이 절대자이기 때문이다.

(제13 법공양품) 여기서 일단 대화는 끝나고 보시 중에서도 법보시가 가장 으뜸간다는 것을 되풀이하여 설한 다음, 부처님은 유마거사의 전생 이야기를 들려준다.

(제14 촉루품) 그리고 이 경전을 잘 유통시킬 것을 당부하고 '유마힐소설경'이라는 경의 이름을 밝힌 다음 대단원의 막을 내렸다.

『유마경』에는 역설적 화술이 자주 등장한다. 수행을 쌓은 부처님의 출가 제자들이 종종 우롱을 당하는 반면 재가의 거사인 유마의 기지가 칭찬받고 있다. 그러나 유마거사가 수행자들을 우롱하는 까닭은, 정말 그들을 우롱하기 위한 것이 아니라, 소승적 수행을 탈피하여 대승의 길을 걷도록 하기 위함이었다. 그는 때때로 기상천외의 역설을 한다.

대가섭에게 "**모든 마군은 불가사의 해탈에 이른 보살에 틀림없습니다**"라고 하여 그를 깜짝 놀라게 한다. 그렇다면 어찌하여 마군 같은 악마가 보살이 될 수 있다는 말인가? 그 까닭은, '**보살들을 괴롭히고 보살들을 강요하여 절대적으로 보살의 길을 가도록 하는 힘이 있는 자는 보살이라고 이름 부를 수 있다**'는 것이다. 그래서 유마힐은 가족들을 '마군의 족속이며, 이단자'라고 하였다. 가족들의 반대가 도리어 보살의 길을 걷게 하는 커다란 힘이 되기 때문이다.

그는 또, 부처님의 아들이며 제자인 라훌라에게 '출가의 무공덕'을 설파하면서, '**머리를 깎고 황의를 입는 것만으로 출가라고는 할 수 없다**'고 주장한다. 그것은 외관상의 출가일 뿐이요, '재가자가 세속에 있으면서 무상의 정등각을 얻을 마음을 내고 수행에 전념하는 것이 진정한 출가의 길'이라는 것이다.

상식을 넘어선 기상천외의 가르침과 길 없는 길을 설파하고 있는 깨달음의 경전인 『유마경』. 꼭 깊이 있게 읽고 또 읽어 유마거사와 같이 걸림 없고 자유자재한 중생교화와 해탈의 길을 활짝 열기를 축원드린다.

용어 풀이(가나다 순)

가루라迦樓羅 : 팔부신의 하나. 금시조金翅鳥라고도 하며, 뱀 또는 용을 잡아먹는 큰 새.

갈애渴愛 : 목마를 때 애타게 물을 찾듯이, 색욕 · 재물욕 · 음식욕 · 명예욕, 수면욕의 오욕五欲에 애착함.

감로법甘露法 : 감로는 먹으면 늙지 않고 오래 사는 깨끗한 이슬이며, 감로법은 부처의 법에 끝없는 공덕과 이익이 있음을 나타낸 말.

건달바乾達婆 : 팔부신의 하나. 긴나라와 함께 제석천을 섬기는 음악의 신. 술과 고기를 먹지 않고 단지 향만 좋아한다고 함.

공삼매空三昧 : 모든 것은 인연 따라 생겨나고 결국은 공임을 깨닫게 되는 경지.

공적행空寂行 : 모양이 없고 나고 죽음이 없는 행.

관행觀行 : 자기의 마음 움직임을 밝게 비추어 보는 수행.

구뇌처九惱處 : 사랑하는 이와의 이별, 원수와의 만남, 구하는 것을 얻지 못함의 세 가지 고뇌가 과거 · 현재 · 미래의 삼세에 함께 하므로 이를 구뇌처라 함.

근기根機 : 중생이 가지고 있는 그릇과 능력.

긴나라緊那羅 : 팔부신의 하나. 아름다운 음성을 가진 춤과 음악의 신.

나라연那羅延 : 천상에 있는 역사力士로서 불법을 지키는 금강신. 그 힘의 세기가 코끼리의 백만 배나 된다고 함.

나유타那由他 : 대단히 큰 수의 단위. 1나유타는 1백만에 해당함.

다라니陀羅尼 : '총지總持 · 능지能持' 등으로 번역됨. 원래는 법을 이해하고 기억하는 능력으로 사용된 단어였으나, 나중에는 법의 요긴한 뜻이나 신비스런 능력을 가지고 있는 주문을 가리키는 단어로 사용됨.

다문지혜多聞智慧 : 법문을 많이 듣고 기억하여 성취한 지혜.

다타아가탁多陀阿伽度 : 타타아가타tathāgata라고 하며, 여래如來로 번역한다. 한결같이 오신 분이라는 뜻.

단바라밀檀波羅蜜 : 보시바라밀의 다른 이름. 자비심으로 남에게 재물이나 불법 등을 베푸는 행.

대법大法 : 부처의 가르침을 높여 이르는 말. 특히 대승大乘의 교법敎法.

대승법大乘法 : 대승은 중생을 제도하여 부처의 경지에 이르게 하는 것을 이상으로 하는 불교. 그 교리 · 이상 · 목적이 모두 크고 깊으며, 그것을 받아들이고 믿는 이의 능력도 하여 대승이라 한다. 승려 중심의 소승불교를 비판하면서 일어난 불교로, 한국 · 중국 · 일본의 불교가 이에 속한다.

대원大願 : 크나큰 원. 중생을 구하고자 하는 원願이나, 부처가 되고자 하는 원.

두타頭陀 : 의식주에 탐착하지 않고 청정하게 불도를 닦는 일.

마후라가摩喉羅伽 : 팔부신의 하나. 대복행大腹行이라 번역하며, 이무기·큰 뱀·사신蛇神이라고도 함.

망견妄見 : 잘못된 견해 또는 허망한 견해. 곧 사견邪見과 같은 말이다.

망어妄語 : 진실하지 못한 허망한 말. 거짓말.

멸진정滅盡定 : 마음의 작용을 모두 끊어버리는 선정. 소승의 성자가 해탈과 열반의 경지에 이르기를 바라면서 닦는 선정이다.

명행족明行足 : 여래 십호如來十號의 하나. 과거와 미래와 불교의 진리를 잘 아는 삼명三明과 몸 · 말 · 행동으로 짓는 삼행三行을 다 갖춘 분이라는 뜻.

무루無漏 : 번뇌가 없는 청정한 상태.

무루법無漏法 : 새어나가는 것이 없는 법. 곧 번뇌煩惱를 벗어난 깨끗한 법.

무상無常 : 영원한 것〔常(상)〕이 없다는 뜻. 나고 죽고 흥하고 망하는 것이 덧없음을 이르는 말.

무상도無上道 : 더할 나위 없이 훌륭한 도. '불도佛道'를 달리 이르는 말.

무상사無上士 : 여래 십호의 하나. 모든 존재 가운데서 가장 높아서 위가 없다는 뜻.

무상삼매無相三昧 : 일체에 대해 차별의 상相을 떠나는 수행의 경지.

무색계無色界 : 삼계三界의 하나. 육체와 물질의 속박을 벗어나서 정신적인 사유思惟만 존재하는 세계. → 삼계三界.

무생법인無生法忍 : 남이 없는 법의 이치를 증득하는 것. 곧 공이요 불생불멸임을 철저히 깨달아 마음의 평화로움을 얻는 경지.

무소득無所得 : 진정으로 얻을 바가 없음을 깨달아 마음에 집착과 분별이 없는 지혜.

무작無作 : 인연에 의해 생긴 것이 아니라 생멸을 초월하여 본래부터 있는 것. '열반'을 달리 이르는 말.

무작삼매無作三昧 : 일체에 대해 원하고 바랄 것이 없음을 깨닫는 수행의 경지.

무쟁삼매無諍三昧 : 공한 이치를 터득하여 일체에 대해 다투거나 시비할 것이 없는 수행의 경지

밀행密行 : 아무런 애를 쓰지 않더라도 그대로 진리에 계합하는 일상의 행위.

바라밀波羅蜜 : 범어 pāramitā의 음역. 도피안到彼岸이라 번역되며 깨달음의 완성, 해탈을 의미함. 보살이 닦아가는 수행법으로 육바라밀 · 십바라밀 등이 있음.

반야바라밀般若波羅蜜 : 분별과 집착이 끊어진 완전한 지혜의 성취.

방일放逸 : 함부로 생각하고 말하고 행동하는 것.

방편方便 : 십바라밀의 하나. 중생을 구제하기 위하여 쓰는 묘한 수단과 방법.

법락法樂 : ①불법의 즐거움. 곧 부처의 가르침을 믿고 받드는 기쁨. ②스스로 착한 일을 하고 공덕을 쌓아 즐기는 것.

법보장法寶藏 : 불법佛法의 보배 창고.

법안法眼 : 부처님 오안五眼의 하나. 모든 법을 관찰하는 눈.

법약法藥 : 중생의 번뇌와 괴로움을 치료해주는 약.

법장法藏 : 진리를 갈무리하고 있다는 뜻으로, '불경'을 달리 이르는 말.

벽지불辟支佛 : 스승으로부터 가르침을 받지 않고 혼자서 깨달은 사람을 가리킴. '독각獨覺'이라고도 하며, 인연법을 관찰하여 깨달음을 얻으므로 '연각緣覺'이라고도 함.

변재辯才 : 법이나 뜻을 잘 설명하는 능력.

보개寶蓋 : 각종 보배로 장식한 우산 모양의 차광막. 파라솔과 같은 기능을 함.

보리菩提 : 아뇩다라삼먁삼보리의 줄임말, 깨달아 얻는 지혜. 부처님의 바른 깨달음.

보살승가菩薩僧伽 : 위로는 보리를 구하고 아래로는 중생을 제도하는 대승 불교의 이상적 수행자인 보살의 집단.

복덕업福德業 : 복스러운 공덕의 행위.

본원本願 : 부처가 되기 이전, 곧 보살이 수행할 때에 세운 서원誓願.

불공법不共法 : 부처님과 대보살만이 갖추고 있는 훌륭한 법과 힘. → 십팔불공법十八不共法

불법장佛法藏 : 불법이 두루 갖추어져 있는 보배 창고.

불이법문不二法門 : 상대적이고 차별적인 것을 초월하여 절대적이고 평등한 진리로 들어가게 하는 법문.

불종성佛種性 : 중생이 본래 지니고 있는 부처가 될 성품.

불퇴전不退轉 : 물러나거나 퇴보함 없이 위없는 법을 구하는 것. 또는 물러남이 없는 경지.

불퇴전지不退轉地 : 물러남이 없는 자리에 이른 보살의 수행 경지.

비리야바라밀毘離耶波羅蜜 : 정진바라밀의 다른 말. 일심으로 부지런히 불도를 닦아 피안에 도달함.

비요법장秘要法藏 : 알려지지 않은 요긴한 법문.

사념처四念處 : ①육신이 부정하다고 관하는 것〔身念處 : 觀身不淨〕 ②우리가 즐거움이라고 받아들이는 것들이 참 낙이 아니라 모두 고통이라고 관하는 것〔受念處 : 觀受是苦〕 ③우리의 마음을 무상한 것이라고 관하는 것〔心念處 : 觀心無常〕 ④모든 법에 자아라고 할만한 실체가 없다고 관하는 것〔法念處 : 觀法無我〕.

사대四大 : 물질을 구성하는 지地·수水·화火·풍風의 네 가지 요소. 우리의 몸은 이 사대로 이루어져 있다고 하여 몸을 뜻하는 단어로 쓰이기도 함.

사무량심四無量心 : 중생을 교화하는 4가지 무량한 마음. ①한량없이 자애로운 자무량심慈無量心 ②중생의 괴로움을 없애주는 비무량심悲無量心 ③불도를 닦는 중생을 보면서 칭찬하고 기뻐하는 희무량심喜無量心 ④분별심을 버리고 평등하게 대하는 사무량심捨無量心.

사무외四無畏 : 사무소외四無所畏. 부처님 스스로가 가지는 네 가지 두려움 없고 흔들림 없는 자신감. ①바른 깨달음을 얻었다 ②모든 번뇌를 남김없이 다 끊었다 ③누구보다도 바르게 제자들에게 도道를 설하고 있다 ④괴로움의 세계로부터 벗어나는 길을 있는 그대로 설하고 있다.

사선천四禪天 : 선정을 닦는 사람이 태어나는 색계色界의 네 하늘. 초선천 · 이선천 · 삼선천 · 사선천이 있다.

사섭법四攝法 : 보살이 중생을 이끌어들이고 교화하는 네 가지 방법. ① 재물이나 법을 베푸는 보시섭布施攝 ② 좋은 말로 기두이들이는 애어섭愛語攝 ③ 이익을 주는 행위를 하는 이행섭利行攝 ④ 함께 일을 하며 이끌어 들이는 동사섭同事攝.

사성제四聖諦 → 사제四諦

사신족四神足 → 사여의족四如意足

사여의족四如意足 : 사신족四神足이라고도 함. ① 수승한 선정을 얻고자 희구하는 욕여의족欲如意足 ② 끊임없이 수승한 노력을 하는 정진여의족精進如意足 ③ 선정을 통해 얻는 힘인 심여의족心如意足 ④ 사유思惟, 곧 지혜를 통해 얻는 힘인 사유여의족思惟如意足.

사음邪婬 : 사음邪淫으로도 쓰며, 십악의 하나. 아내나 남편이 아닌 자와 음탕한 짓을 함.

사전도四顚倒 : 네 가지 잘못된 생각. 생사와 열반의 실상에 대하여 ① 무상無常과 상常 ② 고苦와 낙樂 ③ 무아無我와 아我 ④ 부정不淨과 정淨을 뒤바꾸어 생각하는 일.

사정근四正勤 : 4정단四正斷이라고도 함. ① 이미 생긴 악惡을 없애려고 부지런히 함 ② 아직 생기지 않은 악을 미리 방지하려고 부지런히 함 ③ 이미 생긴 선善을 더 증장시키려고 부지런히 함 ④ 아직 생기지 않은 선을 생기도록 부지런히 함.

사제四諦 : 사성제四聖諦라고도 함. 네 가지 성스러운 불교의 근본 가르침. ① 인생이 고苦라는 진리를 비롯하여, ② 고의 원인〔集〕 ③ 고의 멸滅 ④ 고를 멸로 이끄는 길〔道〕의 네 가지 진리를 말함.

사천하四天下 : 수미산 사방에 있다는 네 대륙. 동승신주東勝身洲 · 서우화주西牛貨洲 · 남섬부주南贍部洲 · 북구로주北俱盧洲.

삼견법三堅法 : 몸〔身〕과 목숨〔命〕과 재물〔財〕로써 ① 영원히 변하지 않는 법신法身과 ② 영원한 지혜의 생명인 혜명慧命과 ③ 깨달음의 보배인 법재法財를 얻음.

삼계三界 : 윤회의 세계인 욕계 · 색계 · 무색계의 3세계. ① 욕계欲界는 욕망이 강한 세계. ② 색계色界는 청정하지만 아직 미묘한 물질로 이루어진 세계. ③ 무색계無色界는 순수한 정신세계.

삼계존三界尊 : 부처님의 다른 이름. 삼계에서 가장 높은 분이라는 뜻.

삼독三毒 : 사람의 착한 마음을 해치는 세 가지 근본 번뇌. 욕심〔貪〕 · 성냄〔瞋〕 · 어리석음〔痴〕을 독에 비유하여 이르는 말. 유마경에서는 음욕婬 · 분노怒 · 치痴를 삼독이라 표현함.

삼매三昧 : 마음을 한 곳에 집중하여 정신을 통일하는 것 또는 통일된 상태.

삼명三明 : 육신통 가운데 ① 전생을 아는 숙명통 ② 먼 곳의 일도 능히 아는 천안통 ③ 번뇌를 다한 누진통을 '세 가지 밝은 지혜'라 하여 삼명이라고 함. → 육신통六神通

삼세三世 : 과거 · 현재 · 미래.

삼승三乘 : 근기에 따라 중생을 열반에 이르게 하는 세 가지 교법. 성문승 · 연각승 · 보살승의 셋으로 나눔.

삼십이상三十二相 : 부처님과 전륜성왕에게만 갖추어져 있는 32가지의 뛰어난 신체적 특징.

삼십칠도품三十七道品 : 삼십칠조도품, 삼십칠품이라고도 함. 사념처四念處 · 사정근四正勤 · 사여의족四如意足 · 오근五根 · 오력五力 · 칠각지七覺支 · 팔정도八正道를 합친 37항목. 이는 깨달음을 얻기 위한 실천을 37가지로 정리한 것임.

삼악도三惡道 : 악행을 지은 이가 가게 되는 세 가지 악하고 고통스러운 세계. 지옥 · 아귀 · 축생의 세계.

삼업三業 : 몸, 입, 뜻으로 짓는 세 가지 업. 신업身業 · 구업口業 · 의업意業.

삼해탈문三解脫門 : 삼삼매라고도 함. 해탈을 얻는 세 가지 방법. 공空 · 무상無相 · 무작無作 해탈문.

상호相好 : 부처님께는 뚜렷하게 보이는 32가지의 훌륭한 상相과 80가지의 미세하여 보기 어려운 호好가 있음. → 삼십이상三十二相 → 팔십종호八十種好

색계色界 : 삼계三界의 하나. 욕계에서 벗어난 깨끗한 물질의 세계. 선정禪定을 닦는 사람이 태어나는 곳으로, 욕계와 무색계의 중간 세계이다. → 삼계三界

색신色身 : 육안으로 볼 수 있는 형체가 있는 몸.

석자釋子 : 석가모니의 제자. 불제자.

선근善根 : 좋은 과보를 낳게 하는 착한 바탕. 탐욕과 성냄과 어리석음이 없는 마음.

선바라밀禪波羅蜜 : 선정바라밀. 선정을 통하여 피안에 이르는 수행법.

선서善逝 : 여래 십호의 하나. '잘 가신 분'이라는 뜻.

선정禪定 : 마음이 하나로 집중되어 흐트러짐이 없음.

선정해탈삼매禪定解脫三昧 : 선정삼매를 통하여 얻는 해탈. 곧 선정바라밀.

섭수攝受 : 자비로운 마음으로 중생을 거두어 들여서 보살핌.

성문聲聞 : '부처님의 가르침만을 듣는 이'라는 뜻으로, 출가한 승려를 가리킴.

성문승聲聞乘 : 삼승三乘의 하나. 성문들이 타는 수레라는 뜻으로, 부처의 설법을 듣고 아라한의 깨달음을 얻게 하는 교법.

세간법世間法 : 속세의 법. 중생이 의지하며 사는 세상의 법.

세간해世間解 : 여래 십호의 하나. 이 세상 일반의 모든 것을 잘 안다는 뜻.

소승법小乘法 : 중생들의 제도를 중심에 두고 있는 보살과는 달리, 개인의 해탈을 중심에 두고 수행하는 이들을 소승이라 하며, 그들이 닦는 법을 소승법이라 함.

수기授記 : 부처님이 제자들에게 장차 성불하게 됨을 예언하는 것.

수다원須陀洹 : 아라한에 이르는 성문聲聞 사과四果 가운데 첫 번째 단계. 법에 대한 의심이 없어져 성인의 흐름에 들게 되었다 하여 예류預流 또는 입류入流라고도 하며, 수다원이 되면 일곱 생 안에 해탈한다고 함.

수명상壽命相 : 수명에 대한 집착. 금강경에서는 수자상壽者相이라고 함.

수상행식受想行識 : 오음 중 정신작용의 네 가지. → 오음五陰

수희隨喜 : 진심으로 따라서 기뻐함. 불보살과 다른 사람이 행하는 좋은 일이나 법을 자신의 일처럼 함께 기뻐하는 것.

시라바라밀尸羅波羅蜜 : 지계바라밀. 계를 받아 지킴으로써 피안에 이르는 수행법.

시사侍者 : 시중을 드는 사람.

실상경전實相經典 : 진리를 올바로 설한 진실한 경전.

실상법實相法 : 있는 그대로의 참모습에 관한 법문.

십구계十九界 : 원래 십팔계인데 십구계라 한 것은 실제로는 없다는 뜻. → 십팔계十八界

십력十力 : 부처님만이 지니고 있는 10가지 지혜의 힘.

①옳고 그름을 변별하는 지혜의 힘〔處非處智力처비처지력〕
②선악의 업과 그 과보를 여실하게 아는 지혜의 힘〔業異熟智力업이숙지력〕
③선정과 해탈 등을 여실히 아는 지혜의 힘〔禪定解脫智力선정해탈지력〕
④중생 근기의 상하 우열을 여실히 아는 지혜의 힘〔根上下智力근상하지력〕
⑤중생의 여러 가지 의욕 등을 여실히 아는 지혜의 힘〔種種勝解智力종종승해지력〕
⑥중생계의 온갖 경계를 여실히 아는 지혜의 힘〔種種界智力종종계지력〕
⑦수행하여 나아가는 길을 여실히 아는 지혜의 힘〔遍趣行智力변취행지력〕
⑧중생의 숙명을 여실히 아는 지혜의 힘〔宿住隨念智力숙주수념지력〕
⑨중생들의 죽음과 태어남을 여실히 아는 지혜의 힘〔死生智力사생지력〕
⑩일체의 번뇌가 다한 것을 여실히 아는 지혜의 힘〔漏盡智力누진지력〕

십불선도十不善道 : 십선도의 반대. → 십선도十善道

십삼입十三入 : 원래 십이입(십이처)일뿐, 십삼입은 없다는 것을 밝힌 것. → 십이처十二處

십선十善 → 십선도十善道

십선도十善道 : 십선행十善行, 십선계十善戒라고도 함. 열 가지 악행을 하지 않음.

①목숨을 죽이지 않는 불살생不殺生 ②도둑질을 하지 않는 불투도不偸盜
③삿된 음행을 하지 않는 불음행不邪淫 ④거짓말을 하지 않는 불망어不妄語
⑤욕을 하지 않는 불악구不惡口 ⑥이간질하는 말을 하지 않는 불기어不奇語
⑦이간질하지 않는 불양설不兩舌 ⑧탐욕스러운 마음을 버리는 불탐욕不貪慾
⑨성내거나 시기하지 않는 불분노不憤怒 ⑩삿된 소견을 지니지 않는 불사견不邪見

십이연기十二緣起 : 십이인연이라고도 함. 괴로움과 해탈의 연유를 밝히는 12가지 과정. ①무명無明 → ②행行 → ③식識 → ④명색名色 → ⑤육입六入 → ⑥촉觸 → ⑦수受 → ⑧애愛 → ⑨취取 → ⑩유有 → ⑪생生 → ⑫노사老死. ①번의 생성에서 ⑫번의 생성으로 관조해 가는 과정은 괴로움을 받게 되는 흐름을 밝힌 것이고, ①번의 소멸에서 ⑫번의 소멸로 관조해 가는 과정은 해탈의 연유를 밝히는 과정임.

십이입十二入 : 일체의 마음의 작용이 일어나게 하는 근거가 되는 곳. 인식 주관인 육근六根을 내육입, 인식 대상인 육경六境을 외육입이라 하며, 이 두 가지의 접촉에 따라

모든 생각이 일어남. → 십이처十二處

십이처十二處 : 십이입이라고도 함. 인식기관인 6근六根과 대상인 6경六境을 합한 것.

십팔계十八界 : 6근六根과 6경六境에 육근과 육경이 접촉할 때 일어나는 정신 작용인 6식六識〔眼안·耳이·鼻비·舌설·身신·意識의식〕을 합한 것

십팔불공법十八不共法 : 부처님만이 지닌 18가지 능력.

①몸으로 짓는 업에 허물이 없음
②입으로 짓는 업에 허물이 없음
③뜻으로 짓는 업에 허물이 없음
④모든 중생을 평등하게 대함
⑤언제나 마음이 고요하고 편안함
⑥일체를 남김없이 포용함
⑦중생 제도의 의욕이 그치지 않음
⑧중생 제도의 노력을 그치지 않음
⑨중생을 제도하되 만족함이 없음
⑩지혜가 한량없음
⑪일체 해탈을 다 이룸
⑫해탈지견에서 물러나지 않음
⑬모든 행위를 지혜에 따라 함
⑭모든 말을 지혜에 따라 함
⑮모든 생각을 지혜에 따라 함
⑯과거의 모든 일을 막힘없이 앎
⑰현재의 모든 일을 막힘없이 앎
⑱미래의 모든 일을 막힘없이 앎

아가니타천阿迦膩吒天 : 색구경천色究竟天으로, 색계 18천 중 가장 높은 하늘.

아견我見 : 자아에 집착하는 견해. 영원한 자아나 영혼이 있다고 생각하는 것.

아귀도餓鬼道 : 삼악도의 하나. 늘 배고프고 목이 마른 고통을 받는 아귀들이 모여 사는 세계.

아나함阿那含 : 성문聲聞의 사과四果의 세 번째 단계. 욕계欲界의 번뇌를 모두 끊고 죽은 뒤에 천상에 태어나 다시 인간계로 돌아오지 않는다고 함. 번역하면 불래不來.

아뇩다라삼먁삼보리阿耨多羅三藐三菩提 : 위없는 바른 깨달음. 가장 완전한 부처님의 깨달음. 무상정등각無上正等覺 · 무상정변지無上正遍知라고 번역함.

아라한阿羅漢 : 공양을 받을 만한 사람이라는 뜻으로 응공應供이라고도 하며, 줄여서 '나한'이라고도 함. 소승불교 최고의 깨달음에 이른 성자를 가리킴.

아만我慢 : 스스로를 높여서 잘난 체하고, 남을 업신여기는 교만심.

아상我相 : 사상四相의 하나. 스스로 잘났다고 하거나, 오온五蘊이 화합하여 생긴 이 몸과 마음에 참다운 '나'가 있다고 집착하는 견해.

아수라阿修羅 : 육도중생 중 하나로 싸움을 매우 좋아함. 여기서는 불교를 수호하는 팔부신의 하나로 등장함.

아승지阿僧祇 : 범어 asaṁkhya의 음역. 무수無數, 무앙수無央數라 번역. 산수로 표현할 수 없는 큰 수.

악구惡口 : 십악의 하나. 남에게 욕하고 험담을 하여 성내게 하고 번뇌롭게 하는 것.

악취문惡趣門 : 악업을 지은 이가 죽은 뒤에 가는 괴로움의 세계. 지옥 · 아귀 · 축생 · 아수라의 네 가지 세계를 악취 또는 악도惡道라 함.

애견愛見 : 사물에 대한 집착 때문에 생기는 번뇌인 애愛와 잘못된 이론에 대한 집착 때문에 생기는 번뇌인 견見을 아울러 이르는 말.

야차夜叉 : 팔부신의 하나. 원래는 식인귀로 포악한 귀신이나, 부처님의 교화를 받아 불법을 보호하는 호법신이 됨.

양설兩舌 : 십악의 하나. 서로에게 다른 말을 하여 이간질하는 것.

연기緣起 : 인연소기因緣所起의 줄인 말. 모든 현상이 생겨나는 법칙으로, 모든 현상은 원인인 인因과 소선인 연緣이 화합하여야 성립한다는 가르침.

연기법緣起法 : 연기의 법문. → 연기緣起

염부제閻浮提 : 수미산 남쪽의 대륙. 원래는 인도를 가리켰으나, 이 사바세계를 뜻하는 말로 쓰이게 됨. 섬부주贍部洲라고도 함.

염착染着 : 허망한 생각이나 이론에 물들고 집착하는 일.

영락瓔珞 : 보배구슬을 꿰어 만든 장신구. 목이나 팔 따위에 두른다.

오개五蓋 : 마음을 덮어 선법善法을 할 수 없게 하는 다섯 가지 번뇌. ①탐욕이 마음을 덮는 탐욕개貪欲蓋 ②분노가 마음을 덮는 진에개瞋恚蓋 ③마음이 흐리멍텅해지는 수면개睡眠蓋 ④번뇌가 요동치는 도거개掉擧蓋 ⑤법에 대하여 의심하는 의법개疑法蓋.

오근五根 : 깨달음을 얻기 위한 다섯 가지 기본적인 능력. ①신信(믿음) ②정진精進 ③염念(집중) ④정定(선정) ⑤혜慧(지혜).

오도五道 : 중생이 선악의 업보에 따라 가는 다섯 세계. 곧 천상 · 인간 · 축생 · 아귀 · 지옥의 세계.

오력五力 : 오근을 통하여 생겨난 다섯가지 힘. 오근과 같이 ①신信(믿음) ②정진精進 ③염念(집중) ④정定(선정) ⑤혜慧(지혜)이며, 오근보다는 진전된 수행의 단계임.

오무간죄五無間罪 : 무간지옥에 떨어지는 다섯 가지 죄. ①아버지를 죽임 ②어머니를 죽임 ③아라한을 죽임 ④부처님의 몸에서 피가 나게 함 ⑤승가(교단)의 화합을 깨뜨리는 죄.

오신통五神通 → 육신통六神通

오안五眼 : 수행에 따라 이루게 되는 다섯 가지 눈. ①육신을 가진 자의 육안肉眼 ②색계의 천인들이 세상을 자유롭게 보는 천안天眼 ③공空의 원리를 깨달은 소승의 성자들이 지닌 혜안慧眼 ④보살이 일체중생을 제도하기 위해 일체법을 비추어 보는 법안法眼 ⑤모든 것을 보고 모든 것을 다 아는 부처님의 불안佛眼.

오역상五逆相 : 무간지옥에 떨어지는 5가지의 큰 죄. → 오무간죄

오욕五欲 : 인간의 다섯 가지 근본 욕심인 재물욕 · 색욕 · 식욕 · 명예욕 · 수면욕.

오욕락五欲樂 : 오욕을 즐김.

오음五陰 : 오온五蘊이라고도 함. ①색色은 물질 또는 육체 ②수受는 감수작용 ③상想은 표상작용 ④행行은 의지 혹은 충동적 욕구 ⑤식識은 인식작용. 이 중 색은 육체, 나머지는 정신작용. 사람을 포함한 모든 존재는 이 색 · 수 · 상 · 행 · 식의 5가지 요소로 구성되어 있다고 함.

오탁악세五濁惡世 : 오탁五濁으로 가득 찬 죄악의 세상. 오탁은 ①기아 · 질병 등이 가득한 겁탁劫濁 ②사악한 사상과 견해가 무성한 견탁見濁 ③탐욕과 분노 등의 정신적

악덕이 많은 번뇌탁 ④몸과 마음 모두 중생의 자질이 저하되는 중생탁 ⑤수명이 짧아지는 명탁命濁이다.

와구臥具 : 이불, 베개 등 잠을 잘 때 사용하는 용구들.

외도外道 : 부처님의 가르침을 제외한 다른 가르침들을 총칭한 말.

요의경了義經 : 불법의 도리를 명백하고 완전하게 말한 경전.

욕계欲界 : 욕심 많은 중생이 사는 세계로, 지옥 · 악귀 · 축생 · 아수라 · 인간 · 육욕천六欲天을 함께 이르는 말. → 삼계三界

우바새優婆塞 : 속세에 있으면서 불교를 믿는 남자.

우바이優婆夷 : 세속에 있으면서 불교를 믿는 여자.

위상威相 : 위엄 있는 모습.

위신력威神力 : 불가사의한 위력.

위의威儀 : 위엄이 있고 예법에 맞는 몸가짐

위의법威儀法 : 위의 있는 법. 곧 계율.

위의소행威儀所行 : 위의 있는 행동.

유루有漏 : 루는 샌다는 뜻으로 번뇌를 가리킴. 유루는 번뇌가 있음. ↔ 무루無漏

유순由旬 : 범어 yojana의 음사. 거리의 단위. 두 가지 설이 있음. ①1유순이 36㎞로, 소 달구지로 하루 동안 가는 거리라고 함. ②성왕聖王의 하루 행정行程인 40리(혹은 30리)라고 함.

육근六根 : 6가지 감각 기관인 눈〔眼〕 · 귀〔耳〕 · 코〔鼻〕 · 혀〔舌〕 · 몸〔身〕 · 뜻〔意〕.

육념六念 : 열반에 이르는 여섯 가지 수행법. 육념처六念處, 육념법六念法이라고도 함. 이를 지성으로 닦으면 마음에 선정을 얻어 열반에 든다고 함.

①부처를 생각하는 염불念佛
②부처님의 진리를 생각하는 염법念法
③승가를 생각하는 염승念僧
④지켜야 할 계율을 생각하는염계念戒
⑤중생에게 베풀 것을 생각하는 염시念施
⑥공덕을 쌓아 천상天上에 태어나겠다고 생각하는 염천念天

육바라밀六波羅蜜 : 보살이 열반에 이르기 위해 실천하는 여섯 가지 덕목. 보시 · 인욕 · 지계 · 정진 · 선정 · 지혜.

육사외도六師外道 : 석가모니 당시 인도에서 세력을 떨쳤던 외도外道의 여섯 사상가. 아지타 케사캄바라, 산자야 벨라티풋타, 막카리 고살라, 파쿠다 칼차야나, 푸라나 캇사파, 니간타 나타풋다.

육신통六神通 : ①보통 사람이 보지 못하는 것을 꿰뚫어 보는 천안통天眼通 ②보통 사람이 못 듣는 것을 듣는 천이통天耳通 ③남의 마음을 꿰뚫어 아는 타심통他心通 ④전생의 일을 꿰뚫어 아는 숙명통宿命通 ⑤걸림없이 어디든지 오갈 수 있는 신족통神足通 등의 5가지 신통력에 ⑥번뇌가 완전히 사라진 누진통漏盡通을 더한 것. 다섯 가지 신통은 불교 이외의 선인이나 범부도 얻을 수 있으나, 누진통은 불교의 성자만이 얻을 수 있다고 함.

육입六入 : 내육입과 외육입이 있다. ①내육입은 눈 · 귀 · 코 · 혀 · 몸 · 뜻의 여섯 가지 감각기관인 육근六根이고 ②외육입은 육근의 대상인 색 · 소리 · 냄새 · 맛 · 감촉 · 법의 육경六境으로 ③이 둘의 만남을 육입六入이라 한다. → 십이입十二入

육정六情 : 육근六根의 다른 이름.

육진六塵 : 육경六境이라고도 함. 눈 · 귀 · 코 · 혀 · 몸 · 뜻의 육근六根의 대상이 되는 색 · 소리 · 향기 · 맛 · 감촉 · 법〔色聲香味觸法(색성향미촉법)〕의 여섯 가지 경계.

육화경六和敬 : 불교 교단의 화합을 위하여 정한 여섯 가지 기본 덕목.

①몸으로 화합할지니 함께 머물러라〔身和共住신화공주〕

②입으로 화합할지니 다투지 말라〔口和無諍구화무쟁〕

③뜻으로 화합할지니 함께 일하라〔意和同事의화동사〕

④계율로써 화합할지니 함께 닦아라〔戒和同修계화동수〕

⑤바른 견해로 화합할지니 함께 깨달아라〔見和同解견화동해〕

⑥이익으로 화합할지니 균등하게 나누어라〔利和同均이화동균〕.

응공應供 : 여래 십호의 하나. 온갖 번뇌를 끊어서 모든 중생으로부터 공양을 받을 만한 분이라는 뜻.

인상人相 : 사상四相의 하나. 나는 다른 사람이나 다른 중생과 다르다고 집착하는 견해.

인욕忍辱 : 온갖 번뇌와 욕됨을 참고 원한을 일으키지 않음.

인욕유화忍辱柔和 : 인욕을 통하여 부드럽게 화해하고 화합하는 수행.

일미一味 : 차별이 없는 하나의 맛.

일상一相 : 차별을 초월한 절대 평등한 한 가지 모습.

일생보처一生補處 : 보살의 최고의 경지로, 다음 생에는 반드시 부처님이 되는 이.

일체덕장삼매一切德藏三昧 : 모든 공덕을 다 갖추고 있는 삼매.

일체법一切法 : 모든 것. 모든 법.

일체지一切智 : 우주의 원리를 일체 다 아는 부처님의 지혜.

입정入定 : 선정禪定에 들어감.

자재천自在天 : 대천세계를 주재하는 신. 인도 브라만교의 만물 창조의 신. 모든 것을 마음대로 하는 큰 위엄과 덕망을 지녔다고 함.

장자長者 : 덕망이 뛰어나고 경험이 많아 세상일에 익숙한 어른. 또는 큰 부자를 이르는 말.

적멸寂滅 : 번뇌가 모두 사라짐. 열반을 뜻으로 번역한 말.

전도顚倒 : 있는 그대로를 보지 못하고 잘못된 생각을 갖거나 잘못 이해하는 일.

정定 : 마음을 한곳에 모아 움직이지 아니하는 안정된 상태. → 선정禪定

정견正見 : 팔정도의 첫 번째 덕목. 탐욕과 분노와 어리석음을 떠나 있는 그대로를 보는 것.

정변지正遍知 : 여래 십호의 하나. 세상의 모든 일을 바르게 두루 다 아는 분이라는 뜻.

정진精進 : 일심一心으로 불도를 닦아 게으리하지 않음.

제오대第五大 : 사대四大 밖의 제5대. 없는 것을 뜻함.
제육음第六陰 : 오음五陰 밖의 제6음. 없는 것을 뜻함.
제일의第一義 : 가장 뛰어나고 참된 도리.
제칠정第七情 : 육정六情 밖의 제7정. 없는 것을 뜻함.
조어장부調御丈夫 : 여래 십호의 하나. 대자大慈 · 대비大悲 · 대지大智로써 중생을 잘 가르쳐 인도하는 사람이라는 뜻.
종성種性 : 생겨나는 종자와 본래 지니고 있는 변치 않는 성품.
중생상衆生相 : 사상四相의 하나. 중생에 대해 참된 실체가 있다고 고집하는 잘못된 견해.
증상만增上慢 : 깨달음을 얻지 못했으면서 얻었다고 자랑하고 잘난 체하는 오만. 여러 가지 교만 중에서 가장 큰 죄가 된다고 함.
지관止觀 : 지止는 번뇌를 멈춤, 관觀은 관찰. 어지럽게 흩어지는 번뇌를 멈추고 밝은 지혜로 만법을 비추어 보는 일.
지업智業 : 일체의 도리를 분명하게 판단하는 지혜를 기르는 수행.
진에瞋恚 : 십악의 하나. 분노 · 성냄.
찬제바라밀羼提波羅蜜 : 인욕바라밀. 마음을 가라앉혀 온갖 욕됨과 번뇌를 참고 원한을 일으키지 않음으로써 피안에 도달하는 수행법.
천안天眼 : 육신통六神通의 하나로 남들이 볼 수 없는 것들을 볼 수 있는 능력.
천인사天人師 : 여래 십호의 하나. 천인과 인간의 스승이라는 뜻.
천자天子 : 하늘 중생.
총지總持 → 다라니陀羅尼
축생도畜生道 : 삼악도의 하나. 죄업 때문에 동물로 태어나 괴로움을 받는 세계.
출세간법出世間法 : 열반을 성취하기 위하여 수행하는 사제四諦 · 십이인연 · 육바라밀 등의 수행법.
칠각분七覺分 → 칠각지七覺支
칠각지七覺支 : 일곱 가지 깨달음을 돕는 법. 칠각분이라고도 함.
①명료하게 기억하는 염念
②지혜로 법의 진위를 골라내는 택법擇法
③바른 법에 따라 노력하는 정진精進
④바른 법을 행하고 기뻐하는 희喜
⑤심신을 가볍고 편안하게 하는 경안輕安
⑥마음이 흐트러지지 않는 정定
⑦마음이 집착에서 벗어나 치우치지 않는 사捨.
칠식처七識處 : 중생이 그 마음이 좋아하는 바를 좇아 과보로 생生을 받아 나는 일곱 가지 세계. 삼계 가운데 중생의 의식〔識(식)〕이 특히 애락愛樂하여 머무는 7가지 처소 또는 하늘〔天(천)〕을 말함.
칠재七財 : 칠재보七財寶. 성과聖果를 얻기 위한 일곱 가지 귀한 보배.
①바른 가르침을 믿는 신재信財
②계戒를 지키는 계재戒財
③스스로 부끄러워하는 참재慚財
④남에게 부끄러워하는 괴재愧財
⑤바른 가르침을 많이 듣는 문재聞財
⑥모든 것을 버려 보시하는 사재捨財

⑦진실한 지혜를 얻는 혜재慧財

칠정화七淨華 : 7종의 청정한 행을 꽃에 비유한 것.
①정어 · 정업 · 정명의 계정화戒淨華 ②정정진 · 정념 · 정정의 심정화心淨華
③정견 · 정사유의 견정화見淨華 ④견혹見惑을 끊는 단의정화斷疑淨華
⑤사혹思惑을 끊는 분별정화分別淨華 ⑥혜행慧行이 청정한 행정화行淨華
⑦번뇌를 다 끊어서 배울 것이 없고 지견이 청정한 열반정화涅槃淨華.

팔난八難 : 여덟 가지 괴롭고 힘든 일. 배고픔 · 목마름 · 추위 · 더위 · 물 · 불 · 칼 · 병란兵亂.

팔사법八邪法 : 팔정도八正道의 반대되는 삿된 법. → 팔정도八正道

팔십종호八十種好 : 부처님 신체에 갖추어진 80가지 특유한 모습. 32상과 함께 깨달은 이가 갖추고 있는 좋은 모습들이라고 함.

팔정도八正道 : 깨달음과 열반으로 이끄는 여덟 가지 바른 길. 정견正見 · 정사유正思惟 · 정어正語 · 정업正業 · 정명正命 · 정정진正精進 · 정념正念 · 정정正定.

팔해탈八解脫 : 모든 번뇌를 끊고 아라한과를 얻기까지 8단계의 해탈 과정(내용이 너무 복잡하고 큰 도움이 되지 않으므로 8단계는 생략함).

표찰表刹 : 탑 꼭대기에 세운 당간.

항하사恒河沙 : 갠지스 강의 모래라는 뜻. 무수히 많은 수를 나타냄.

해공解空 : 모든 것이 공하다는 이치를 깨달음.

해탈지견解脫知見 : 해탈하였을 때 얻는 지견. 곧 대지혜를 뜻함.

허망분별虛妄分別 : 허망한 분별심.

혜안慧眼 → 오안五眼

혜업慧業 : 공空의 이치를 체득하여 지혜를 이루는 수행.

환화幻化 : 중생 스스로가 만들어낸 환상.

회향심廻向心 : 닦은 수행과 공덕을 중생의 행복과 부처가 되는 깨달음에로 돌리는 마음.

역자 김현준 金鉉埈

동국대학교 대학원에서 불교학을 전공하고, 한국학중앙연구원에서 한국불교를 연구하였으며, 우리문화연구원 원장, 성보문화재연구원 원장을 역임하였다. 현재 불교신행연구원 원장, 월간 「법공양」 발행인 겸 편집인, 효림출판사와 새벽숲출판사의 주필 및 고문으로 활동하고 있다.

저서로는 『화엄경 약찬게 풀이』·『참회와 사랑의 기도법』·『기도성취 백팔문답』·『광명진언 기도법』·『신묘장구대다라니 기도법』·『참회·참회기도법』·『불자의 자녀 사랑 기도법』·『미타신앙·미타기도법』·『관음신앙·관음기도법』·『지장신앙·지장기도법』·『석가 우리들의 부처님』·『생활 속의 반야심경』·『생활 속의 천수경』·『생활 속의 보왕삼매론』·『사찰, 그 속에 깃든 의미』·『예불문, 그 속에 깃든 의미』·『육바라밀』·『사성제와 팔정도』·『삼법인·중도』·『인연법』·『자비실천의 길 사섭법』 등 30여 종이 있으며, 번역서로는 『법화경』·『원각경』·『승만경』·『무량수경』·『자비도량참법』·『지장경』·『육조단경』·『약사경』·『보현행원품』·『선가귀감』 등이 있다.

유마경

초 판 1쇄 펴낸날 2021년 12월 10일
3쇄 펴낸날 2022년 2월 10일

옮긴이 김현준
펴낸이 김연지
펴낸곳 효림출판사
등록일 1992년 1월 13일 (제 2-1305호)
주 소 서울특별시 서초구 반포대로14길 30, 907호 (서초동, 센츄리I)
전 화 02-582-6612, 587-6612
팩 스 02-586-9078
이메일 hyorim@nate.com

값 12,000원

ⓒ 효림출판사 2021
ISBN 979-11-87508-67-0 [03220]

※ 잘못 만들어진 책은 바꿔 드립니다.
이 책은 저작권법에 따라 보호를 받는 저작물이므로 무단전재와 무단복제를 금지합니다.